EDUCAÇÃO AMBIENTAL NA GESTÃO PÚBLICA

UM CAMINHO PARA A EFETIVAÇÃO DO ESTADO DE DIREITO DO AMBIENTE

Editora Appris Ltda.
1.ª Edição - Copyright© 2025 dos autores
Direitos de Edição Reservados à Editora Appris Ltda.

Nenhuma parte desta obra poderá ser utilizada indevidamente, sem estar de acordo com a Lei nº 9.610/98. Se incorreções forem encontradas, serão de exclusiva responsabilidade de seus organizadores. Foi realizado o Depósito Legal na Fundação Biblioteca Nacional, de acordo com as Leis nos 10.994, de 14/12/2004, e 12.192, de 14/01/2010.

Catalogação na Fonte
Elaborado por: Dayanne Leal Souza
Bibliotecária CRB 9/2162

G215e
2025
	Garcez, Juliano Gonçalves
	    Educação ambiental na gestão pública: um caminho para a efetivação do Estado de direito do ambiente / Juliano Gonçalves Garcez, Cláudia Maria Prudêncio de Mera, Domingos Benedetti Rodrigues. – 1. ed. – Curitiba: Appris, 2025.
	    275 p. : il. ; 23 cm. (Educação Ambiental).
	
	    Inclui referências.
	    ISBN 978-65-250-6127-6
	
	    1. Direito ambiental. 2. Gestão ambiental. 3. Desenvolvimento sustentável. I. Garcez, Juliano Gonçalves. II. Mera, Cláudia Maria Prudêncio de. III. Rodrigues, Domingos Benedetti. IV. Título. V. Série.
	
	                                                              CDD – 341.347

Livro de acordo com a normalização técnica da ABNT

Appris
editora

Editora e Livraria Appris Ltda.
Av. Manoel Ribas, 2265 – Mercês
Curitiba/PR – CEP: 80810-002
Tel. (41) 3156 - 4731
www.editoraappris.com.br

Printed in Brazil
Impresso no Brasil

Juliano Gonçalves Garcez
Cláudia Maria Prudêncio de Mera
Domingos Benedetti Rodrigues

EDUCAÇÃO AMBIENTAL NA GESTÃO PÚBLICA
UM CAMINHO PARA A EFETIVAÇÃO DO ESTADO DE DIREITO DO AMBIENTE

FICHA TÉCNICA

EDITORIAL Augusto Coelho
Sara C. de Andrade Coelho

COMITÊ EDITORIAL Marli Caetano
Andréa Barbosa Gouveia - UFPR
Edmeire C. Pereira - UFPR
Iraneide da Silva - UFC
Jacques de Lima Ferreira - UP

SUPERVISOR DA PRODUÇÃO Renata Cristina Lopes Miccelli

ASSESSORIA EDITORIAL Jibril Keddeh

REVISÃO Ana Carolina de Carvalho Lacerda

PRODUÇÃO EDITORIAL Adrielli de Almeida

DIAGRAMAÇÃO Jhonny Alves dos Reis

CAPA Sheila Alves

REVISÃO DE PROVA Jibril Keddeh

COMITÊ CIENTÍFICO DA COLEÇÃO EDUCAÇÃO AMBIENTAL: FUNDAMENTOS, POLÍTICAS, PESQUISAS E PRÁTICAS

DIREÇÃO CIENTÍFICA Marília Andrade Torales Campos (UFPR)

CONSULTORES
- Adriana Massaê Kataoka (Unicentro)
- Ana Tereza Reis da Silva (UnB)
- Angelica Góis Morales (Unesp)
- Carlos Frederico Bernardo Loureiro (UFRJ)
- Cristina Teixeira (UFPR)
- Daniele Saheb (PUCPR)
- Gustavo Ferreira da Costa Lima (UFPB)
- Irene Carniatto (Unioeste)
- Isabel Cristina de Moura Carvalho (UFRGS)
- Ivo Dickmann (Unochapecó)
- Jorge Sobral da Silva Maia (UENP)
- Josmaria Lopes Morais (UTFPR)
- Maria Arlete Rosa (UTP)
- Maria Conceição Colaço (CEABN)
- Marília Freitas de C. Tozoni Reis (Unesp)
- Mauro Guimarães (UFRRJ)
- Michèle Sato (UFMT)
- Valéria Ghisloti Iared (UFPR)
- Vanessa Marion Andreoli (UFPR)
- Vilmar Alves Pereira (FURG)

INTERNACIONAIS
- Adolfo Angudez Rodriguez (UQAM) - CAN
- Edgar Gonzáles Gaudiano (UV) - MEX
- Germán Vargas Callejas (USC) - ESP
- Isabel Orellana (UQAM) - CAN
- Laurence Brière (UQAM) - CAN
- Lucie Sauvé (UQAM) - CAN
- Miguel Ángel A. Ortega (UACM) - MEX
- Pablo Angel Meira Cartea (USC) - ESP

*Dedico esta obra a meus
pais, avós e em especial à Letícia e Samuel,
pelos sacrifícios e momentos furtados.*

Juliano G. Garcez

Quando o "estudo da casa" (ecologia) e a "administração da casa" (economia) puderem fundir-se de modo que a ética possa ser estendida para incluir o ambiente, além dos valores humanos, então poderemos realmente ser otimistas em relação ao futuro da humanidade.

(Eugene Pleasants Odum)

PREFÁCIO

Publicações que tem a questão ambiental como fulcro norteador de problematização são bem-vindas em pleno século XXI, especialmente em um cenário que, ao invés de nos fortalecer, mostra fragmentações contínuas que fragilizam a relação de interdependência entre humanos e não humanos, acirrando quadros de desigualdade social e agravando, de forma inexorável, uma separação equivocada entre o eu e o "outro". Na obra intitulada *Educação Ambiental (EA) na gestão pública: um caminho para a efetivação do Estado de direito do ambiente*, os autores buscam contribuir com o processo de planejamento de políticas públicas, programas e projetos a partir da problemática que vem se agravando nos últimos tempos, acerca de um ser humano que se vê fora e acima do ambiente.

Esta é uma publicação que traz em seus capítulos um escopo amplo que vai da relação sistêmica entre a educação e a gestão ambiental ao planejamento de programas em que os autores se inspiram em referências densas, como Fritjof Capra, Enrique Leff, Edgar Morin. O resultado que a obra almeja é promover a reflexão sobre a responsabilidade socioambiental alinhada com a gestão pública dos estados do país, apresentando argumentos fundamentados em indicadores que possam contribuir com a efetivação de um Estado de direito do ambiente. Os autores dizem que "[...] esta obra buscou realizar uma articulação teórica rebuscada da problemática ambiental no âmbito das ações necessárias à EA e ao suporte à sustentabilidade". Não se trata de uma obra fácil, pois diz respeito a aludir à parte de uma complexidade ampla que concerne à abordagem multidisciplinar necessária e urgente, quando se fala em EA. Mais ainda quando se busca ampliar a reflexão sobre EA ligando-a a um tema enigmático e multifacetado como o da gestão de políticas públicas.

Em termos de campo empírico de observação, poderia ser qualquer outro território em nível nacional, mas Santa Catarina foi escolhida. E é a partir daí que se disserta sobre educação, gestão, estrutura pública, ocupação desordenada, produção agropecuária, serviços, água, socioeconomia, povos nativos, renda, habitação e complexidade. Aos interessados no tema, uma leitura que aponta pistas em diferentes caminhos. Um deles apresenta um panorama que concerne à reeducação ambiental, necessária, urgente, irrevogável, em busca de uma sociedade almejada, que se diz e se quer para todos, humanos e não humanos, mais justa, acessível e que consiga criar elementos que deem e garantam uma vida mais longa às gerações atuais e as que estão por vir.

Rose Mary Gerber
Dr.ª em Antropologia, Epagri

APRESENTAÇÃO

A aspiração de interpretar a natureza requer praticar a observação e a análise das evidências e dos relatos históricos fragmentados nos elementos que compõem o meio. No entanto, esse conhecimento ambiental ainda não se apresenta construído ou elaborado. A decisão sugestiva do planejador sobre a representação, o valor e a relação entre os dados é que conduz a novos arranjos de indicadores. Dessa forma, urge qualificar esses indicadores, afinal, são eles que permitem o avanço do conhecimento sobre a representação do ambiente.

Nesse sentido, esta obra buscou subsidiar a identificação e explicação dos problemas a serem considerados no planejamento de políticas públicas, programas e projetos em Educação Ambiental (EA). Adota-se como metodologia o modelo lógico de programas na perspectiva do Estado gerencialista. Considerando que é possível e necessário o aperfeiçoamento do desenho de programas de EA, fica evidente a necessidade imprescindível do resgate e a explicação das teorias de planejamento, juntamente com as diretrizes, normativas, teorias e vertentes filosóficas do pensamento ecológico. Uma vez que o real impacto socioambiental das ações do Estado e da sociedade não se encontra explícito nos documentos oficiais de intervenção governamental, fica dificultada a análise das propostas de programas e dos projetos em EA.

Pela ótica de uma visão sistêmica e complexa, busca-se compreender o processo exploratório do ambiente por meio dos indícios do ambiente. A partir disso, fica notável a necessidade de compreender como foram criadas as alternativas do desenvolvimento. A ocupação antrópica e o produtivismo se justificam por uma suposta necessidade criada pelo humanoide capitalista, ao passo que as preocupações deveriam estar voltadas para a redução das desigualdades sociais e dos impactos da ação humana sobre o ecossistema natural. Juntamente com o consumismo e a opulência, essas ameaças comprometem a qualidade de vida e a disponibilidade de recursos para as presentes e futuras gerações. Fato é que não estamos sendo capazes de nos colocarmos, como seres humanos, em posição de outridade com relação à natureza, reconhecendo nossas interdependências como criaturas ambientais e ecossistêmicas.

Contudo, não estamos respeitando a capacidade de resiliência do meio ambiente e a diversidade cultural e étnica ao não impormos limites à intervenção antrópica e ao não reconhecermos as reivindicações de direitos e identidades de grupos fragilizados. Contudo, faz-se necessária uma mudança de paradigmas no sentido do entendimento da EA e de suas relações com as correntes do saber ambiental. Portanto, estancar a "sangria" que ora ocorre se faz urgentíssimo e decisório.

Os autores

LISTA DE ABREVIATURAS E SIGLAS

5Rs	–	Repensar, Reduzir, Reutilizar, Reciclar e Recusar
A3P	–	Agenda Ambiental na Administração Pública
AALO	–	Avaliação Ambiental de Locais e Organizações
ABCA	–	Associação Brasileira de Crédito e Assistência Rural
ABNT	–	Associação Nacional de Normas Técnicas
Acaresc	–	Associação de Crédito e Extensão Rural de Santa Catarina
Acarpesc	–	Associação de Crédito e Assistência Pesqueira de Santa Catarina
Acats	–	Associação Catarinense de Supermercados
AFNOR	–	*Association Française de Normalisation*
Agapan	–	Associação Gaúcha de Proteção ao Ambiente Natural
AGIR	–	Agência Intermunicipal de Regulação, Controle e Fiscalização de Serviços Públicos Municipais do Médio Vale do Itajaí
AIA	–	Avaliação de Impactos Ambientais
Aida	–	Atividades e Instrumentos de Defesa Ambiental
Alesc	–	Assembleia Legislativa de Santa Catarina
APA	–	Área de Proteção Ambiental
APG	–	Administração Pública Gerencial
APPs	–	Associações de Pais e Professores
APPs	–	Áreas de Proteção Permanente
APP	–	Atividades Potencialmente Poluidoras ou Utilizadoras de Recursos Ambientais
Arie	–	Área de Relevante Interesse Ecológico
Asbraer	–	Associação Brasileira de Assistência Técnica e Extensão Rural
Ascars	–	Associações de Crédito e Assistência Rural
ASTM	–	*American Society for Testing and Materials*
Ater	–	Assistência Técnica e Extensão Rural
AVA	–	Aprendizagem em Ambientes Virtuais
Bird	–	Banco Internacional para a Reconstrução e Desenvolvimento
BPMA	–	Batalhão de Polícia Militar Ambiental
BRDE	–	Banco Regional de Desenvolvimento do Extremo Sul

BSI	–	British Standards Institution
Casan	–	Companhia Catarinense de Águas e Saneamento
Catmat	–	Código do Sistema de Catalogação de Material
CBHs	–	Comitês de Bacias Hidrográficas
CBM	–	Corpo de Bombeiros Militar
CCO	–	Centro de Apoio Operacional do Consumidor
CC	–	Casa Civil
Ceas	–	Centros de Educação Ambiental
Cecop	–	Conselho Estadual de Combate à Pirataria
CEE	–	Conselho Estadual de Educação
CEE	–	Comissão de Estatísticas Europeias
Celesc	–	Centrais Elétricas de Santa Catarina S/A
CERH	–	Conselho Estadual de Recursos Hídricos
CEs	–	Corredores Ecológicos
CE	–	Constituição Estadual
CFB	–	Código Florestal Brasileiro
CF	–	Constituição Federal
CGT Eletrosul	–	Companhia de Geração e Transmissão de Energia Elétrica do Sul do Brasil
CHS	–	Capital Humano e Social
Ciasc	–	Centro de Informática e Automação do Estado de Santa Catarina
CIATox/SC	–	Centro de Informação e Assistência Toxicológica de Santa Catarina
Cidasc	–	Companhia Integrada de Desenvolvimento Agrícola de Santa Catarina
Ciea	–	Comissão Interinstitucional de Educação Ambiental
CIMV	–	Comitê Interministerial sobre Mudança do Clima e Crescimento Verde
Ciram	–	Centro de Informações de Recursos Ambientais e Hidrometeorologia de Santa Catarina
Cisap	–	Comissão Interministerial de Sustentabilidade na Administração Pública
Cisea	–	Intersetorial de Educação Ambiental
CIT	–	Centro de Informações Toxicológicas
CME	–	Centro de Apoio Operacional do Meio Ambiente

CMMAD	–	Comissão Mundial sobre Meio Ambiente e Desenvolvimento
CMMA	–	Conselho Municipal de Meio Ambiente
CNE	–	Conselho Nacional de Educação
CNORP	–	Cadastro Nacional de Operadores de Resíduos Perigosos
CNPq	–	Conselho Nacional de Desenvolvimento Científico e Tecnológico
CNRH	–	Conselho Nacional de Recursos Hídricos
Cobrade	–	Classificação e Codificação Brasileira de Desastres
Conama	–	Conselho Nacional do Meio Ambiente
Consema	–	Conselho Estadual do Meio Ambiente de Santa Catarina
Consepa	–	Conselho Nacional das Entidades, Estaduais de Pesquisa Agropecuária
Coren	–	Conselho Regional de Enfermagem de Santa Catarina
CPDS	–	Comissão de Políticas de Desenvolvimento Sustentável da Agenda 21 Nacional
CPS	–	Contratações Públicas Sustentáveis
Crea	–	Conselho Regional de Engenharia e Agronomia
CSS	–	Coleta Seletiva Solidária
CTAFLO	–	Câmara Técnica de Atividades Agroflorestais
CTAJ	–	Câmara Técnica de Assuntos Jurídicos
CTEA	–	Câmara Técnica de Educação Ambiental
CTF	–	Cadastro Técnico Federal
CTGAU	–	Câmara Técnica de Gestão Ambiental Urbana
CTGerco	–	Câmara Técnica de Gerenciamento Costeiro
CTIPE	–	Câmara Técnica de Análise dos Impactos Ambientais da Poluição Eletromagnética
CTL	–	Câmara Técnica de Licenciamento
CTR	–	Câmara Técnica de Resíduos
CTS	–	Câmara Técnica de Saneamento
DASP	–	Departamento Administrativo do Serviço Público
DBO	–	Demanda Bioquímica de Oxigênio
DIN	–	*Deutsches Institut für Normung (German Institute for Standardization)*
DMAPU	–	Drenagem e Manejo das Águas Pluviais Urbanas
DRP	–	Diagnóstico Rural Participativo
DRSAI	–	Doenças Relacionadas ao Saneamento Ambiental Inadequado

DSA	–	Desenvolvimento Sustentável Ambiental
EA	–	Educação Ambiental
EIA	–	Estudo Prévio de Impacto Ambiental
Emater	–	Empresa de Assistência Técnica e Extensão Rural
Embrapa	–	Empresa Brasileira de Pesquisa Agropecuária
Empasc	–	Empresa Catarinense de Pesquisa Agropecuária
Encea	–	Estratégia Nacional de Comunicação e Educação Ambiental
Epagri	–	Empresa de Pesquisa Agropecuária e Extensão Rural de Santa Catarina
Esec	–	Estação Ecológica
ETA	–	Estação de Tratamento de Água
Faesc	–	Federação da Agricultura e Pecuária do Estado de Santa Catarina
FAO	–	Organização das Nações Unidas para a Alimentação e a Agricultura
Fapesc	–	Fundação de Amparo à Pesquisa e Inovação do Estado de Santa Catarina
Fatma	–	Fundação do Meio Ambiente
FCCIAT	–	Fórum Catarinense de Combate aos Impactos dos Agrotóxicos e Transgênicos
FCMCG	–	Fórum Catarinense de Mudanças Climáticas Globais
FDSR	–	Ficha com Dados de Segurança de Resíduos Químicos
Fecan	–	Federação Catarinense de Municípios
FEE	–	*Foundation for Environmental Education*
Fetaesc	–	Federação dos Trabalhadores na Agricultura do Estado de Santa Catarina
Fiesc	–	Federação das Indústrias de Santa Catarina
FISPQ	–	Ficha de informações de segurança de produtos químicos
FMMA	–	Fundo Municipal de Meio Ambiente
FNDCT	–	Fundo Nacional de Desenvolvimento Científico e Tecnológico
FNMA	–	Fundo Nacional de Meio Ambiente
FPAN	–	Fórum Político de Alto Nível
FPEIR	–	Força Motriz, Pressão, Estado, Impacto e Resposta
FRBL	–	Fundo para a Reconstituição de Bens Lesados
GEC	–	*Green Economy Coalition*

GEE	–	Gás Efeito Estufa
GEO	–	Grupo de Observações sobre a Terra
Gerco	–	Grupo de Coordenação do Plano Estadual de Gerenciamento Costeiro de Santa Catarina
Gespar	–	Gestão Participativa para o Desenvolvimento Local
GE	–	Governo Empreendedor
GGGI	–	*Global Green Growth Institute*
GGKP	–	*Green Growth Knowledge Platform* (Plataforma de Conhecimento do Crescimento Verde)
GIRH	–	Gestão Integrada de Recursos Hídricos
GIS	–	*German Institute for Standardization*
GIZ	–	*Deutsche Gesellschaft für Internationale Zusammenarbeit*
GTA	–	Grupo de Trabalho Aberto
Iasc	–	Instituto de Apicultura de Santa Catarina
IA	–	Ingrediente Ativo
Ibama	–	Instituto Brasileiro do Meio Ambiente e dos Recursos Naturais Renováveis
IBGE	–	Instituto Brasileiro de Geografia e Estatística
ICMS	–	Imposto sobre Circulação de Mercadorias e Serviços
ICVG	–	Instituto de Crescimento Verde Global
IDEB	–	Índice de Desenvolvimento da Educação Básica
IDH	–	Índice de Desenvolvimento Humano
IDS	–	Indicadores de Desenvolvimento Sustentá*vel*
IEAS	–	Instituto para Estratégias Ambientais Globais
IEC	–	*International Electrotechnical Commission*
IEEE	–	*Institute of Electrical and Electronics Engineers Standards Association*
IEL	–	Instituto Euvaldo Lodi
IFSC	–	Instituto Federal de Educação, Ciência e Tecnologia Catarinense
IMA	–	Instituto do Meio Ambiente Estado de Santa Catarina
Inmetro	–	Instituto de Metrologia
Inpe	–	Instituto Nacional de Pesquisas Espaciais
IN	–	Instrução Normativa
Iris	–	Instituto de Pesquisa em Risco e Sustentabilidade

ISO	–	*International Organization for Standardization*
IUCN	–	*Internacional Union Conservation of Nature*
JIS	–	*Japanese Standards Association*
Lacen	–	Laboratório Central de Saúde Pública de Santa Catarina
LEA	–	Laboratório de Educação Ambiental
LEAS	–	Laboratório de Educação Ambiental do Salesiano
LEDS	–	Laboratório de Educação para a Sustentabilidade e Inovação Social
MDE	–	Modelo de Desenvolvimento Econômico
MDR	–	Ministério do Desenvolvimento Rural
MDS	–	Ministério do Desenvolvimento Social e Combate à Fome
MEC	–	Ministério da Educação
MMA	–	Ministério do Meio Ambiente
MME	–	Ministério de Minas e Energia
Mona	–	Monumento Natural
MPOG	–	Ministério do Planejamento, Orçamento e Gestão
MP	–	Ministério Público
NACE	–	Nomenclatura Estatística das Atividades Econômicas da Comunidade Europeia
NBR	–	Norma Brasileira
NDCs	–	Contribuições Nacionalmente Determinadas
NFPA	–	*National Fire Protection Association*
Nigeplam	–	Núcleo Interinstitucional para a Gestão e Planejamento Ambiental
ODM	–	Objetivos de Desenvolvimento do Milênio
ODS	–	Objetivos de Desenvolvimento Sustentável
OIT	–	Organização Internacional do Trabalho
OMS	–	Organização Mundial da Saúde
ONG	–	Organização não Governamental
ONU	–	Organização das Nações Unidas
PARA	–	Programa de Análises de Resíduos de Agrotóxicos
PASR	–	Programa Alimento Sem Risco
PBHs	–	Planos de Bacia Hidrográficas
PCNs	–	Parâmetros Curriculares Nacionais

PDMAPU	–	Planos Drenagem e Manejo das Águas Pluviais Urbanas
PEAAF	–	Programa de Educação Ambiental e Agricultura Familiar
Peap	–	Pesquisa-Extensão e Aprendizagem Participativas
PEEA	–	Política Estadual de Educação Ambiental
PEE	–	Plano Estadual de Educação
PEG	–	Programa de Eficiência do Gasto Público
PEP	–	Planejamento Estratégico Participativo
PER	–	Pressão-Estado-Resposta
PES	–	Projeto Esplanada Sustentável
PET	–	Politereftalato de etileno
PGIRS	–	Plano de Gestão Integrada de Resíduos Sólidos
PGLS	–	Plano de Gestão de Logística Sustentável
PGRS	–	Plano de Gerenciamento de Resíduos Sólidos
PIB	–	Produto Interno Bruto
PIC	–	Procedimento de Consentimento Prévio Informado
Piea	–	Programa Internacional de Educação Ambiental
PLS	–	Plano de Gestão de Logística Sustentável
PL	–	Projeto de Lei
PMA	–	Polícia Militar Ambiental
PMDU	–	Política Municipal de Desenvolvimento Urbano
Pnater	–	Política Nacional de Assistência Técnica e Extensão Rural para a Agricultura Familiar e Reforma Agrária
PNEA	–	Política Nacional de Educação Ambiental
PNMA	–	Política Nacional do Meio Ambiente
PNMC	–	Política Nacional de Mudanças Climáticas
PNRS	–	Política Nacional de Resíduos Sólidos
PNUD	–	Programa das Nações Unidas para o Desenvolvimento
PNUMA	–	Programa das Nações Unidas para o Meio Ambiente
PPA	–	Programas Plurianuais
PPC	–	Paridade do Poder de Compra
PPOO	–	Planejamento de Projetos Orientados por Objetivos
PPP	–	Projeto Político-Pedagógico
PRAs	–	Programas de Regularização Ambiental
PRHB	–	Plano de Recursos Hídricos da Bacia

Proa	–	Programa Protetor Ambiental
Procel	–	Programa Nacional de Conservação de Energia Elétrica
Procon	–	Programa de Proteção e Defesa do Consumidor
ProEEA	–	Programa Estadual de Educação Ambiental de Santa Catarina
Programa Microbacias	–	Programa de Recuperação Ambiental e de Apoio ao Pequeno Produtor Rural
Pronea	–	Programa Nacional de Educação Ambiental
RDC	–	Regime Diferenciado de Contratações Públicas
RDO	–	Resíduos Sólidos Domiciliares
RDS	–	Reserva de Desenvolvimento Sustentável
Reafau	–	Reserva de Fauna
REASul	–	Rede Sul-Brasileira de Educação Ambiental
Rebea	–	Rede Brasileira de Educação Ambiental
Rebio	–	Reserva Biológica
Resex	–	Reserva Extrativista
Ressoa	–	Sistema de Responsabilidade Socioambiental
Revis	–	Refúgio de Vida Silvestre
RGDS	–	Relatório Global de Desenvolvimento Sustentável
Rima	–	Relatório de Impacto Ambiental
RPPN	–	Reserva Particular do Patrimônio Natural
RSDS	–	Rede de Soluções de Desenvolvimento Sustentável
RSU	–	Resíduos Sólidos Urbanos
Saeb	–	Sistema de Avaliação da Educação Básica
SAIC	–	Secretaria de Articulação Institucional e Cidadania Ambiental
SAI	–	Sistema Informações Ambientais
SAR	–	Secretaria da Agricultura, da Pesca e do Desenvolvimento Rural
SBAC	–	Sistema Brasileiro de Avaliação da Conformidade
SC Rural	–	Programa Santa Catarina Rural
SDE	–	Secretaria de Desenvolvimento Econômico Sustentável
Sebrae	–	Serviço Brasileiro de Apoio à Micro e Pequenas Empresas
SEF	–	Secretaria de Educação Fundamental
SEGRH	–	Sistema Estadual de Gerenciamento de Recursos Hídricos
Sema	–	Secretaria do Meio Ambiente
Senac	–	Serviço Nacional de Aprendizagem do Comércio

Senai	–	Serviço Nacional de Aprendizagem Industrial
Senar	–	Serviço Nacional de Aprendizagem Rural
Sescoop	–	Serviço Nacional de Aprendizagem do Cooperativismo
Sesc	–	Serviço Social do Comércio
Sesi	–	Serviço Social da Indústria
Sest	–	Serviço Social de Transporte
SES	–	Secretaria de Estado da Saúde
SE	–	Secretaria Executiva
SGA	–	Sistema de Gestão Ambiental
SIA	–	Sistema de Informações Ambientais
SICC	–	Sistema de Créditos de Conservação
SIEC	–	Sistema Estadual de Cultura
SINGREH	–	Sistema Nacional de Gerenciamento de Recursos Hídricos
Sinima	–	Sistema Nacional de Informação sobre Meio Ambiente
Sinir	–	Sistema Nacional de Informações sobre a Gestão dos Resíduos Sólidos
Sinisa	–	Sistema Nacional de Informações em Saneamento Básico
SIN	–	Sistema de Integração Econômico-Ecológica
Sisema	–	Sistema Estadual do Meio Ambiente
SISG	–	Sistema de Serviços Gerais
Sisnama	–	Sistema Nacional de Meio Ambiente
SLTI	–	Secretaria de Logística e Tecnologia da Informação
SNIS	–	Sistema Nacional de Informações sobre Saneamento
SNIS	–	Sistema Nacional de Informação de Saneamento
SNS	–	Secretaria Nacional de Saneamento
SNVS	–	Sistema Nacional de Vigilância Sanitária
SOF	–	Secretaria de Orçamento Federal
Suasa	–	Sistema Unificado de Atenção à Sanidade Agropecuária
Tac	–	Termo de Ajustamento de Conduta
TF	–	Terra do Futuro
Tics	–	Tecnologias de Informação e Comunicação
TSBE	–	Transmissora Sul Brasileira de Energia S.A.
UCs	–	Unidades de Conservação

UFSC	–	Universidade Federal de Santa Catarina
UF	–	Unidade Federativa
UGT	–	Unidade de Gerenciamento Técnico
UN-PAGE	–	Parceria das Nações Unidas para Ação em Economia Verde
Unesco	–	Organização das Nações Unidas para a Educação, a Ciência e a Cultura
UNIDO	–	Organização das Nações Unidas para o Desenvolvimento Industrial
UNITAR	–	Instituto das Nações Unidas para o Treinamento e Pesquisa
Univali	–	Fundação Universidade do Vale do Itajaí
UNRISD	–	Instituto de Pesquisa das Nações Unidas para o Desenvolvimento Social
UNStats	–	*Statistics Division of the United Nations*
UPI	–	Unidade de Proteção Integral
UPS	–	Unidade de Produção Sustentável
URE	–	Unidade de Referência Escolar
UTS	–	Unidade de Tratamento Simplificado
VoIP	–	*Voice over Internet Protocol* (voz sobre protocolo de internet)
VTA	–	Verificação da Tecnologia Ambiental
ZEE	–	Zoneamento Ecológico-Econômico

SUMÁRIO

INTRODUÇÃO 25

1 RELAÇÕES SISTÊMICAS ENTRE A EDUCAÇÃO E A GESTÃO AMBIENTAL 35
   1.1 A TRAJETÓRIA DA EDUCAÇÃO AMBIENTAL E SUAS RELAÇÕES COM A CRISE DA CIVILIZAÇÃO OCIDENTAL 35
   1.2 OS FUNDAMENTOS DO ESTADO DE DIREITO DO AMBIENTE 48
   1.3 DIRETRIZES E NORMATIVAS INTERNACIONAIS E BRASILEIRAS DE EDUCAÇÃO AMBIENTAL E SUSTENTABILIDADE 53
      1.3.1 Diretrizes e normativas internacionais de educação ambiental. 53
      1.3.2 Diretrizes e normativas nacionais de educação ambiental e sustentabilidade. 66
   1.4 A CRISE DO CONHECIMENTO NA ÓTICA DAS VERTENTES FILOSÓFICAS DO PENSAMENTO ECOLÓGICO 75
   1.5 A EVOLUÇÃO DOS MODELOS DE GESTÃO PÚBLICA 90
   1.6 CARACTERIZAÇÃO DA PESQUISA 104

2 PLANEJAMENTO DE PROGRAMAS EM EDUCAÇÃO AMBIENTAL 111
   2.1 O MODELO LÓGICO DE PLANEJAMENTO DE PROGRAMAS 112
      2.1.1 Identificação e análise do macroproblema. 123
      2.1.2 Pré-montagem da explicação dos problemas 125
   2.2 A EDUCAÇÃO E A GESTÃO AMBIENTAL NO ESTADO CATARINENSE 126
      2.2.1 A sustentabilidade ambiental na gestão pública 130
      2.2.2 Estrutura pública de gestão da educação ambiental não formal catarinense. 156
      2.2.3 A ocupação desordenada do ambiente rural e urbano 176
      2.2.4 A ocupação da produção agropecuária 195
   2.3 SERVIÇOS REGIONAIS E URBANOS 202
      2.3.1 Águas pluviais urbanas 203
      2.3.2 Água e esgoto. 212
      2.3.3 Gerenciamento de resíduos sólidos regionais e urbanos. 219
   2.4 CARACTERIZAÇÃO SOCIOECONÔMICA DA POPULAÇÃO 223
      2.4.1 Povos nativos. 223
      2.4.2 População, educação e renda 227
      2.4.3 Habitação 230

CONSIDERAÇÕES FINAIS..235
REFERÊNCIAS 245

INTRODUÇÃO

Não há como combater as reais causas da problemática ambiental sem um processo educativo estruturado e orientado para o resultado. Afinal, não estamos sendo capazes de manter as condições ambientais da biosfera que deram origem à vida do planeta. Nesse sentido, o processo de Educação Ambiental (EA) deve impor limites exploratórios de ordem entrópica e promover a diversidade humana e ambiental.

Muitas vezes, as instituições e pessoas responsáveis pelo processo educativo não sabem como promovê-lo ou falta-lhes vontade e comprometimento social. Considerando isso, a análise do processo educativo-ambiental preconizado pelos estados[1] brasileiros, sob a ótica do Estado[2] de direito do ambiente, augura uma epopeica oportunidade: promover o amadurecimento de novas técnicas e a incorporação de novos conceitos à cultura organizacional e às ações técnicas e sociais. Para isso, entende-se que a qualificação do processo educativo-ambiental na gestão pública dos estados e municípios[3] pode se concretizar em um caminho para a efetivação do Estado de direito do ambiente desde que estabeleça uma relação crítica com o processo de gestão da sustentabilidade socioambiental.

A EA deve dar visibilidade às ações ambientais prioritárias no âmbito estadual, delimitando a explicação dos problemas ambientais e traçando diretrizes de ações interventivas. Tendo como objeção a promoção de mudanças nas reais causas desses problemas, faz-se necessária uma mudança de postura da população em relação ao ideário norteador do processo de planejamento socioeconômico e ambiental. Essa utópica realidade que ainda não é um consenso global depende de um novo entendimento da relação entre o homem e a natureza. Essa nova concepção deve promover alterações jurídicas e executivas no âmbito ambiental, incluindo as estruturas institucionais dos governos do Estado[4].

---

[1] Estados - Grafa-se com inicial minúscula quando se referir a estado federativo (SECOM, 2023).
[2] Estado democrático de direito - A palavra Estado, nessa expressão, refere-se ao conceito de "Estado-nação"; por isso, deve ser grafada com inicial maiúscula (SECOM, 2023).
[3] Municípios – Grafa-se com inicial minúscula.
[4] Estado – Grafa-se a inicial maiúscula em Estado no sentido de nação politicamente organizada (SECOM, 2023).

Para Santos (2004), não há como se falar em qualidade de vida em um país[5] do Hemisfério Sul sem uma mudança de paradigma, sendo que a qualidade de vida e a igualdade social são inexequíveis diante das realidades globais e regionais vigentes.

Crabbé (1997) entende que desenvolvimento sustentável é uma ideologia política ou utopia desenvolvida pelas Nações Unidas inicialmente para atrair países do Terceiro Mundo a assinar a agenda ambiental do Norte Assim, ao passo que a ideologia, confirmando a ordem social, é voltada para o passado, a utopia está voltada para o futuro e tem o objetivo de mudar uma situação existente (MANNHEIM, 1956).

Entretanto, o Desenvolvimento Sustentável (DS), como ideologia, compete com outras ideologias, por exemplo, a ideologia de livre mercado. As ideologias não são teorias e sim narrativas sintéticas e sistêmicas destinadas a mobilizar a ação (DUMONT, 1974). O processo educativo ambiental não formal deve contemplar diversas problemáticas com intervenções e ações planejadas, seguindo diretrizes institucionais e governamentais.

Uma vez que a racionalidade econômica vigente se mostra incapaz de recuperar o equilíbrio, a formação de uma sociedade sustentável é uma urgência impreterível, sendo essa a principal missão da EA para a mitigação do impacto ambiental causado pelas atividades antrópicas. Portanto, urge atacar as origens civilizatórias da crise ambiental, nesse sentido, é fundamental reconhecer que as nossas referências no estudo da história das ciências vêm de Bachelard, Canguilhem, Althusser, Foucault, entre outros. Também contribuiu para esse entendimento Kuhn, que, "em sua "física quântica" da ciência mostrou que o conhecimento não avança em uma evolução contínua, mas por rupturas epistemológicas e mudanças de paradigmas" (LEFF, 2002, p. 10).

No conceito de Kuhn (1970), um paradigma científico é definido como uma constelação de realizações, concepções, valores e técnicas convencionadas por uma comunidade científica e utilizadas por ela para definir e legitimar problemas e soluções. Assim, a EA surgindo como um paradigma emergente da contemporaneidade, constitui-se numa tendência consonante com o movimento histórico ambiental (RODRIGUES, 2016).

A EA é reconhecida como um conhecimento ético comprometido com a biodiversidade e com o futuro do planeta. Porém, não estamos

---

[5] País – Usa-se com inicial minúscula, mesmo quando se referir ao Brasil. A regra também vale para nação, estado e município (SECOM, 2023).

vivendo um momento de ruptura nem de continuidade cronológica em face dos paradigmas atuais. Estamos pairando sob um mormaço de conflitos e contradições entre o conhecimento científico e o conhecimento social por meio de rupturas e continuidades (TRISTÃO; RUSCHEINSKY, 2012).

Sendo assim, faz-se necessária uma mudança de paradigma no sentido do entendimento da responsabilidade socioambiental. Com isso, é preciso reconhecer que a concentração de capitais e poderes, em muitos casos, advém de imposições, favorecimentos e imposturas. Por conseguinte, lograram-se os conflitos históricos de interesses, a exploração do trabalho humano e a poluição ambiental. Portanto, considerando o estado catarinense como campo empírico de observação, esta obra buscou realizar uma articulação teórica rebuscada da problemática ambiental no âmbito das ações necessárias à EA e ao suporte à sustentabilidade.

A partir disso, evidenciou-se que o Estado possui um conjunto de entidades que compõem a administração pública direta (Estado e seus órgãos) e administração pública indireta (autarquias comuns e autarquias especiais: a) conselhos profissionais; b) autarquias de ensino ou culturais; c) agências reguladoras; d) agências executivas; e) fundações públicas; f) empresas estatais.

Considerando que todas essas categorias institucionais apresentam pertinência às temáticas da EA, todas precisam ser consideradas. Ainda, entre esses atores e a sociedade deve haver um consenso mínimo sobre propósitos e ética, além de habilidade técnica, administrativa, operacional e política rumo aos objetivos finais.

Portanto, para a definição dos objetivos do plano ambiental, três vertentes devem ser consideradas, sendo elas: a de quem contrata o planejamento, do executor e dos órgãos e organizações ambientais que têm o poder de interferência na região. Essas três vertentes nomeadas de institucional, comunitária e técnico-científica devem definir um consenso sobre as metas e políticas a serem adotadas e executadas. Baseado nisso, os planejadores apresentam a estrutura organizacional do trabalho a ser realizado, sendo que não cabe ao planejador ambiental a tomada de decisão, sendo esse poder reservado aos atores e agentes do planejamento (SANTOS, 2004).

Para Dias (2004a), a EA deve promover e estimular a aderência dos indivíduos e da sociedade frente ao paradigma do desenvolvimento sustentável em substituição ao paradigma social. Esse paradigma social deve atacar as causas das crises humanas que se encontram arraigadas na decadência dos valores humanos e da ética. Portanto, é imperiosa a reeducação da sociedade para a promoção regenerativa e evolutiva do ambiente natural e humano. Além disso, o ambientalista entende que a EA deve fugir do estágio meramente contemplativo para assumir uma postura de tomada de decisões, fazendo acontecer aquilo que precisamos modificar.

Nesse contexto, é fundamental destacar o avanço brasileiro logrado nas últimas décadas, pois conquistamos uma Política Nacional de EA[6], inúmeros projetos e programas de EA em desenvolvimento, além de uma ampla literatura especializada. O Brasil melhorou seus índices de expectativa de vida, de mortalidade infantil, de alfabetização e também conquistou mais espaço para as mulheres. As Organizações não Governamentais (ONGs) efetivaram os seus papéis na sociedade como nova segmentação de poder e as empresas incorporaram a dimensão ambiental nos seus processos, tais como certificações, gestão ambiental e ecoeficiência (DIAS, 2004b).

Diante disso, o posicionamento das instituições vem mudando, seja por conscientização sobre a sustentabilidade, seja pela necessidade de adequação às exigências legais e do mercado. Além disso, as diretrizes e normativas nacionais estabelecem que a EA não é um papel somente do governo, mas também das empresas, dos sindicatos, das associações de bairros, das associações religiosas e do cidadão, devendo acontecer em todos os níveis, desde a pré-escola até a pós-graduação.

As diretrizes e normativas foram criadas para promover o desenvolvimento sustentável e a internalização das bases ecológicas e dos princípios jurídicos e sociais para a gestão democrática, cooperativa e sustentável dos recursos naturais. Por sua vez, as vertentes filosóficas do pensamento ecológico tratam, entre outros aspectos, a respeito do paradigma do conhecimento não científico, é incompatível com o atual padrão tecnológico, com as práticas de produção, com a organização burocrática e com os aparelhos ideológicos do Estado.

Rodrigues (2017) concorda que o Estado de direito deve se voltar à tutela do meio ambiente, sendo este constituído pelo ambiente natural, urbanístico, cultural e profissional. Para o autor, é necessário que o Estado assuma seu viés ambiental e os desafios para a sua consolidação. Dessa forma, esta obra buscou o embasamento em contribuições conceituais e metodológicas, sob perspectivas multidisciplinares. Nessa conjuntura, percebe-se que a realidade da problemática socioambiental é ocultada e

---

[6] Política Nacional de Educação Ambiental - Lei n. 9.795, de 27 de abril de 1999 (BRASIL, 1999).

descontinuada propositalmente pela contemporânea racionalidade de produção e consumo. Essa racionalidade dominante cria diversos impeditivos que nos desafiam a encontrar situações específicas que nos empoderem a passar da convicção à atuação.

Dentro desse contexto, quanto ao problema de pesquisa, este estudo procurou responder ao seguinte questionamento: em que sentido a EA não formal, a ser desenvolvida na gestão pública dos estados, pode contribuir para a efetivação do Estado de direito do ambiente?

Para tanto, foi necessário recorrer ao desenho do programa, contemplando a delimitação e a explicação do problema a ser enfrentado, com intervenções em ações planejadas, a fim de provocar mudanças nas causas dos problemas. Portanto, a qualidade da teoria deve ser avaliada pela capacidade de articulação explícita, contemplando a descrição das ideias, hipóteses e expectativas que constituem a estrutura do programa e o seu funcionamento esperado (IPEA, 2010).

Nesse contexto, constatou-se a necessidade de recorrer às correntes filosóficas[7] do saber ambiental. Afinal, o desejo sincero de reconhecimento da natureza passa pela consideração ao seu valor intrínseco, independente da experiência humana. Além disso, as teorias ambientais e as correntes filosóficas do saber ecológico permitem o aprofundamento sobre as funções ecológicas da espécie humana e das demais espécies do planeta. Assim, a EA não formal deve gerar impactos significativos à tutela do ambiente, confrontando a tradição soberana de imposição dos direitos e interesses antrópicos, em detrimento da existência de outras espécies ecossistêmicas na ocupação do ambiente.

Esse pressuposto serviu de base para a formulação do objetivo geral, que consiste em identificar como a EA não formal, a ser desenvolvida na gestão pública dos estados brasileiros, pode gerar impactos significativos à tutela do ambiente. Desenvolvendo as primeiras etapas do planejamento, como modelo aplicado ao território catarinense, chegou-se à recomendação de indicadores a serem acompanhados em ações de EA, a fim de melhoria da qualidade da experiência humana na Terra.

A fim de concretizar o objetivo geral, são propostos os seguintes objetivos específicos: identificar a trajetória da EA e suas relações com

---

[7] A análise e discussão das correntes de pensamento ambiental, dos valores ambientais das sociedades e dos pressupostos, fundamentos, políticas e instrumentos de gestão ambiental são temas da ética ambiental, um ramo de estudo da filosofia (GOVERNO DO ESTADO DE SANTA CATARINA, 2005).

a crise civilizatória ocidental; analisar teorias ambientais, as correntes filosóficas do saber ecológico e os fundamentos do Estado de direito do ambiente; apresentar as diretrizes e normativas internacionais, brasileiras e estaduais catarinenses de EA e de suporte à sustentabilidade; identificar as problemáticas relacionadas ao processo educativo-ambiental no estado catarinense; e gerar uma referência instrumental para a efetivação da EA não formal com base nos preceitos do Estado de direito do ambiente.

O Estado de direito do ambiente é uma emergente teoria fundamentada nos trabalhos desenvolvidos por Canottilho (2004a), Leite e Ayala (2002), Rodrigues (2017), entre outros autores, e considera as diretrizes e normativas internacionais e brasileiras de caráter social e ambiental, além de vertentes filosóficas do pensamento ecológico. Posto isso, com base na dedução lógica dos conceitos, adota-se como possível hipótese ao problema formulado que: se a efetivação da EA não formal, prevista nas legislações internacionais, brasileiras e estaduais, estabelecer uma relação crítica entre as teorias e os problemas ambientais, então ela se constitui num pressuposto para o Estado de direito do ambiente.

Com relação à justificativa, parte-se do pressuposto de que os documentos oficiais não explicitam de forma clara e detalhada o caminho a ser seguido rumo à efetivação do Estado de direito do ambiente. Os programas e ações que tratam de aspectos relacionados à EA não formal não fazem abordagem crítica e expositiva dos problemas, o que dificulta uma análise adequada das propostas de programas e a proposição de melhorias. Alguns estudiosos da avaliação, como Bickman (1987), destacam a importância de se partir da análise da teoria do programa para identificar as deficiências do desenho, que poderão interferir no seu desempenho. Assim, para aferir a qualidade da teoria, é preciso verificar se o programa está bem desenhado e se a teoria apresenta um plano aceitável para o alcance dos resultados esperados.

Como referências disso, entende-se que essa perspectiva do Estado de direito pode estar contextualizada na própria engenharia e filosofia do ambiente natural, urbano, cultural e de trabalho, na ecoeficiência, nos meios de locomoção e comunicação e na cultura organizacional do Estado. Salienta-se que o processo de produção e consumo de produtos deve considerar a dimensão ambiental em todo o ciclo de vida dos bens e serviços, inclusive naqueles contratados e oferecidos pelas instituições ligadas à administração do Estado.

Logo, a EA não formal a ser promovida na gestão pública dos estados, poderá ser considerada um paradigma emergente da contemporaneidade, desde que sejam atendidos os princípios do Estado de direito do ambiente em consonância com as vertentes filosóficas do pensamento ecológico e com teorias ambientais. Assim, estarão compreendidas nessa proposta as diretrizes e normativas internacionais, brasileiras e estaduais catarinense de EA, as teorias da ecologia sistêmica, do saber ambiental e da complexidade ambiental, como também os conceitos da EA não formal e de gestão ambiental, aplicados às dimensões institucional, comunitária e técnico-científica.

Este trabalho se limita à análise e discussão de quadros de indicadores de problemas selecionados, de ordem socioambiental, buscando mensurar de forma clara e objetiva um recorte da situação das políticas e ações de EA em nível de estado, com relação à qualidade de vida, utilização dos recursos naturais e as consequências para o meio ambiente.

Esses quadros também demonstram evoluções e tendências em relação às pressões diretas e indiretas, relacionados à socioeconomia de suporte à EA, gestão pública institucional, qualidade do ambiente urbano e qualidade ambiente rural. Essas dimensões envolvem a atenção e incentivos públicos aplicados no controle da poluição, além do estado de conservação do ambiente. Ressalta-se que os indicadores apresentados nesta revisão são de amplitude estadual e podem mascarar diferenças intrarregionais importantes.

Complementarmente, adota-se o modelo lógico como recurso metodológico de planejamento e avaliação de programas institucionais. Esse instrumento permite estipular e operacionalizar um encadeamento complexo de acontecimentos ou eventos durante um período longo de tempo. Porém, a construção de uma referência prévia para a avaliação busca estabelecer consensos para as expectativas dos diversos atores envolvidos. Afinal, à medida que pontos prioritários e parâmetros de julgamento são pactuados anteriormente à avaliação, minimizam-se os riscos de divergências quanto ao desenho da avaliação, quanto à interpretação dos resultados e as recomendações de mudanças no programa avaliado. Nessa conjuntura, a comunidade é tida como sujeito e não como objeto do planejamento (IPEA, 2010).

Associado a isso, foi adotada a ferramenta Pressão-Estado-Resposta (PER) para organizar os indicadores com o objetivo de planejamento fundamentado no desenvolvimento sustentável. Esse instrumento foi desenvolvido pela Organização para a Cooperação e Desenvolvimento Econômico (OCDE) e é adotado para o apoio à tomada de decisão e para a avaliação de desempenho ambiental em diversos países (OCDE, 2002). Essa análise permite mensurar os progressos alcançados em diversas áreas, sendo que os conjuntos de indicadores favorecem a integração das preocupações ambientais nas políticas setoriais.

Entende-se que a busca por ações significativas passa pelo reconhecimento da estratégia institucional. Afinal, o planejamento Gerencialista fornece "transparência", incide sobre opinião pública, embora haja riscos a disfunções do modelo, como burocratização, engessamento, descolamento da realidade específica, comprometendo a disposição de apoio ao beneficiário. Assim, a teorização da possibilidade de realização de mudanças efetivas na realidade, por meio de ações significativas, passa fundamentalmente pela ciência dos desafios inerentes ao planejamento e à sua implementação.

Contudo, vale recordar que a participação e o envolvimento de diversos segmentos da sociedade podem ocorrer por meio das organizações da sociedade civil e de arranjos institucionais que implantaram mecanismos participativos de escuta às demandas da população e de acompanhamento de ações governamentais, tais como os Conselhos de Meio Ambiente, os Comitês de Bacias Hidrográficas, os fóruns de desenvolvimento local, entre outros. Conforme a Agenda 21 dispõe, a habilidade de um país para avançar na direção do desenvolvimento sustentável é determinada pela capacidade das pessoas e das instituições, o que inclui capacidades científicas, tecnológicas, organizacionais, além das financeiras (IBGE, 2017a).

Buscando contemplar a complexidade da abordagem multidisciplinar da EA, sinteticamente o Quadro 1 apresenta as principais referências metodológicas e conceituais utilizadas na construção deste estudo:

Quadro 1-1 – Referências metodológicas e conceituais adotadas na pesquisa

Classes	Tipologia
Objetivo geral	Identificar como a EA não formal pode ser desenvolvida por meio de políticas e do planejamento governamental, a fim de gerar impactos significativos ao equilíbrio ambiental, em atendimentos aos preceitos do Estado de direito do ambiente.
Objetivos específicos	1) Caracterizar a trajetória da EA e suas relações com a crise civilizatória ocidental; 2) Identificar os fundamentos do Estado de direito do ambiente e as diretrizes e normativas internacionais, brasileiras e estaduais catarinenses de EA e de suporte a sustentabilidade; 3) Conhecer o que ensinam as vertentes ecológicas; 4) Compreender a evolução dos modelos de gestão de administração pública; 5) Selecionar indicadores de problemas socioambientais em nível de estado; e 6) Organizar uma referência instrumental prévia para o planejamento de programas e projetos em EA.

Classes	Tipologia
Problema de pesquisa	Que ações em EA devem ser priorizadas a fim de melhorar a qualidade da experiência humana na Terra em atendimento aos preceitos do Estado de direito do ambiente?
Justificativa	Não está claro nos documentos de intervenção governamental o caminho a ser seguido pela EA rumo ao ideário da sustentabilidade, sendo que a transparência deverá ser assegurada mediante ao foco de interesse administrativo do Estado para o cidadão, com incentivo à participação popular e exemplo à iniciativa privada.
Relevância	O diagnóstico crítico de problemas e possíveis resultados a serem alcançados contribui para a melhoria na qualificação do processo de planejamento público, uma vez que incentiva a aderência às realidades locais e incide sobre a opinião pública. Além disso, a transparência constitui-se em uma ancoragem à estratégia institucional, minimizando a ingerência externa por parte da gestão tradicional político-partidária e conjuntural.
Riscos	O modelo de administração pública gerencial, embora busque o ideal máximo de eficiência, tende a disfunções, como burocratização, engessamento e ao descolamento da realidade.
Hipótese ao problema	A efetivação da EA não formal, prevista nas legislações internacionais, nacionais e subnacionais, pode se constituir em um pressuposto para a efetivação do Estado de direito do ambiente, desde que se estabeleça uma relação crítica com os problemas socioambientais, sob a perspectiva das vertentes filosóficas do pensamento ecológico.
Variáveis de análise	Dimensões institucional, comunitária e técnico-científica.
Delimitação	A EA não formal a ser desenvolvida pela gestão pública direta e indireta aplicada ao estado de Santa Catarina.
Fonte de coleta de dados	Imprensa escrita, meios audiovisuais e publicações encontrados em plataformas digitais, estatísticas e relatórios oficiais, leis, e documentos institucionais e do Estado, todos de acesso público.
Modelo de análise	Modelo lógico de planejamento de programas fundamentado no resgate e explicitação de teorias subjacentes aos problemas, como um instrumento de intervenção e avaliação governamental.
Procedimento analítico	Contextualização da EA, suas diretrizes e normativas, diagnóstico socioambiental, análise dos dados e estruturação do programa para alcance dos resultados.
Limitações	Esta obra limita-se à revisão de aspectos relacionados ao planejamento da EA no âmbito de atuação da gestão pública.

Classes	Tipologia
Resultados esperados	Gerar uma referência instrumental para a avaliação prévia do planejamento de políticas, de programas e projetos de EA na gestão pública, em consideração à participação social e a exemplo de responsabilidade ambiental às entidades não governamentais.
Impactos esperados	Influenciar a geração de resultados significativos à tutela do ambiente, a fim de contribuir com a melhoria da experiência de vida na Terra.

Fonte: os autores

Contudo, esta obra buscou, ao longo de seus capítulos, seções e subseções, desenvolver o tema proposto sobre a EA na gestão pública em atendimento aos preceitos do Estado de direito do ambiente. Para tanto, foi necessário identificar as relações sistêmicas entre a educação e a gestão ambiental, além da trajetória da EA e suas relações com a crise da civilização ocidental. Além disso, foi preciso revisar os fundamentos do Estado de direito do ambiente e as diretrizes e normativas internacionais e brasileiras de EA e sustentabilidade. Não sendo o bastante, foi preciso se ater à crise do conhecimento na ótica das vertentes filosóficas do pensamento ecológico, assim como a evolução dos modelos de gestão pública e que fundamenta a caracterização da pesquisa.

Complementarmente a isso, foi preciso discorrer sobre o planejamento de programas em EA, compreendendo a metodologia de Modelo Lógico de Planejamento de Programas. Como rege essa metodologia, foi primordial o diagnóstico socioambiental sobre a educação e a gestão ambiental no estado catarinense, assim como o diagnóstico de serviços regionais e urbanos e caracterização socioeconômica da população, por meio de indicadores públicos de diagnóstico socioambiental.

1

RELAÇÕES SISTÊMICAS ENTRE A EDUCAÇÃO E A GESTÃO AMBIENTAL

1.1 A TRAJETÓRIA DA EDUCAÇÃO AMBIENTAL E SUAS RELAÇÕES COM A CRISE DA CIVILIZAÇÃO OCIDENTAL

Para este capítulo foi realizada uma revisão minuciosa da literatura, a fim de introduzir a temática da crise de conhecimento humano a respeito do ambiente e pontuar as principais etapas traçadas na construção de um ideário de sustentabilidade. Esse processo é marcado por erros de intervenções antrópicas, evoluções político-legislativas, além de eventos e reivindicações socioambientais, constituindo a situação da atualidade.

Os problemas do meio ambiente englobados no termo "crise ecológica" são de índole e envergadura diversas. As disparidades notórias das populações humanas quanto à qualidade de vida, à deterioração dos ecossistemas e das paisagens, à desertificação, à escassez crescente dos recursos e os desperdícios, às múltiplas causas da nocividade e da poluição, com o agravamento da qualidade de vida, justificam o alarme que surgiu nos últimos 30 anos (UNESCO, 1980).

A crise ambiental é entendida como a escassez de recursos naturais em conjunto com as diversas catástrofes em nível planetário consequentes das ações degradadoras impostas à natureza pelo ser humano. Nesse sentido, os pontos cegos e impensáveis dessa razão modernizante são elencados por Leff (2011). Como o ambiente excluído, oprimido, degradado e desintegrado. Para o autor, esses problemas não se resolvem ecologizando a economia, mas sim transformando seus paradigmas de conhecimento para construir uma nova racionalidade social. A própria natureza das questões ambientais exige uma extensão da abordagem econômica, convencional (uma "ecologização") para englobar, entre outros objetivos a equidade distributiva e a qualidade ambiental (TURNER; PEARCE; BATENAN, 1993).

Nesse contexto, é fundamental reconhecer a dissociação propositalmente difundida entre o homem e a natureza. A cultura tradicional antropocêntrica acredita que a consciência e a sensibilidade são capacidades exclusivas do ser humano. Precisamos reconhecer o homem como uma criatura animal que emergiu do ambiente natural. Assim, a aceitação da outridade da natureza envolve necessariamente um desejo sincero de compreendê-la, podendo nos levar ao reconhecimento de novas formas de solidariedade e respeito pela outridade do outro (GRÜN, 2006).

Gadamer (2004) defende que qualquer tentativa de interpretar a natureza a partir da vontade de dominá-la não é uma interpretação, uma vez que para a interpretação ocorrer é necessário que o significado do outro possa permanecer como auto apresentação, pois ditar o significado da natureza para predição e controle não é um ato de compreensão. O autor critica como se dá o processo de objetificação da natureza, ou seja, como a natureza é tornada mero objeto à disposição da razão humana pela ciência moderna.

O conceito de humanidade requer a capacidade de aprender que nós não podemos simplesmente explorar nossos meios de poder e possibilidades efetivas, pois precisamos aprender a parar e respeitar o outro como um outro, sendo esse outro a natureza ou as crescentes culturas dos povos e nações. Somente assim seremos capazes de aprender a experimentar o outro e os outros como outro de nós mesmos, para participar um com o outro (MISGELD; NICHOLSON, 1992).

As primeiras referências sobre o planejamento do espaço estão relacionadas às aldeias da Mesopotâmia há cerca de 4.000 a. C. Naquela época, o ordenamento do espaço estava ligado à agricultura ou à pesca e considerava aspectos ambientais como topografia e microclima. A preocupação do impacto humano se tornou expressiva em núcleos populacionais urbanos da Grécia Antiga, perdurando até a Revolução Industrial, aliando a construção das cidades à conservação dos elementos da natureza (SANTOS, 2004).

Nessa perspectiva, recorda-se o ensaio de Thomas Huxley (1863) sobre a interdependência dos seres humanos com os demais seres vivos em *Evidências sobre o lugar do homem na natureza*. Essa obra traz a história natural dos macacos e faz relações com o surgimento do homem. Essa relação é representada por Benjamin Waterhouse Hawkins a partir dos espécimes no *Museu do Royal College of Surgeons* (Figura 1-1).

Figura 1-1– Esqueletos do gibão, homem, chimpanzé, gorila e orangotango reduzidos fotograficamente a partir de diagramas do tamanho natural

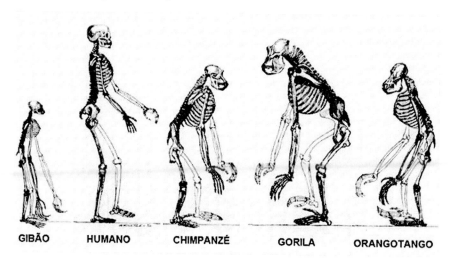

Fonte: adaptado de Huxley (1863)

É imprescindível mencionar a obra *O homem e a natureza: ou geografia física modificada pela ação do homem*, de Marsh (1864), pois nela já fora documentado que os recursos do planeta estavam sendo esgotados, comprometendo o destino das civilizações modernas, assim como declinaram as civilizações antigas. Ao estudo das inter-relações que até então estava restrito a análises filosóficas, Haeckel (1866) propôs o termo "ecologia" para o tratamento das relações entre as espécies e o meio ambiente.

O movimento Romântico do fim do século XVIII refletiu uma expressão social de cunho ambiental com contribuições da Escola Francesa nas proposições de planejamento de recursos hídricos e saneamento, com ênfase na relação entre disponibilidade de água e a preservação dos mananciais. Já as cidades japonesas buscavam harmonia entre os elementos naturais e construídos (ACOT, 1990).

Como reflexo disso, o modelo patrimonialista era pautado nas práticas usadas por Estados absolutistas do século XVIII, em que o administrador não diferencia o patrimônio estatal particular do estatal. O sistema estava pautado na dominação tradicional, uma espécie de troca entre os governantes e seus súditos. As consequências sobre o ambiente da Revolução Industrial, iniciada em 1779, na Inglaterra, associada à urbanização, já estavam entre as preocupações do escocês Patrick Geddes (1854-1932). Esse fato deu a ele o título de "pai da EA".

Mais de um século depois da Revolução Industrial, estudos no campo da ecologia induziram à reorientação da relação homem e meio, como a teoria de Darwin (1809-1882), o conceito de ecossistema, por Tansley, e as relações entre cadeia trófica e meio abiótico, por Linderman. Além desses, Aldo Leopold (1887-1948) foi considerado o patrono do ambientalismo e o mais importante representante do biocentrismo moderno ou da ética holística, servindo de ancoragem para a maioria das posições que defendem o significado moral dos sistemas e não apenas dos indivíduos, levando-se em conta que os modelos econômicos simples têm ignorado completamente as inter-relações entre a economia e ambiente (TURNER; PEARCE; BATEMAN, 1993).

A Declaração Universal dos Direitos Humanos de 1948 incorporou o anseio da humanidade pela liberdade, justiça e dignidade. Ela é uma base comum para que todos os indivíduos, povos e nações tenham uma vida plena de paz. Por meio da educação, das ciências, da comunicação e da cultura, seu objetivo é incutir valores humanistas.

Entre esses preceitos estão alguns que se relacionam, direta ou indiretamente, com as problemáticas socioambientais abordadas pela EA, tais como: direito à igualdade e fraternidade entre os seres humanos; direito à vida; direito de participação nos assuntos públicos e acesso ao serviço público; direito a um padrão de vida adequado à saúde e ao bem-estar; direito à educação; direito à vida cultural, artística e científica; direito a um mundo livre e justo, além do dever para com sua comunidade (UNESCO, 1948).

Após a Segunda Guerra, na Europa e nos Estados Unidos da América (EUA) começam a ser discutidos os conceitos de desenvolvimento e subdesenvolvimento. Posteriormente, foi nos EUA, na década de 1950, que o planejamento passou a se preocupar com a necessidade de avaliar os impactos ambientais resultantes de grandes obras estatais. Embora em grande parte desses empreendimentos predominassem aspectos sociais, como a geração de empregos e o crescimento inadequado das cidades, a análise continuava a ser de custo e benefício de alternativas técnicas de engenharia (SANTOS, 2004).

O termo "desenvolvimento sustentável" foi adotado pela primeira vez em 1950, em um trabalho da *Internacional Union Conservation of Nature* (IUCN). Com a evolução do estilo de vida da população que desponta a primeira instabilidade, em 1952, quando o ar densamente poluído de Londres (*smog*) provocaria a morte de 1.600 pessoas. A partir disso, a sensibilização sobre a qualidade ambiental na Inglaterra culminou com a aprovação da Lei do Ar Puro, em 1956 (DIAS, 2004b).

As mazelas do modelo de desenvolvimento econômico passaram a tomar magnitude na década de 1960. A poluição atmosférica também é identificada em outros centros urbanos, como Los Angeles, Nova York, Berlim, Chicago, Tóquio e Londres. Rios como Tâmisa, Sena, Danúbio e Mississipi são contaminados e assoreados pelo desflorestamento, com perda de biodiversidade. Discutindo minuciosamente esse panorama, a bióloga Rachel Carson publica o livro *Primavera Silenciosa*, em 1962. Foi a partir dessa publicação-denúncia, sobre a devastação ambiental de origem antrópica, que a temática da EA passou a fazer parte das discussões políticas internacionais da Organização Mundial das Nações Unidas (ONU) (DIAS, 2004b).

A expressão "Educação Ambiental" (EA) foi utilizada pela primeira vez na Conferência de Educação da Universidade de Keele, na Grã-Bretanha, em 1965. A partir de então, a abordagem da EA passou a ser cada vez mais importante para a formação de cidadãos com conhecimento do ambiente. Assim, na busca por soluções, passou-se a trabalhar as atitudes, motivações e habilidades individuais e coletivas na melhoria das relações entre a sociedade e o meio ambiente (MANO; PACHECO; BONELLI, 2010).

Quando se trata da evolução das teorias e dos modelos de planejamento e gestão ambiental, é preciso compreender que a questão ambiental até a década de 1970 ainda era tratada como um segmento à parte, ligado à sistematização do conhecimento da natureza e à política protecionista. A delegação brasileira defendeu na Conferência de Estocolmo que não se importaria com o custo da degradação ambiental em prol do crescimento do Produto Interno Bruto (PIB).

Depois de ampla difusão, em 1971, a escola francesa evolui o termo para ecodesenvolvimento. Essa terminologia passa a observar as potencialidades e fragilidades dos sistemas que compõem o meio ambiente e a estimular a participação social. A partir de então, o ecodesenvolvimento passa a considerar a degradação ambiental, a condição social dos desprivilegiados, a falta de saneamento, o consumo indiscriminado e a poluição ambiental (SANTOS, 2004).

Contemporaneamente, no Brasil, em 1971, é fundada a Associação Gaúcha de Proteção ao Ambiente Natural (Agapan), sendo precursora de movimentos ambientalistas no país. No ano seguinte, o grupo multidisciplinar conhecido como Clube de Roma[8] publica o relatório conhecido como "*Os limi-*

---

[8] O Clube de Roma foi criado em 1968 por cerca de 30 especialistas de diversas áreas, como economistas, pedagogos, humanistas, industriais, entre outros. O grupo era liderado pelo industrial Aurelio Peccei (DIAS, 2004a).

tes do crescimento" (MEADOWS *et al.*, 1972). Impulsionada por isso, ainda em 1972, a ONU organiza em Estocolmo, na Suécia, a "Conferência sobre o Meio Ambiente Humano[9]", a fim de estabelecer os princípios comuns que serviriam de orientação para a preservação e melhoria do meio ambiente (UNESCO, 1972).

A Conferência de Estocolmo, realizada em 1972, conhecida como Conferência das Nações Unidas Sobre o Ambiente Humano, foi repercutida como sendo o marco histórico das diretrizes sobre a temática ambiental. Nesse evento, concluiu-se que somente por meio da educação seria possível proceder a mudanças profundas e necessárias nos modelos de desenvolvimento, nos hábitos e comportamentos dos indivíduos e da sociedade. Concluiu-se também que os moldes da educação, rígidos e desconectados da realidade, não seriam suficientes para tanto, surgindo o conceito da EA.

Com relação ao enfoque "educacional, informativo, social e aspectos culturais e ambientais", a Conferência de Estocolmo, em sua recomendação 96, em Unesco (1973, p. 27), reconhece o desenvolvimento da EA como um elemento crítico para o combate à crise ambiental do mundo. Desse modo, a Conferência recomenda estabelecer um programa internacional de EA, com abordagem interdisciplinar, na escola e fora da escola, abrangendo todos os níveis de ensino e dirigido ao público em geral, em especial ao cidadão comum que vive na zona rural e áreas urbanas, jovens e adultos. Almeja-se, assim, educá-los quanto aos passos simples que podem tomar dentro de seus meios, para gerenciar e controlar seu ambiente.

Nesse ensejo, proclamou-se a defesa e a melhoria do meio ambiente para as gerações presentes e futuras, instituindo-se alguns objetivos urgentes da humanidade. Ainda em Estocolmo, foram definidas medidas auxiliares sobre educação, capacitação e informação pública, direcionadas a profissionais e técnicos de diversas áreas, a fim de facilitar a utilização e adoção de conhecimentos em todos os níveis de ensino, formal e não formal (UNESCO, 1973). O desenvolvimento e a afirmação da EA estabeleceram uma visão global e princípios comuns que servissem de inspiração e orientação à humanidade, para a preservação e melhoria do ambiente humano.

A dimensão ambiental passa a considerar as mazelas sociais, tais como corrupção, incompetência gerencial, concentração de renda, injustiça social, desemprego, falta de moradias e de escola para todos, menores abandonados, fome, miséria, violência e outras. Essas mazelas têm origem

---

[9] Conferência de Estocolmo, realizada em de 5 a 6 de junho de 1972, com a participação de 113 países.

no modelo de desenvolvimento econômico adotado que visa à exploração imediata, contínua e progressiva dos recursos naturais e das pessoas.

As políticas de proteção ambiental da Conferência de Estocolmo foram vistas pelos países em desenvolvimento como subversivas ao crescimento econômico. A delegação brasileira afirmou que não se importaria com o custo da degradação ambiental em prol do crescimento do Produto Interno Bruto (PIB). Cedendo a pressões do Banco Mundial e de instituições ambientalistas, a Presidência da República cria, em 1973, no âmbito do Ministério do Interior, a Secretaria do Meio Ambiente (Sema) (DIAS, 2004a).

Em cumprimento ao que havia sido recomendado em Estocolmo, em 1975, no Encontro Internacional sobre a EA, promovido em Belgrado, antiga Iugoslávia, foi formulada a *Carta de Belgrado* (UNESCO, 1975). Essa carta define as funções, os objetivos e os princípios diretores para o Programa Internacional de Educação Ambiental (Piea). Ao passo disso, ocorriam reuniões regionais na África, Ásia, Estados Árabes, Europa e América Latina, estabelecendo uma rede de informações sobre a temática educativo-ambiental, no mesmo ritmo em que o mundo convulsionava em crises de diversas ordens:

> Chernobyl, Bhopal, Three Miles Island, efeito estufa, diminuição da camada de ozônio, alterações climáticas e frustrações de safras agrícolas, aceleração dos processos de desmatamento, queimadas, erosão, desertificação, crescimento populacional, diminuição do estoque pesqueiro mundial, poluição dos mares, do solo, do ar, surgindo e recrudescimento de pragas, surtos de doenças tropicais, perda de biodiversidade, aids e agravamento generalizado do quadro de pobreza internacional, acompanhados de atos terroristas, revoluções e fome (DIAS, 2004b, p. 86).

A Carta de Belgrado define princípios e orientações para um programa internacional de EA, provocando uma nova ética global para a erradicação da pobreza, da fome, do analfabetismo, da poluição, da dominação e da exploração humana. Essa Carta define princípios e orientações para um programa internacional de EA, provocando uma nova ética global para a erradicação da pobreza, da fome, do analfabetismo, da poluição e da dominação e exploração humana (UNESCO, 1975). Nesse momento, foi identificada a dependência de um programa de cooperação técnica, financeira e assistencial para apoiar esse programa, tendo em conta as prioridades acordadas em conformidade aos recursos disponíveis.

Ainda em 1975, a Conferência de Tbilisi debate e regulamenta a EA prevista em 1972, em Estocolmo, sendo considerada a Primeira Conferência

Intergovernamental sobre EA. Ali foram definidos os princípios, objetivos e características da EA, formulando recomendações e estratégias de ações (UNESCO, 1978).

Consecutivamente, no ano de 1977, em Tbilisi, na Geórgia (antes União Soviética), foi realizada a Primeira Conferência Intergovernamental sobre EA, organizada pela Unesco com a colaboração do Programa das Nações Unidas para o Meio Ambiente (PNUMA). Em Tbilisi se ampliaram as contribuições geradas em Belgrado e foram definidos os princípios, objetivos e características da EA, formulando recomendações e estratégias de ações (UNESCO, 1978). A Conferência de Tbilisi dirigiu um apelo para os estados-membros para que incluam nas suas políticas educativas medidas a fim de incorporar conteúdo, orientações e atividades ambientais em seus sistemas, com base nos objetivos e características estabelecidos pela Conferência.

Assim, em Tbilisi, foi regulamentada a EA e suplicado para que a comunidade internacional ajude, generosamente, a fortalecer a colaboração nas atividades que simbolizem a solidariedade entre todos os povos. Portanto, busca-se alentar para a promoção da compreensão internacional e para a busca pela causa da paz. Também se recomendou que fosse estabelecido um Plano de Ação Mundial para a implantação de um programa internacional de EA, visando a educar o cidadão comum para que maneje e controle seu meio ambiente. A partir daí, instituiu-se a necessidade internacional de definir as bases conceituais da EA. Esse processo foi realizado em encontros sub-regionais, regionais, nacionais e internacionais sucessivos.

Destarte, a Declaração de Tbilisi foi adotada como base para o presente trabalho por ser considerada uma referência internacional para o desenvolvimento de atividades de EA, pois em Tbilisi foram ampliadas as contribuições geradas em Belgrado. Além disso, é indispensável proceder uma leitura detida sobre a Conferência de Moscou (1978).

Logo depois disso, em 1979, foi realizado em San José, Costa Rica, o Seminário sobre EA para a América Latina. Lá, as discussões foram conduzidas com base nos documentos elaborados em Tbilisi (1975) e Bogotá (1976), sendo que esses argumentos foram repetidos durante a Rio-92 e repercutiram na Agenda 21 (DIAS, 1999).

Em 1981 foi sancionada a Lei 6.938, que dispunha sobre a Política Nacional do Meio Ambiente (PNMA), com a definição de suas finalidades e mecanismos de formação e aplicação. Com isso, inclui-se a EA em todos os níveis de ensino das comunidades, com o objetivo de capacitá-las para participarem ativamente na defesa do ambiente.

No entanto, Dias (2004a) identifica que os fundamentais propósitos dessa política não eram desejados pelos políticos da época. Afinal, ela tinha um carácter educacional, renovador, crítico e comunitário, capaz de promover mudanças sociais e as políticas econômicas necessárias para a nação.

Em 1987, ocorreu em Moscou (Rússia) o Congresso Internacional de Educação e Formação Ambiental, congregando trezentos especialistas de cerca de cem países. Nessa instância, objetivou-se identificar os principais avanços e dificuldades das nações, além de elencar necessidades e prioridades para a década de 1990. Assim, concluiu-se que as recomendações de Tbilisi deviam ser consideradas como alicerces para a EA em todos os níveis de ensino escolar e extra escolar (DIAS, 1999).

Em Moscou, discutiram-se as dificuldades encontradas e os progressos alcançados pelas nações no campo da EA. Ademais, foram firmadas necessidades e prioridades para a próxima década em relação ao desenvolvimento da EA, desde Tbilisi. Entre os diversos segmentos, foram priorizados os seguintes: acesso à informação, pesquisa e experimentação, programas educacionais e materiais de ensino, treinamento pessoal, educação técnica e vocacional, educando e informando o público, e educação universitária (UNESCO, 1988).

Em 1988, por força das articulações dos ambientalistas, a Constituição Federal Brasileira apresentou um capítulo sobre o ambiente e diversos artigos. Na década de 1980 os planejadores ambientais passaram a resgatar e a integrar as experiências em planejamentos hídricos, nos estudos de impacto ambiental e nas avaliações de paisagens, beneficiando-se da sistematização desenvolvida ao longo de todo o processo desenvolvido até então (SANTOS, 2004).

Logo, em 1990, sucedeu-se na Tailândia a Declaração Mundial sobre Educação para Todos – Satisfação das Necessidades Básicas de Aprendizagem (UNESCO, 1998). Referente a isso, a ampliação dos meios e do raio de ação da educação básica de jovens e adultos pôde ser satisfeita mediante a capacitação técnica e à aprendizagem de ofícios. Inclui-se, ainda, o desenvolvimento de programas de educação formal e não formal em matérias como saúde, nutrição, população, técnicas agrícolas, meio ambiente, ciência, tecnologia, vida familiar (incluindo-se a questão da natalidade) e outros problemas sociais.

Mais tarde, em 1992, durante o II Fórum Brasileiro de EA, foi lançado o Tratado de Educação Ambiental para Sociedades Sustentáveis e Responsabilidade Global, com a criação da Rede Brasileira de Educação Ambiental (Rebea). Ainda em 1992, ocorreu a Conferência das Nações Unidas sobre o Meio Ambiente e Desenvolvimento (Rio 92), havendo um entendimento comum de que a crise ecológica é um sintoma da crise espiritual do ser humano causada pela ignorância. Dias (1994) relaciona que a Carta da Terra, proposta na Rio 92, é uma ampliação da Ética da Terra, preconizada por Aldo Leopold desde 1949 (LEOPOLD, 1987).

A Rio 92 acrescentou o propósito de erradicação do analfabetismo ambiental e da capacitação de recursos humanos para a área ambiental. Conclui-se que esse modelo de "desenvolvimento", imposto pela racionalidade econômica dominante atual, por meio de diversos processos e instituições de influência política e social, é insustentável. Afinal, por um lado, esse modelo gera a concentração de renda, repercutindo em opulência, consumismo e desperdício. Por outro lado, gera a exclusão social e, consequentemente, desemprego, miséria e violência (ONU, 1992). Esses dois ramos de desequilíbrios socioeconômico acabam por degradar o ambiente, conforme representa o fluxo da Figura 1-2:

Figura 1-2 – Relações socioeconômico e ambientais do Modelo de Desenvolvimento Econômico (MDE)

Fonte: adaptado de Dias (2002, p. 33)

Entre os documentos apresentados à sociedade por ocasião da Rio 92 estão: a *Agenda 21*, a *Declaração do Rio*, a *Declaração dos Princípios sobre Florestas*, a *Convenção sobre Diversidade Biológica* e a *Convenção-Quadro sobre Mudanças Climáticas*. A partir disso, a *Agenda 21* se configura em um plano de ação global, estabelecendo compromissos com o meio ambiente, sendo passível de aplicação para cada estado, município, empresa e escola (CPDS, 2004).

Depois da Eco-92 ocorreram diversos congressos de grandes magnitudes, por exemplo: Congresso Mundial para Educação e Comunicação sobre Meio Ambiente e Desenvolvimento Toronto, Canadá (1992); Congresso Ibero-Americano de Educação Ambiental: uma estratégia para o futuro, Guadalajara, México (1992); Congresso Sul-Americano continuidade Eco/92, Argentina (1993); Conferência dos Direitos Humanos, Viena, Áustria (1993); Conferência Mundial da População, Cairo, Egito (1994); Conferência para o Desenvolvimento Social, Copenhague, Dinamarca (1995); Conferência Mundial do Clima, Berlim, Alemanha (1995); Conferência Habitat II, Istambul, Turquia (1996); II Congresso Ibero-americano de Educação Ambiental: em busca das marcas de Tbilisi, Guadalajara, México (1997); Conferência sobre Educação Ambiental, em Nova Delhi, Índia (1997).

Em 1998, em Thessaloniki, Grécia, ocorreu a Conferência sobre o Meio Ambiente e Sociedade: Educação e Consciência Pública para a Sustentabilidade. Na Declaração de Thessaloníki (1998) foi pactuado que alguns documentos históricos ainda são válidos e não foram totalmente explorados, tais como: as recomendações e os planos da ação da Conferência de Belgrado sobre a Educação Ambiental (1975), da Conferência Intergovernamental de Educação Ambiental de Tbilisi (1977), da Conferência sobre Educação Ambiental e Treinamento de Moscou (1978) e do Congresso Mundial sobre Educação e Comunicação sobre o Meio Ambiente e Desenvolvimento de Toronto (1992).

Já em 1996, o Comitê Brasileiro de Gestão Ambiental e a Comissão de Estudo de Gestão Ambiental publicaram a Norma Brasileira (NBR) ISO 14001, estimulando a implantação de sistemas de gestão ambiental por setores empresariais em consonância com leis e normas nacionais e internacionais.

Depois disso, culmina a Política Nacional Brasileira de Educação Ambiental, estabelecida pela Lei 9.795, de 27 de abril de 1999 (BRASIL, 1999). Após diversas cúpulas multilaterais sobre o desenvolvimento humano, realizadas na década de 1990, em 2000 surgem os Objetivos de Desenvolvimento do Milênio (ODM). Essa agenda, com oito diretrizes, serviu para orientar as ações dos governos em nível internacional, nacional e local por 15 anos. Os ODM compreendiam oito dimensões, sendo elas: a erradicação da pobreza e da fome, a universalização do ensino básico, a igualdade de gênero e a autonomia das mulheres, a redução da mortalidade infantil, a melhoria da saúde materna, o combate a doenças infecciosas, a sustentabilidade ambiental e a parceria mundial para o desenvolvimento.

Em termos de práticas sustentáveis no âmbito da administração pública, os órgãos e entidades do Sisnama (Sistema Nacional de Meio Ambiente) devem consultar o programa Agenda Ambiental na Administração Pública (A3P). O programa dessa agenda foi lançado em 2001 com o objetivo de sensibilizar os gestores públicos acerca das questões ambientais, estimulando-os a incorporar princípios e critérios de gestão ambiental em suas atividades de rotina. Assim, esse programa busca difundir os princípios da gestão ambiental na administração pública com base na economia de recursos naturais e na redução dos gastos institucionais por meio do uso racional de bens públicos e da gestão adequada de resíduos (MMA, 2009a).

A fim de estabelecer práticas de sustentabilidade ambiental nas compras públicas, o Ministério do Meio Ambiente (MMA) publicou a Portaria n. 61, de 15 de maio de 2008. Poucos meses depois, o MMA publica a Portaria n. 217, de 30 de julho de 2008, que institui o "Comitê de Implementação da A3P no Ministério do Meio Ambiente" (BRASIL, 2008). Essa agenda ambiental busca a inserção de critérios socioambientais nas instituições do Estado, sendo que a Recomendação n. 12, de 8 junho de 2011, do Conama (CONAMA, 2011a), incentiva a adoção de práticas sustentáveis no âmbito da administração pública.

Em 2002, a A3P foi premiada pela Organização das Nações Unidas para a Educação, a Ciência e a Cultura (Unesco) como "O melhor dos exemplo na categoria meio ambiente". Posteriormente, essa agenda ambiental foi incluída no Plano Plurianual (PPA) 2004-2007 como ação integrante do programa de Educação Ambiental para Sociedades Sustentáveis, tendo continuidade no PPA 2008-2011.

Na sequência, a "Cúpula Mundial do Desenvolvimento Sustentável", realizada em Johannesburgo, África do Sul, em 2002, pactuou um plano de implementação da Agenda 21, com objetivos a serem alcançados pelos signatários, considerando cinco prioridades, sendo elas: água e saneamento, biodiversidade, energia, saúde e agricultura (UNESCO, 2002).

Já em 2003, é instaurada no Ministério do Meio Ambiente (MMA) a Comissão Intersetorial de Educação Ambiental (Cisea), representando todas as secretarias e órgãos vinculados ao ministério, criando uma instância específica para o processo coordenado de consultas e deliberações de ações educativas. Conquanto, é possível testemunhar a regressão do Estado paralela à liderança e expansão do mercado, associado à terceirização. Com isso, passou a ser necessário pesar as consequências da atual governabilidade global e de seu modelo de desenvolvimento vigente.

Nesse debate, as cidades sendo centros de consumo e pressão ambiental refletem, de maneira explícita, as distorções socioeconômicas produzidas pelo Modelo de Desenvolvimento Econômico (MDE). Uma delas é o estresse ecossistêmico que reúne estados de insatisfação, frustração, violência e competição. Dias (2004a) sugere a reinvenção das cidades e regiões fundamentada em uma mudança radical na racionalidade de produção e consumo com base no apontamento de consequências inevitáveis do modelo de desenvolvimento, conforme denota a Figura 1-3.

Figura 1-3 – Consequências do Modelo de Desenvolvimento Econômico (MDE) sob os recursos naturais e a biodiversidade

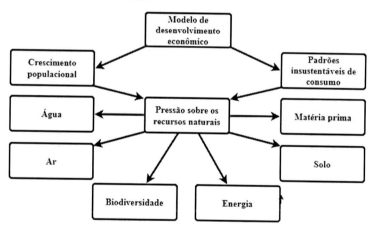

Fonte: adaptado de Dias (2004a, p. 530)

A ilustração dessa última Figura representa que o MDE promove o crescimento populacional[10] e, ao mesmo tempo, fomenta o consumismo insustentável. Afinal, gera uma alta taxa de resíduos oriundos das atividades humanas, associado a uma baixíssima taxa de recuperação. Como consequência disso, temos as pressões acometidas ao meio ambiente sob os recursos naturais, como: água, ar, biodiversidade, energia, solo e matérias-primas.

Em 2012, na Rio+20, a educação não foi o ponto central do evento oficial, porém a temática esteve presente nas discussões em outros eventos

---

[10] Estima-se que nascem 83 milhões de novos seres humanos por ano (DIAS, 2004b, p. 530).

paralelos. Por exemplo, na II Jornada Internacional de Educação Ambiental foi discutida e lançada a Rede Planetária de Educação Ambiental, como parte da implantação do Tratado de Educação Ambiental. Nesse mesmo ano, também foram aprovadas as Diretrizes Curriculares Nacionais para a Educação Ambiental na educação formal, pelo Conselho Nacional de Educação (CNE) (MEC, 2012).

Em termos de suporte à sustentabilidade ambiental, o relatório Luz da Sociedade Civil sobre a Agenda 2030 aponta que o país não apresenta progresso satisfatório nas 169 metas dos 17 objetivos de desenvolvimento sustentável, estabelecidos pela Assembleia-Geral das Nações Unidas em 2015. A agenda assinada pelo Brasil inclui, por exemplo, a erradicação da pobreza e da fome, a adoção de medidas para combater a mudança climática, a promoção da educação inclusiva e a igualdade de gênero. Das 169 metas, 54,4% estão em retrocesso, 16% estagnadas, 12,4% ameaçadas, 8,9% não dispõem de informação e 7,7% mostram progresso insuficiente (GTSC A2030, 2021).

À vista da análise crítica do modelo histórico de desenvolvimento, baseado na exploração de recursos naturais e na economia de mercado, é possível perceber conflitos entre a economia e o ambiente. Fica claro que o entendimento da sustentabilidade ainda é desconhecido e depende da incorporação da função ecossistêmica do ser humano. Essa compreensão passa pelo desejo sincero de consideração à natureza, em que a mitigação do impacto antrópico deve pautar o desenvolvimento econômico e social.

Como visto, as questões ambientais passaram a compor as discussões internacionais a partir das primeiras conferências promovidas pela Unesco (Organização das Nações Unidas para a Educação, a Ciência e a Cultura). Nesses encontros, foram elaboradas as principais diretrizes da EA, que são consideradas até os dias de hoje. A partir disso, faz-se necessário dedicar atenção às bases do Estado de direito do ambiente, as quais serão tratadas no próximo capítulo.

1.2 OS FUNDAMENTOS DO ESTADO DE DIREITO DO AMBIENTE

O aparato jurídico, sendo um instrumental fundamental para regular a ação antrópica sob o meio ambiente, permite atribuir valores econômicos e legislar sobre os recursos naturais. Nesse sentido, a discussão sobre o Estado de direito do ambiente formaliza juridicamente a necessidade de revisão dos modos de produção, do estilo de vida e da responsabilidade civil por meio de uma política efetiva de proteção ao meio ambiente e de sua biodiversidade.

Vale recordar que os princípios do direito ambiental possuem suas raízes, de forma direta ou indireta, no princípio do federalismo do governo republicano, no princípio da participação cidadã republicana, no princípio da virtude e renúncia a certas vantagens em favor do bem comum. Considerando isso, Rodrigues (2017) conclui que os princípios do direito ambiental norteiam a tradição republicana da modernidade.

O regime republicano iniciado em 1889 e que vigora até os dias de hoje é divido em três etapas, por Magalhães (2002), no que concerne ao direito ambiental, sendo elas: 1) formação (1889 a 1981); 2) consolidação (1981 a 1988); e 3) fase contemporânea (1988 aos dias de hoje). Um dos marcos mais importantes dessa evolução foi o fato de que os bens ambientais deixaram de ser tratados na esfera do direito privado para serem admitidos como propriedade ou interesse do Estado. Assim, incumbe ao Estado a gestão dos recursos naturais, limitando administrativamente o exercício da propriedade individual em prol da tutela à saúde humana (MARCHESAN; STEIGLEDER; CAPPELLI, 2013).

Condesso (2001) verifica uma tensão antagônica entre o ambiente e a economia, em que se confunde qualidade de vida e bem-estar com consumismo, abundância de bens industriais e desperdício. Com o apoio dos poderes políticos mundiais, há mais de um século, a civilização industrial gera efeitos ecologicamente depredadores, socialmente injustos e economicamente inviáveis e insustentáveis.

Essa visão clássica do desenvolvimento e do crescimento econômico, fundada no industrialismo, acumula capital e produz riqueza, ignorando a preservação dos recursos naturais. Assim, os recursos naturais não estão sendo contabilizados, ao passo que a defesa do meio ambiente acaba sendo vista como excludente e inconciliável com o sistema econômico (MILARÉ, 1995).

Identificam-se três funções econômico-ecológicas em crise na biosfera, sendo elas: a oferta de recursos, a assimilação de resíduos e a disponibilização de serviços ambientais (PUREZA; FRADE, 1998). A exemplo disso, os autores citam as preocupantes previsões de escassez de carvão e petróleo, por se tratarem de recursos não renováveis de importância estratégica e por estarem comprometendo a função de assimilação face à intensa produção e consumo.

Como propostas alternativas ao fracasso do modelo de desenvolvimento, Derani (1997) defende a economia do ambiente. Esse caminho funda-se no cálculo econômico dos bens ambientais de modo normatizado. Esse valor é estipulado artificialmente com base na conservação dos recursos naturais, integrando-os ao mercado. A outra opção, dada por *Word Comission on Environment and Development* (1987), é a do desenvolvimento durável e sustentável, satisfazendo as necessidades do presente sem pôr em risco a capacidade das gerações futuras. No entanto, é imperioso reconhecer que o desenvolvimento duradouro ainda apresenta incertezas para uma ampla adoção, frente às necessidades da sociedade atual.

Para Beck (1992), essas incertezas são trazidas pela sociedade de risco em fase de transição, por advirem da sociedade industrial. O autor pontua que os riscos criados pelo momento da inovação iludem as instituições de controle e proteção da sociedade industrial, pondo em perigo a função da ciência e do conhecimento. A partir dessas circunstâncias, Canotilho (1995a) observa que os atos das autoridades nas sociedades de risco ganham atratividade na teoria do direito público, principalmente no que tange ao direito do ambiente, ao direito urbanístico e ao direito dos consumidores.

A visão holística da situação requer admitir o esgotamento dos modelos atuais de desenvolvimento econômico e industrial experimentados que, apesar dos benefícios tecnológicos, trouxeram a devastação ambiental planetária indiscriminada (BENJAMIN, 1995).

Entretanto, Leite e Ayala (2010) apontam para o esgotamento da capacidade regulatória do Estado em vista aos novos fenômenos de dimensão global e às pressões impostas por entidades não governamentais de alcance transnacional. No atual horizonte de desigualdade social, empobrecimento de maiorias e degradação ambiental planetária, Souza Santos (1994) entende que a transformação necessária passa pela repolitização da realidade e pelo exercício radical da cidadania individual e coletiva. O lusitano ainda integra a indispensabilidade de uma transformação global dos modos de produção e dos conhecimentos científicos, dos quadros de vida, das formas de sociabilidade e dos universos simbólicos, pressupondo uma nova relação paradigmática com a natureza.

Para a formulação de um Estado de direito do ambiente é elementar que seja um Estado de direito, um Estado democrático, um Estado social e um Estado ambiental (CANOTILHO, 1995b). A dimensão planetária do caso da proteção ambiental demanda instrumentos em nível internacional ou intercomunitário, requerendo a internacionalização das políticas de crescimento e, consequentemente, uma transferência da soberania dos Estados (BOBBIO, 1992).

A reflexão necessária contrasta com a atual visão liberal e individualista de um direito de propriedade absoluto sobre os recursos naturais em detrimento da função social do ambiente (BORGES, 1999). Ost (1997) propõe a superação da visão reducionista e absoluta da propriedade voltada ao lucro e submissa ao abuso de domínio. Assim, o usufruto da propriedade se destina a gerar benefícios econômicos, sociais e ambientais duradouros, tendo o proprietário e usufrutuário como guardião da natureza.

Nessa temática, Canotilho (2004b) elege alguns pressupostos essenciais ao processo de edificação do Estado de direito ambiental, sendo eles: a concepção integrada do meio ambiente; a institucionalização dos deveres fundamentais ambientais e o agir interativo e compartilhado da administração. Canotilho (1993) entende ainda que é preciso transformações na dimensão social do Estado, preservando o que ainda existe e recuperando o que deixou de existir. Assim, entre outras funções, cabe ao Estado e à coletividade a proteção e a defesa do meio ambiente, a promoção da EA, a criação de espaços de proteção ambiental e a execução de planejamento ambiental.

Na busca por soluções compartilhadas entre os diversos atores sociais, a proposta do *pluralismo jurídico comunitário* busca estimular a participação das massas populares e de novos sujeitos coletivos em uma nova esfera de poder que não se encontra nas esferas estatais e nem mesmo na esfera individualista de mercado (WOLKMER, 1994). No mesmo sentido, essa versão encontra respaldo no conceito da democracia ambiental dado por Canotilho (1995b). Dessa forma, busca pela participação de *todos*, que somente será possível quando for reconhecida a unidade entre cidadãos, o Estado e o meio ambiente, garantidos os instrumentos de ação conjunta.

Para que o cidadão possa cumprir o seu dever de participar das decisões de matéria ambiental, face ao sistema normativo brasileiro, três mecanismos populares são necessários na tutela do meio ambiente, sendo eles: a participação na criação de direito ambiental, a participação na formulação e na execução de políticas ambientais e a participação por meio do Poder Judiciário (MACHADO, 1994; MIRRA, 1996).

Fazendo menção aos *princípios estruturantes* do Estado de direito ambiental, Leite e Ayala (2010) elegem apenas os princípios de precaução e da atuação preventiva, cooperação e responsabilização. Esse restritivo recorte se justifica pelo fato de que esses elementos possuem perfil embrionário e indispensáveis para um Estado de justiça ou equidade ambiental, a fim de alicerçar uma política ambiental.

Desse modo, a precaução surge quando o risco é alto e a atividade pode resultar em degradação irreversível ou por longo período e os benefícios derivados das atividades particulares são desproporcionais ao impacto negativo gerado ao ambiente. Já a prevenção envolve evitar poluições e perturbações na origem, de maneira antecipada (KISS, 1996). Em análise às tarefas preventivas do Estado, Canotilho (1995b) entende que a política do ambiente deve atender: 1) à adoção de medidas preventivo-antecipatórias em vez daquelas repressivo-mediadoras; 2) ao controle da poluição na fonte (espacial e temporal); e 3) à polícia do ambiente, obrigando o poluidor a corrigir e recuperar o ambiente.

O princípio da cooperação está vinculado à participação e, assim, ao exercício da cidadania participativa e da cogestão de diversos Estados na preservação da qualidade ambiental. Isso pressupõe ajuda, acordo, troca de informações e transigência no que se refere a um objetivo macro de toda a coletividade (LEITE; AYALA, 2010). A partir das considerações de Mirra (1996), Machado (1994) e da Conferência de Estocolmo (UNESCO, 1972), os autores ainda identificam quatro deveres elementares para a efetivação da cooperação internacional:

> O dever de informação de um Estado aos outros Estados nas situações críticas capazes de causar prejuízos transfronteiriços; o dever de informação e consultas prévias dos Estados a respeito de projetos que possam trazer prejuízos aos países vizinhos; o dever de assistência e auxílio entre os países, nas hipóteses de degradações importantes e catástrofes ecológicas; o dever de impedir a transferência para outros Estados de atividades ou substâncias que causem degradação ambiental grave ou que sejam prejudiciais à saúde humana – "é o problema da exportação de poluição" (LEITE; AYALA, 2010, p. 56).

Por sua vez, o princípio da responsabilização exige que o poluidor seja responsável pelos seus atos, ao contrário do que prevalecia no passado quanto ao uso ilimitado dos recursos naturais e culturais (SENDIM, 1998). Dias (1997) identifica ligações subjacentes entre o princípio da responsabilidade e o princípio do poluidor pagador. Para Rehbinder (1994), o princípio do poluidor pagador é vago e necessita maior concretização em lei ou regulamento. Sendim (1998) também aponta a dificuldade em se tratar sobre danos causados à distância, por exemplo aqueles provenientes da poluição atmosférica oriunda da combustão dos motores de veículos.

Benjamin (1995) sintetiza três grupos de motivos que levaram ao esquecimento da responsabilidade civil, sendo eles: 1) funcionais (a visão tradicional da responsabilidade civil como instrumento *post factum*, destinado à reparação e não à prevenção de danos); 2) técnicos (inadaptabilidade do instituto à complexidade do dano ambiental, exigindo dano, autor, vítima, comportamento culposo e nexo causal estritamente determinados); e 3) éticos (impossibilidade de reconstituição do bem lesado, agregando um valor monetário em última instância).

Por síntese, como é notório que o modelo histórico de gestão socioeconômico está incompatível com a preservação da natureza, precisamos nos retratar. Para isso, a garantia de um desenvolvimento duradouro socialmente justo e economicamente sustentável precisa de um arcabouço jurídico e legislativo de caráter ambiental. Assim, foi demonstrado nesta seção que essas crises econômico-ecológicas da biosfera também estão no campo de discussão do Estado de direito do ambiente e permeiam inúmeras especialidades profissionais e científicas.

1.3 DIRETRIZES E NORMATIVAS INTERNACIONAIS E BRASILEIRAS DE EDUCAÇÃO AMBIENTAL E SUSTENTABILIDADE

As diretrizes e normativas internacionais, brasileiras e estaduais de EA e sustentabilidade são vitais para a garantia da manutenção da qualidade ambiental e da manutenção de recursos estratégicos para as futuras gerações. Afinal, as ações irrefletidas e irresponsáveis cometidas por inúmeros atores no âmbito ambiental nos indicam a necessidade de termos parâmetros internacionais e soberanos a interesses econômicos e grupais.

1.3.1 Diretrizes e normativas internacionais de educação ambiental

A Conferência de Tbilisi foi inovadora e audaciosa em seu tempo ao definir cinco categorias de objetivos para a EA, fundamentados em cinco objetivos que visavam a contribuir para que: a) os grupos sociais e os indivíduos adquiram consciência do ambiente global; b) os grupos sociais e os indivíduos adquiram diversidade de experiências, compreensão fundamental do ambiente e dos problemas correlacionados; c) os grupos sociais e os indivíduos se conscientizem dos valores, participando ativamente na melhoria e na proteção do meio ambiente; d) os grupos sociais e os indivíduos adquiram as aptidões necessárias para definir e resolver os problemas ambientais; e e) os grupos sociais e os indivíduos participem ativamente das ações que visem à solução dos problemas ambientais.

Tbilisi suplica que as autoridades de educação intensifiquem seus trabalhos de reflexão, investigação e inovação com respeito a EA. Nesse sentido, a Conferência Intergovernamental sobre EA estabelece alguns princípios diretores para os Programas de EA, entre eles: a) considerar o ambiente em sua totalidade, ou seja, em seus aspectos naturais e artificiais, tecnológicos e sociais (econômico, político, técnico, histórico, cultural, moral e estético); e b) constituir um processo contínuo e permanente, começando pela educação infantil e continuando ao longo de todas as fases do ensino formal e não formal.

A segunda recomendação de Tbilisi elenca três finalidades para a EA, sendo elas: a) contribuir para a compreensão da importância e da interdependência econômica, social, política e ecológica; b) proporcionar a todas as pessoas a possibilidade de adquirir os conhecimentos, a noção de valores, as atitudes, o interesse prático e as aptidões necessárias para proteger e melhorar o meio ambiente; e c) introduzir novas formas de conduta nos indivíduos e na sociedade a respeito do meio ambiente (UNESCO, 1978).

Todos os países membros da Unesco e, consequentemente, os Estados, devem intensificar ou estabelecer suas estruturas orgânicas idôneas. Cabe a cada governo decidir a estrutura que permitirá incluir representantes de autoridades educacionais e de proteção do ambiente, tais como docentes de diversas categorias, organizações nacionais interessadas na EA e os meios de comunicação social. Nesse sentido, a sexta recomendação de Tbilisi detine as seguintes funções necessárias que devem ser estabelecidas ou intensificadas pelos Estados:

- Coordenar iniciativas em matéria de EA;
- Atuar como órgão consultivo sobre EA no plano governamental;
- Atuar como centro de informação e intercâmbio de dados para a formação em EA;

- Estimular a consciência e a aquisição de conhecimentos sobre questões vinculadas à EA no país, por parte de diferentes grupos sociais e profissionais;
- Promover a colaboração entre as associações e grupos de bairro que se interessem pelo meio ambiente, os setores da pesquisa científica e da educação;
- Multiplicar as oportunidades de encontro entre as autoridades políticas e administrativas com as entidades e associações;
- Proporcionar a infraestrutura e a orientação necessárias para o estabelecimento de comitês de ação, visando a EA no país;
- Avaliar a necessidade de realizar pesquisas, estimular progressos e realizar avaliações em matéria de EA; e
- Estimular e facilitar a contribuição das organizações não-governamentais, inclusive os organismos voluntários, para os programas de EA (UNESCO, 1978, p. 32).

A EA pode promover a conservação e a melhoria do meio ambiente vivo, melhorando assim a qualidade da vida humana, ao mesmo tempo em que preserva os sistemas ecológicos. Nesse sentido, a Conferência de 78 recomenda que a EA deve ter por finalidade criar uma consciência, comportamentos e valores que visem a conservar a biosfera, melhorar a qualidade da vida em toda parte e salvaguardar os valores éticos.

Em determinados setores da comunidade, como aqueles constituídos por habitantes das zonas rurais, camponeses, administradores, trabalhadores da indústria e religiosos, serão necessários programas de EA especialmente adaptados a cada caso. Salienta-se que enfoques transversais só terão eficácia caso se desenvolva simultaneamente o material pedagógico a partir da identificação de diversas limitações de cunho didático, a respeito da qualidade do ensino e suas relações com a EA. Nessa perspectiva, a Recomendação n. 12 Tbilisi considera que as situações socioeconômicas determinam diferentes aspectos educativos, assim como os panoramas e as situações históricas e culturais.

Com relação à formação técnica e profissional, ficou pactuado que os programas de estudo precisam incluir informações sobre as transformações ambientais resultantes de sua atividade futura. Assim, a formação profissional técnica revelará mais claramente as relações que existem entre as pessoas e seu meio social, físico e cultural, despertando o desejo de melhorar o ambiente e influir no processo de tomada de decisão. Sendo assim, é necessário dedicar especial atenção às repercussões que cada atividade profissional exerce sobre o ambiente e os efeitos globais que as atividades profissionais correlatas também provocam nele (UNESCO, 1978).

Esses objetivos poderão ser alcançados incorporando o estudo de objetivos ambientais no processo de formação daqueles que já trabalham, integrando o estudo dessas questões desde o início da formação técnica e profissional. O meio de trabalho se constitui em: a) um entorno local no qual se incluem aqueles que nele estão envolvidos, tanto em termos físicos quanto sociais e psicológicos e b) também compreende o meio natural de aprendizagem de uma grande parte da população adulta. Considerando isso, trata-se de um ponto de partida estratégico para a EA dos adultos, pela importância universal que exerce no ambiente profissional. Assim, destacam-se os seguintes objetivos como pautas políticas de educação relativas ao ambiente de trabalho:

- A possibilidade de que, nas escolas de ensino básico, os alunos adquiram conhecimentos gerais do meio de trabalho e seus problemas;
- A formação para profissões e especialidades concretas deve incluir a educação relacionada com questões do meio de trabalho de cada profissão ou especialidade concreta, compreendendo informações sobre as normas sanitárias aplicáveis em nível admissível de poluição do meio ambiente, ruídos, vibrações, radiações e outros fatores que influem no homem, bem como sobre o sistema de fiscalização da aplicação dessas normas. Entretanto, convém proporcionar uma formação permanente nesse setor;
- A possibilidade de impor aos tomadores de decisões, consultores e demais pessoas que exercem influência preponderante no meio de trabalho uma educação que os conscientize dos problemas ambientais e lhes permita propor formas viáveis de solução. A essas pessoas devem também ser dada a oportunidade de se especializar e receber uma educação complementar;
- A conveniência de proporcionar meios de educação aos trabalhadores, possibilitando-lhes adquirir conhecimentos sobre o meio de trabalho exigido para o desempenho de suas profissões;
- A possibilidade de impor uma educação apropriada às pessoas encarregadas do ensino dos problemas do meio de trabalho (UNESCO, 1978, p. 86).

Os consumidores, por meio de seu comportamento individual e coletivo, influem indiretamente na repercussão do consumo do meio ambiente e na utilização dos recursos naturais. Conjuntamente, aqueles que produzem bens e fazem sua publicidade são responsáveis pela repercussão direta e indireta desses bens no meio ambiente. Portanto, é inevitável ponderar a grande influência dos meios de comunicação social sobre o comportamento do consumidor, especialmente por meio de programas e anúncios comerciais (UNESCO, 1978).

Considerando o crescente interesse das organizações de consumidores com relação aos hábitos de consumo prejudiciais ao meio ambiente, a redução do desperdício de bens de consumo é fundamental na educação do consumidor e para isso, a Tbilisi postula três recomendações. A primeira é induzir as organizações nacionais de consumidores e produtores em geral a prestarem mais atenção aos comportamentos do consumidor que redundem em detrimento do meio ambiente, seja pela utilização prejudicial ou pelo desperdício dos bens de consumo, impondo-lhes uma consciência constante sobre os mecanismos que possam influir na produção desses bens.

A segunda recomendação é incentivar a mídia a se conscientizar de sua função educativa na formação da atitude do consumidor, de modo a desestimular o consumo dos bens prejudiciais ao meio ambiente. Por fim, a terceira recomendação é de que as autoridades educacionais competentes fomentem a inclusão desses aspectos nos programas de educação formal e não formal.

Considerando que a maioria dos membros do corpo docente se diplomou numa época em que, nos cursos de formação, a EA era muito descuidada e, por isso, não receberam uma educação suficiente em termos de questões ambientais e de metodologia da EA, Tbilisi propõe que sejam adotadas medidas com o objetivo de proporcionar, àqueles que exercem funções docentes, a adequada atenção ao ambiente, urbano ou rural, de sua área de atuação em EA. A aplicação dessa formação deve ocorrer em estreita colaboração com suas associações profissionais, tanto no plano internacional quanto nacional. Visando a promover maior eficácia da EA, em consonância com a possibilidade de dispor de materiais didáticos adequados, adverte que os Estados têm o dever de:

- Formular princípios básicos para preparar modelos de manuais e de material de leitura dirigidos a todos os níveis dos sistemas de educação formal e não formal;

- Utilizar sempre que possível a documentação existente na elaboração de instrumentos e materiais de baixo custo e que sejam utilizados os resultados das pesquisas relativas à educação;
- Avaliar a utilidade do material didático disponível e elaborar, na medida das necessidades, novos instrumentos didáticos de apoio à EA;
- Incentivar docentes e educandos a participarem diretamente da preparação e adaptação dos materiais didáticos para a EA;
- Estimular, na formação dos docentes, a utilização de materiais e recursos didáticos com ênfase naqueles de baixo custo e com possibilidade de adaptações e improvisações, de acordo com as circunstâncias (UNESCO, 1978, p. 88).

Destarte, a Unesco (1978) instrui conceber, aplicar e desenvolver a EA, com a definição de programas e estratégias relativas à informação sobre meio ambiente, considerando alguns aspectos, entre eles: a) reprogramar a realização de campanhas educativas dirigidas à população acerca dos problemas ambientais de interesse nacional e regional por meio da imprensa, do rádio e da televisão; b) apoiar as atividades de EA não formal realizadas por instituições e associações; c) estabelecer programas de EA formal e não formal, utilizando as instituições e organizações públicas e privadas existentes com o desenvolvimento e intercâmbio de material e informação pertinentes, entre elas; e d) executar e desenvolver programas de EA para todos os setores da população, incorporando-os, quando for o caso, às organizações não governamentais interessadas.

No que tange à pesquisa, a redação trazida pela Conferência de 1978 define que é preferível que a EA se dedique de imediato à busca de solução dos problemas em função das oportunidades de ação. Acrescenta a necessidade de pesquisa dos diversos enfoques, aspectos e métodos considerados como ponto de partida das possibilidades de desenvolvimento dos planos de estudos e dos programas de EA. Esse parecer também traz que será necessário criar instituições destinadas a esse tipo de pesquisa, e quando essas já existirem, será preciso melhorá-las e dar-lhes o apoio que requerem.

Considerando as mudanças institucionais e educacionais necessárias à incorporação da EA aos sistemas nacionais de ensino, além da experiência é preciso ter o amparo da pesquisa e da avaliação, a fim de melhorar as decisões da política educacional. Assim, Tbilisi orienta que sejam definidas as políticas e estratégias nacionais visando à promoção dos projetos de pesquisa necessários à EA e incorporação dos resultados ao processo geral de ensino.

Desse modo, essas pesquisas devem tratar sobre: a) metas e objetivos da EA; b) estruturas epistemológicas e institucionais com influência sobre as necessidades ambientais; e c) conhecimentos e atitudes dos indivíduos, identificando as condições pedagógicas mais eficazes, ações que os docentes devem desenvolver e os processos de assimilação do conhecimento, assim como os obstáculos que se opõem à modificação de conceitos, valores e atitudes das pessoas, inerentes ao comportamento ambiental. Considerando as especificidades regionais e nacionais, recomenda-se a identificação de conteúdos que poderão servir de base aos programas de educação destinados aos estudantes do sistema formal e não formal de ensino, assim como aos especialistas.

A diligência n° 36 de Tbilisi lembra aos Estados, em colaboração com a FAO (Organização das Nações Unidas para a Alimentação e a Agricultura), a OIT (Organização Internacional do Trabalho) e o PNUMA (Programa das Nações Unidas para o Meio Ambiente), que difundam informações aos trabalhadores agrícolas sobre questões ambientais. Deve-se buscar a melhoria da qualidade de vida com o aumento da produção agrícola ecologicamente equilibrada, por meio do desenvolvimento social e do intercâmbio, promovendo a circulação de novas ideias adaptadas às condições locais. É preciso constituir equipes pluridisciplinares compostas por médicos, engenheiros e técnicos de engenharia sanitária, aptos a estabelecerem as relações entre problemas de saúde pública e a questão ambiental (UNESCO, 1978).

É inadiável ampliar a função e melhorar a qualidade da EA como o fator do desenvolvimento econômico e social dos países. A EA pode se converter num dos elementos que contribuirão para melhorar a compreensão entre os povos. Ainda pode contribuir para consolidar a confiança e favorecer o desenvolvimento das relações amistosas entre os Estados e a manutenção da paz e da segurança internacional. Considerando que a cooperação internacional, no âmbito da EA, é necessária a todos os países e em particular aos países em desenvolvimento, orienta-se a criação de centros de EA para coordenar as atividades nacionais nesse campo. Contudo, contemplando os princípios e diretrizes produzidos nas Assembleias da Unesco de Estocolmo (1972) e Tbilisi (1977), foi recomendado aos Estados regulamentar em legislação interna os conteúdos dessas para, posteriormente, aplicarem em seus territórios.

As convenções internacionais oferecem elementos para fundamentar o arcabouço jurídico brasileiro e também encontram-se incorporadas à legislação e/ou regulamentação específica, por exemplo: Convenção de Basiléia sobre Controle de Movimentos Transfronteiriços de Resíduos Perigosos e seu Depósito; Convenção de Roterdã sobre o Procedimento de Consentimento Prévio Informado (PIC), aplicado a certos agrotóxicos e substâncias químicas perigosas objeto de comércio internacional; Protocolo de Montreal sobre Substâncias que Destroem a Camada de Ozônio; Convenção de Ramsar sobre Zonas Úmidas de Importância Internacional, especialmente como Habitat de Aves Aquáticas; Convenção das Nações Unidas para Combate à Desertificação; Convenção-Quadro das Nações Unidas sobre Mudança do Clima; e o Protocolo de Quioto (MMA, 2009b).

A partir da Conferência do Rio de Janeiro, BR, de 1992, surgiram iniciativas com a finalidade de conciliar ambiente e desenvolvimento em todo o planeta, estimulando muitas ações importantes, tanto a nível global como nacional. A exemplo disso, no ano de 2000 as Nações Unidas lançaram a Declaração dos Objetivos de Desenvolvimento do Milénio (ODM).

Algumas iniciativas internacionais relevantes da Rio+20 dão seguimento às dimensões de ciência, tecnologia e inovação (CTI) para a implementação da agenda da sustentabilidade dos ODS acordada na Rio+20 sobre Desenvolvimento Sustentável de 2012. A exemplo dessas iniciativas, destacam-se: Grupo de Observações sobre a Terra (GEO); Terra do Futuro (TF); Plataforma de Conhecimento do Crescimento Verde (GGKP) e Instituto de Crescimento Verde Global (ICVG); Rede de Soluções de Desenvolvimento Sustentável (RSDS); e o Fórum Político de Alto Nível (FPAN) e o Relatório Global de Desenvolvimento Sustentável (RGDS) (EC, 2015).

O relatório elaborado para a cúpula do G20 de 2012 intitulado "Incorporar o crescimento verde e as políticas de desenvolvimento sustentável nas agendas das reformas estruturais", fornece um conjunto de opções subsidiárias a uma estratégia de crescimento verde. Esse documento inclui: a) reformas estruturais de taxas de impostos; b) reformas de funcionamento de mercados de produtos; c) regulamentos e normas para falhas de informação, medição e viés comportamentais para complementar instrumentos baseados no preço; d) segurança de quadro político favorável para a disponibilização de infraestruturas ecológicas; e) políticas de inovação, e f) políticas sociais mais amplas, incluindo a revisão das políticas do mercado de trabalho (OCDE; ONU; WBG, 2012).

Ainda, a Conferência Rio+20 de 2012 em seu documento "O Futuro que Queremos" lançou um processo de "Desenvolvimento da Agenda Pós-2015" em torno do conceito de desenvolvimento sustentável e dos ODS com aplicação universal.

A partir disso, um novo processo de desenvolvimento passa a ser discutido para a ampliação dos ODM, buscando integrar o crescimento econômico, a justiça social e a sustentabilidade ambiental. Assim, o Grupo de Trabalho Aberto para a elaboração dos Objetivos de Desenvolvimento Sustentável (GTA-ODS) submeteu a proposta dos 17 Objetivos de Desenvolvimento Sustentável (ODS) associados a 169 metas à apreciação da Assembleia Geral da ONU, em 2015. A partir disso, a ONU adota essa agenda, instituindo o documento "Transformar Nosso Mundo: a Agenda 2030 para o Desenvolvimento Sustentável" (UNESCO, 2015).

Nesse contexto, vale destacar a Parceria de Conhecimento de Crescimento Verde *(Green Growth Knowledge Partnership – GGKP)*. Essa iniciativa constitui uma comunidade global de organizações e peritos empenhados na colaboração, gestão e partilha de conhecimentos sobre o crescimento verde. Reunindo mais de 80 organizações, esse grupo é liderado pelas seguintes instituições: *Global Green Growth Institute* (GGGI), Organização para a Cooperação Desenvolvimento Econômico (OCDE), Programa das Nações Unidas para o Meio Ambiente (PNUA), Organização das Nações Unidas para o Desenvolvimento Industrial (UNIDO) e o Banco Mundial (MARKANDYA; GALINATO, 2021).

Destaca-se também o projeto "Parceiros para a Economia Verde Inclusiva" (PAGE, na sigla em inglês), concebido na Rio+20 para apoiar os países na reformulação de políticas econômicas e planos de desenvolvimento em busca de uma transição para uma economia verde. Com 20 países parceiros e oito parceiros de financiamento, engajados em diferentes estágios da transformação, o Brasil está representado nesse grupo por aderência do estado do Mato Grosso (MT) desde o ano de 2016. Desde então, foram realizadas diversas reformas temáticas e setoriais, principalmente em áreas priorizadas como: agricultura, agroindústria, turismo, energia renovável, regularização fundiária e empregos verdes (PAGE, 2022a).

O objetivo do PAGE é acelerar os esforços para atingir as metas dos acordos globais de sustentabilidade, especialmente a Agenda 2030, o Acordo de Paris e o Quadro de Biodiversidade Pós-2020. Essa iniciativa reúne cinco agências das Nações Unidas, sendo elas: o Programa das Nações Unidas para o Meio Ambiente (PNUMA), a Organização Internacional do Trabalho (OIT), o Programa das Nações Unidas para o Desenvolvimento (PNUD), a Organização das Nações Unidas para o Desenvolvimento Industrial (UNIDO) e o Instituto das Nações Unidas para o Treinamento e Pesquisa (UNITAR) (PAGE, 2022b).

Integrando diversas entidades, em busca do alcance dos Objetivos de Desenvolvimento Sustentável (ODS) e das Contribuições Nacionalmente Determinadas (NDCs) para o Acordo Climático de Paris, em 2019 foi lançada a iniciativa *Partners for Inclusive Green Economy* (PIGE). O PIGE é uma iniciativa que engloba a ONU Meio Ambiente, a *Deutsche Gesellschaft für Internationale Zusammenarbeit* (GIZ), o *Global Green Growth Institute* (GGGI), a *Green Economy Coalition* (GEC), a *Green Growth Knowledge Partnership* (GGKP), a Organização Internacional do Trabalho (OIT), Organização para Cooperação e Desenvolvimento Econômico (OCDE), PNUD-PNUMA Ação de Pobreza e Meio Ambiente para os ODS (Ação de Pobreza e Meio Ambiente), Programa das Nações Unidas para o Desenvolvimento (PNUD), Organização das Nações Unidas para o Desenvolvimento Industrial (UNIDO), a Parceria das Nações Unidas para Ação em Economia Verde (UN-PAGE) e o Instituto de Pesquisa das Nações Unidas para o Desenvolvimento Social (UNRISD) (GGKP, 2022).

A OCDE há décadas vem gerando indicadores, identificando boas práticas, desenvolvendo normas e contribuindo na concepção e implementação de políticas de sustentabilidade em diversos países, incluindo o Brasil (OCDE, 2016). A OCDE tem tradição histórica de envolvimento com as principais iniciativas das Nações Unidas (ONU) para o desenvolvimento, bem-estar humano e para a sustentabilidade ambiental. Nesse âmbito, tem contribuído para o desenvolvimento da Agenda 2030 nos países membros em diversas áreas abrangidas pelos Objetivos do Desenvolvimento Sustentável (ODS).

Em análise aos objetivos e indicadores da agenda 2030 é possível estabelecer complexas interligações entre os aspectos sociais, ambientais e o desenvolvimento econômico, identificando lacunas de dados e aumentar a eficácia dos dados e estatísticas. A análise das inter-relações pode ajudar a identificar dimensões críticas e a tornar explícita a filosofia subjacente às medidas estatísticas a serem desenvolvidas.

Esses dados quando desempacotados, contabilizando os sub-indicadores, chegam a mais de quinhentas séries de dados individuais para as quais os países são solicitados a recolher, analisar e divulgar estatísticas.

Embora muitas delas possam ser relatadas utilizando estatísticas nacionais oficiais que são já recolhidas e divulgadas, há muitos indicadores que nunca foram recolhidos antes. Contudo, essa situação representa uma grande oportunidade e um desafio para muitas estatísticas nacionais, subnacionais e parceiros explorarem novas fontes de dados e técnicas inovadoras (UNSTATS, 2019).

Um exercício de representação sintética das relações de metadados entre esses objetivos permite observar que para os níveis alto e médio todos os indicadores aparecem representados. O seguinte esquema foi feito por meio da soma do número de ligações entre os ODS, onde os gráficos relacionam três níveis de ligações, sendo elas: leves (de 1 a 3 ligações), média (de 4 a 10 ligações) e fortes (mais de 10 ligações) (Figura 1- 4).

Figura 1- 4 – Inter-relações de nível médio (4 a 10 ligações) entre indicadores estatísticos de monitoramento dos Objetivos do Desenvolvimento Sustentável (ODS)

Fonte: UNStats (2019)

Outra análise de metadados da rede de objetivos de desenvolvimento realizada pela ONU mostra que todos estão interligados sem deixar nenhum objetivo excluído. Observa-se que o Objetivo 11 – Cidades e Comunidades Sustentáveis tem uma posição central no arranjo com os demais objetivos.

Além desse, também há outros objetivos que se destacam, como o objetivo 4 (qualidade da educação) com 14 ligações, seguido dos objetivos 1 (pobreza zero), 5 (igualdade de gênero) e 6 (limpeza água), todos com 13 ligações (UNSTATS, 2019).

Em UNStats (2019) é possível encontrar ainda cerca de 30 sistemas de indicadores estatísticos, temáticos, regionais ou nacionais, interligados com o quadro de indicadores para os Objetivos de Desenvolvimento Sustentável (ODS). Entre esses, destacam-se como melhores práticas os seguintes quadros conceituais: Instituto para Estratégias Ambientais Globais (IEAS); Estrutura de Aichi Metas de Biodiversidade da Convenção da ONU sobre Diversidade Biológica; Comissão de Estatísticas Europeias (CEE); quadro indicador Força Motriz, Pressão, Estado, Impacto e Resposta (FPEIR); e a modelação proposta pelo Instituto Nacional Italiano de Estatísticas (ISTA).

Por sua vez, a estratégia de Crescimento Verde da OCDE impulsiona o corpo de análise e o esforço político decorrentes da Cúpula da Terra de 1992 realizada no Rio de Janeiro, Brasil. Além disso, reconhece que o crescimento verde é essencial para alcançar os Objetivos do Crescimento Sustentável, particularmente no tocante ao Objetivo 8, alvo 8.4, que visa a assegurar a eficiência global dos recursos, na produção e consumo, buscando dissociar o crescimento econômico do consumo e da degradação dos recursos naturais (UNESCO, 2015).

O plano de ação e da OCDE orienta seus integrantes sobre quatro eixos de trabalho para buscar a efetivação dos Objetivos do Desenvolvimento Sustentável (ODS), sendo eles: 1) Aplicar uma lente ODS às estratégias e ferramentas políticas da OCDE; 2) Alavancar os dados da OCDE para ajudar a analisar os progressos na implementação dos ODS; 3) Atualizar o apoio da OCDE para o planejamento integrado e a elaboração de políticas nos países membros e proporcionar um espaço para que os governos partilhem experiências de governança para os ODS; e 4) Refletir sobre as implicações dos ODS para as relações externas da OCDE (OCDE, 2016).

A fim de apoiar a análise política e acompanhar os progressos em termos de crescimento verde, adotou-se o quadro de referência da OCDE, o qual explora quatro grupos de indicadores inter-relacionados, sendo eles: 1) Produtividade ambiental e dos recursos; 2) Ativos econômicos e ambientais; 3) A qualidade de vida ambiental; e 4) Oportunidades econômicas e respostas políticas (Figura 1-5):

Figura 1-5 – Quadro de referência para acompanhamento e avaliação da agenda de crescimento verde

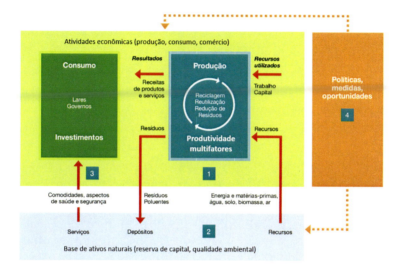

Fonte: Adaptado de OCDE (2011, p. 21)

Esses quatro grupos de indicadores contextualizados nos fluxos e relações do quadro de referência anterior, são caracterizados da seguinte maneira: 1) Produtividade ambiental e dos recursos – eficiência com que as atividades econômicas de produção e consumo utilizam carbono e energia, recursos naturais e serviços ambientais; 2) Ativos econômicos e ambientais – intensidade de uso e degradação dos ativos naturais em termos de quantidade, qualidade ou valor; 3) A qualidade de vida ambiental – condições e riscos ambientais relacionados a qualidade de vida e ao bem-estar das pessoas; e 4) Oportunidades econômicas e respostas políticas - oportunidades e medidas políticas para promover a transição ao crescimento verde, removendo barreiras à essa transição (OCDE, 2011).

Complementarmente a esses quatro eixos, o modelo propõe a dimensão: Contexto socioeconômico e as características do crescimento. Esse grupo de indicadores fornece informação de base importantes, ajudando a seguir os efeitos das políticas e medidas de crescimento verde. Além disso, liga os indicadores de crescimento verde para objetivos sociais, tais como redução da pobreza, equidade e inclusão social (OCDE, 2017).

Dessa forma, a estratégia analítica de proposições teóricas combinadas ao quadro de referência de indicadores da OCDE busca caracterizar os fatores determinantes do crescimento verde, incluindo as compensações sinérgicas, a fim de orientar as políticas de desenvolvimento. Para isso, os indicadores precisam informar claramente aos decisores políticos e à sociedade sobre os resultados obtidos até o presente momento e os progressos que ainda precisam avançar (OCDE, 2017).

Contudo, o crescimento verde busca a promoção do crescimento econômico e do desenvolvimento, assegurando que os bens naturais continuem a fornecer os recursos e serviços ambientais, catalisando o investimento e a inovação que irão amparar o crescimento sustentado dando origem a novas oportunidades econômicas. Essa abordagem da OCDE foi apresentada pela primeira vez em 2011 propondo a medição e o acompanhamento de 26 indicadores a fim de captar as principais características de consumo da economia em quatro grupos temáticos inter-relacionados: sendo eles: produtividade ambiental e dos recursos; ativos econômicos e ambientais; qualidade de vida ambiental; e oportunidades econômicas e respostas. Para cada grupo, é proposta uma lista de indicadores a fim de descrever o contexto socioeconômico e as características do crescimento (OCDE, 2011).

Considerando que as diretrizes e normativas brasileiras de EA e suporte à sustentabilidade, previstas na norma constitucional e infraconstitucional, foram elaboradas com o intuito de atender os postulados internacionais, essas são apresentadas na seguinte seção.

1.3.2 Diretrizes e normativas nacionais de Educação Ambiental e Sustentabilidade

Possuir diretrizes e normativas específicas de EA ainda é uma realidade para poucos países. Nesse sentido, temos que valorizar o sacrifício dispensado por centenas de "ongueiros" e ambientalistas anônimos e do Estado em prol do convencimento de parlamentares nas últimas décadas. Afinal, é a sociedade brasileira que logra e desfruta desse legado, incentivado pelos "ecologistas de plantão", muitas vezes taxados de "ecochatos".

Nesse sentido, a redação da Lei n. 6.938 (BRASIL, 1981, art 2º) institui a Política Nacional de Meio Ambiente (PNMA), suas finalidades e mecanismos de formulação e aplicação. O trecho tem por objetivo a preservação, a melhoria e a recuperação da qualidade ambiental propícia à vida e à proteção da dignidade humana. Esse dispositivo funda o marco normativo educativo ambiental brasileiro ao dispor a inclusão da EA em todos os níveis de ensino, incluindo a educação da comunidade. Ao mesmo tempo, a edição enquadra os órgãos e entidades estaduais como responsáveis pela execução de programas, projetos, pelo controle e pela fiscalização de atividades capazes de provocar degradação ambiental.

A Política Nacional de Meio Ambiente (PNMA) destaca três postos-chaves, sendo eles: a) desenvolver pesquisas e processos tecnológicos destinados a reduzir a degradação da qualidade ambiental; b) fabricar equipamentos antipoluidores; e c) desenvolver outras iniciativas que propiciem a racionalização do uso de recursos ambientais. Para fins de enquadramento, estão sujeitas às sanções dessa lei empresas públicas e privadas com potencial poluidor, assim como aquelas que utilizam recursos naturais. Então, ficou estabelecido que aquelas pessoas físicas e jurídicas que exerçam atividades potencialmente poluidoras ou utilizam recursos ambientais e não estão registradas no cadastro técnico federal incorrerão em infração punível com multa.

A Política Nacional do Meio Ambiente (PNMA), além de impor multas aos transgressores, sanciona que cabe ao Poder Executivo o incentivo às atividades voltadas ao meio ambiente. Entre os muitos avanços na busca pela proteção ambiental, destaca-se na Lei a exigência de Estudo de Impacto Ambiental (EIA) e o seu respectivo Relatório de Impacto Ambiental (Rima). Essa política ainda se estende aos processos de extração, produção, transporte e comercialização de produtos potencialmente perigosos ao meio ambiente, assim como de produtos e subprodutos da fauna e flora (BRASIL, 1981).

Posteriormente a isso, a Lei n. 7.347, de 1985, disciplina a ação civil pública de responsabilidade por danos causados ao meio ambiente, ao consumidor, aos bens e direitos de valor artístico, estético, histórico, turístico e paisagístico (BRASIL, 1985). A Federação brasileira sendo formada pela União, pelos estados[11] Federativos, pelos municípios[12] e pelo Distrito Federal,

---

[11] Embora a Constituição Federal adote "estado" com inicial maiúscula para se dirigir a um estado da Federação, adota-se a redação atual do Manual de Comunicação da Secom (SECOM, 2023).

[12] Embora a Constituição Federal de 1988 adote "município" com inicial maiúscula, adota-se a redação do Manual de Comunicação da Secom (SECOM, 2023).

permite que cada membro regulamente em legislação própria sua política de EA, levando em consideração as diretrizes nacionais e internacionais.

Já o artigo 23 da Constituição Federal (CF) pontua algumas competências comuns da União, dos estados, do Distrito Federal e dos municípios: a) proporcionar os meios de acesso à cultura, à educação, à ciência, à tecnologia, à pesquisa e à inovação; b) proteger o meio ambiente e combater a poluição em qualquer de suas formas; c) preservar as florestas, a fauna e a flora; d) fomentar a produção agropecuária e organizar o abastecimento alimentar; e) incentivar programas de construção de moradias e a melhoria das condições habitacionais e de saneamento básico; e f) combater as causas da pobreza e os fatores de marginalização, promovendo a integração social dos setores desfavorecidos.

A Constituição Brasileira de 1988 estabelece também, no art. 205, que a educação é um direito de todos e um dever do Estado e da família. Assim, a educação deve ser promovida e incentivada com a colaboração da sociedade, visando ao pleno desenvolvimento dos indivíduos, o preparo para o exercício da cidadania e a qualificação para o trabalho. Do mesmo modo, o artigo 225 ainda torna a EA obrigatória no âmbito da Federação Brasileira. Ainda estende a todos o direito ao meio ambiente ecologicamente equilibrado e interpreta que o meio ambiente é um bem de uso comum do povo e essencial à qualidade de vida. Porém, para assegurar a efetividade desse direito, incumbe ao poder público preservar, restaurar os processos ecológicos essenciais e prover o manejo ecológico das espécies e ecossistemas.

Cabe ainda ao poder público preservar a diversidade e a integridade do patrimônio genético do país, assim como também fiscalizar as entidades dedicadas à pesquisa e manipulação de material genético, entre outras atividades. O texto da Norma Constitucional Brasileira (BRASIL, 1988) traz que o ambiente impõe à governança pública e à coletividade o dever de defendê-lo e preservá-lo para as presentes e futuras gerações. Nessa conjuntura, cabe citar que no ano de 1989, é criado o Fundo Nacional de Meio Ambiente (FNMA), que considera os projetos de EA como uma das prioridades para a aplicação de recursos financeiros de que tratam a Lei 7.797 (BRASIL, 1989).

Nesse mesmo contexto, a Lei 8.171/1991, que dispõe sobre a política agrícola em nível federal, fundamenta que a atividade agrícola compreende processos físicos, químicos e biológicos, nos quais os recursos naturais envolvidos devem ser utilizados e gerenciados, subordinando-se às normas e princípios de interesse público, de forma que seja cumprida a função social e econômica da propriedade. Essa lei ainda fixa outros fundamentos que reconhecem a função social do produtor rural pela essencial função social de abastecimento de alimentos. O ato reconhece a diversidade de condições sociais, econômicas e culturais da agricultura e garante o direito a uma remuneração digna, com acesso a serviços básicos de qualidade, além do caráter educativo e ambiental (BRASIL, 1991).

Dessa forma, cabe destacar algumas ações e instrumentos da Política Nacional Agrícola: a pesquisa agrícola tecnológica, a assistência técnica e extensão rural, a proteção do meio ambiente, a conservação e recuperação dos recursos naturais, a formação profissional e a educação rural (BRASIL, 1991, art. 4º). Ainda, o Artigo 19 desse mesmo código decreta alguns deveres ao poder público que trazem estreita relação com a sustentabilidade socioambiental e com a EA:

> I - integrar, em nível de governo federal, os estados, o Distrito Federal, os territórios, os municípios e as comunidades na preservação do meio ambiente e conservação dos recursos naturais; II - disciplinar e fiscalizar o uso racional do solo, da água, da fauna e da flora; promover e/ou estimular a recuperação das áreas em processo de desertificação; [...] V - desenvolver programas de educação ambiental, em nível formal e não-formal, dirigidos à população; VI - fomentar a produção de sementes e mudas de essências nativas; VII - coordenar programas de estímulo e incentivo à preservação das nascentes dos cursos d'água e do meio ambiente, bem como o aproveitamento de dejetos animais para conversão em fertilizantes (BRASIL, 1991, s/p).

Está entre os objetivos da política agrícola federal a proteção do meio ambiente, a garantia do uso racional com estímulo à recuperação dos recursos naturais. Também está postulado entre os princípios a promoção da descentralização da execução dos serviços públicos de apoio ao setor rural visando à complementariedade de ações com estados, Distrito Federal, territórios e municípios, cabendo a estes assumir suas responsabilidades na execução da política agrícola, adequando os diversos instrumentos às suas necessidades e realidades (BRASIL, 1991).

O Tratado de EA para Sociedades Sustentáveis e Responsabilidade Global (MMA, 1992) é aprovado como carta de princípios, conhecida como

Carta da Terra durante o Fórum Internacional das Organizações não Governamentais (ONGs), que ocorreu paralelamente à "Eco 92" ou "Rio 92". Esse documento reconhece a EA como um processo dinâmico, em permanente construção, orientado por valores e baseado na mobilização e na transformação social. A partir disso, em 1993 começa a tramitar no Congresso Nacional o projeto de Lei PL 3.792/1993 que, seis anos mais tarde, acabou sendo transformado na Lei 9.795/1999, que caracteriza a EA no Brasil.

Continuamente, o processo de construção da Agenda 21, iniciado em 1996, foi concluído em 2002 e recomenda que "todos os programas de desenvolvimento sustentável do Brasil rural deverão ter um forte componente de EA, particularmente no que se refere ao manejo dos recursos naturais das microbacias hidrográficas" (CPDS, 2004).

Como subsídio em apoio às escolas, a aprovação dos Parâmetros Curriculares Nacionais (PCNs), em 1997, possibilita ao projeto educativo a inserção de procedimentos, atitudes e valores no convívio escolar, bem como temas sociais urgentes. Os temas tratados nesses parâmetros passaram a ser denominados "temas transversais" e compreendem o meio ambiente, a ética, a pluralidade cultural, a orientação sexual, o trabalho e o consumo. O regimento dos PCNs possibilita que escolas e comunidades elejam outros problemas relevantes à sua realidade. Entre os objetivos gerais do ensino fundamental está a premissa: "perceber-se integrante, dependente e agente transformador do ambiente, identificando seus elementos e as interações entre eles, contribuindo ativamente para a melhoria do meio ambiente" (SEF, 1997).

A Carta de Brasília para a EA, elaborada na ocasião da 1ª Conferência Nacional de Educação Ambiental, em 1997, contém problemas e recomendações que representam a reflexão e a experiência do Brasil referente à perspectiva do desenvolvimento sustentado (MMA; MEC, 1997). Nesse mesmo período fica instituída a Política Nacional de Recursos Hídricos por ato da Lei n. 9.433, de 8 de janeiro de 1997 (BRASIL, 1997). Essa lei, embora não trate especificamente sobre a EA, traz instrumentos importantes, além de conter em seus objetivos a preocupação com a qualidade da água para as gerações futuras, recomenda o uso racional e integrado, além do incentivo à captação e ao aproveitamento das águas pluviais.

No ano seguinte, em 1998, foi sancionada a Lei n. 9.605/98 (BRASIL, 1998), que trata das sanções penais e administrativas derivadas de condutas e atividades lesivas ao meio ambiente. Enfim, em 1999, é aprovada a Lei

9.795 (BRASIL, 1999), definindo a EA formal e não formal a ser realizada pelo poder público em nível federal, estadual e municipal. Essa lei prevê a sensibilização de agricultores, assim como a participação de empresas públicas e privadas no desenvolvimento de programas de EA em parceria com a escola, a universidade e as organizações não governamentais. Essa Lei é regulamentada pelo decreto 4.281/2002 (BRASIL, 2002), que também institui a Política Nacional de Educação Ambiental (PNEA).

A Lei de Educação Ambiental dada pela redação de Brasil (1999) também prevê, no artigo 5º, o incentivo à participação individual e coletiva, permanente e responsável, na preservação do equilíbrio do meio ambiente, entendendo-se a defesa da qualidade ambiental como um valor inseparável do exercício da cidadania. Essa definição ainda institui a EA no Brasil como parte diversificada em todo o currículo escolar. Complementarmente, o art. 19 dessa mesma lei define que os programas de assistência técnica e financeira relativos ao meio ambiente e educação, em nível federal, estadual e municipal, devem alocar recursos às ações de EA.

A Lei 9.795 dispõe que é capital aos órgãos integrantes do Sistema Nacional de Meio Ambiente (Sisnama) promover ações de EA integradas aos programas de conservação, recuperação e melhoria do meio ambiente. O Sisnama é composto por instituições de âmbito educacional do sistema público e privado, por órgãos públicos da União, dos estados, do Distrito Federal e dos municípios, entidades não governamentais, entidades de classe, meios de comunicação e por outros segmentos da sociedade (BRASIL, 2002).

No Brasil, é lançado somente em 2003 o Programa Nacional de EA (Pronea) com o objetivo inicial de "capacitar o sistema de educação formal e não formal, supletivo e profissionalizante, em seus diversos níveis e modalidades". Esse programa foi formulado em 1994, a partir de esforços interministeriais. O Pronea passou a ser a principal referência programática para a construção das políticas públicas federais, estaduais e municipais de EA. Esse programa dita diretrizes, princípios, visão, missão, objetivos, público-alvo e linhas de ação que orientam a EA no Brasil.

O Pronea prevê um enfoque humanista, histórico e crítico sobre a concepção de ambiente, sendo direcionado a diversos grupos, como grupos em condições de vulnerabilidade social e ambiental, por exemplo: povos indígenas e comunidades tradicionais[13], agricultores, agentes comunitá-

---

[13] Como determina o Decreto n. 6.040, de 7 de fevereiro de 2007, que institui a Política Nacional de Desenvolvimento Sustentável dos Povos e Comunidades Tradicionais, além de Agricultores Familiares (BRASIL, 2007).

rios e de saúde; lideranças de comunidades ribeirinhas, rurais, urbanas e periurbanas, grupos étnicos e culturais; catadores de materiais reutilizáveis e recicláveis; técnicos extensionistas e agentes de desenvolvimento rural; gestores, servidores e funcionários de entidades públicas, privadas e organizações da sociedade civil; gestores, técnicos, docentes e estudantes de todos os níveis e modalidades de ensino; representantes de corporações e empreendimentos de alto impacto ambiental; e agentes culturais, editores, comunicadores e educadores ambientais (MMA; MEC, 2018).

Com relação às linhas de ação e estratégias de gestão e planejamento, o Pronea (MMA; MEC, 2018) define que a EA deve estar articulada à gestão ambiental. Para isso, é necessário ampliar e aperfeiçoar as iniciativas em EA promovidas pelos Comitês de Bacias Hidrográficas (CBHs), conselhos de meio ambiente, conselhos gestores de Unidades de Conservação (UCs) e demais colegiados. No tocante à formulação e implementação de políticas públicas, planos, programas e projetos de EA em nível estadual e municipal, recomenda a promoção e o planejamento estratégico e participativo em articulação a redes, fóruns, comissões, conselhos e demais coletivos e segmentos da sociedade.

O regimento do Pronea, dado por MMA e MEC (2018), também inclui o estímulo à EA, associada ao setor produtivo e às obras ou atividades potencialmente causadoras de degradação do meio ambiente. Assim, ações de EA devem ser promovidas em feiras e eventos realizados ou organizados pelo setor produtivo.

Com relação à promoção de interfaces entre EA, programas e políticas de governo, o Pronea prevê o estímulo à inserção da EA nas etapas de planejamento e execução de ações. Essas ações estão relacionadas à gestão de bacias hidrográficas, defesa dos biomas, preservação e conservação da biodiversidade, unidades de conservação e entorno, ética e pluralidade cultural, trabalho e consumo e também ciência e tecnologia. Quanto à inclusão e o apoio institucional e financeiro às ações, o parecer dado por MMA e MEC (2018) define a destinação de recursos para compor equipes técnicas a fim de elaborar, implementar, monitorar e avaliar políticas públicas estruturantes em EA.

Paralelamente a isso, o texto prevê que a comunicação para a EA deverá fomentar a criação e a estruturação de materiais didático-pedagógicos e técnico-científicos para a divulgação e o debate na área de EA. Esses materiais pedagógicos devem priorizar temas relativos às questões ambientais, à construção de sociedades sustentáveis e ao uso e consumo sustentável dos bens naturais que contemplem as diversas dimensões da sustentabilidade, assegurando a pluralidade de concepções epistemológicas em uma abordagem transversal. Conforme MMA e MEC (2018), o Tratado de EA para Sociedades Sustentáveis e Responsabilidade Global é adotado como eixo orientador até os dias de hoje pelo Pronea.

Entre as diretrizes do Pronea também se identifica: a) a recomendação de apoio à criação e a manutenção de redes de formação de educadores, com a participação da gestão pública, nas esferas federal, estadual e municipal, de universidades, empresas, organizações do terceiro setor, organizações sem fins lucrativos, organizações dos trabalhadores, escolas e movimentos sociais, em articulação com a Rede Brasileira de Educação Ambiental (Rebea) e b) a promoção de processos formativos de educadores, presenciais e à distância, para atuarem em espaços não formais (áreas protegidas, associações de bairro, praças, parques, hortas comunitárias, entre outros), com inclusão de lideranças locais, respeitando os diferentes contextos e realidades MMA e MEC (2018).

O Pronea também fomenta a criação e o fortalecimento de núcleos e grupos de pesquisa e extensão articulados, na educação superior, fortalecendo os estudos e o campo da EA em todos os níveis e modalidades de ensino, possibilitando a integração entre a educação formal e não formal. Entre essas conquistas trazidas pelo Pronea, é evidente a implementação das Comissões Interinstitucionais Estaduais de EA (Cieas), o comitê de assessoria do órgão gestor da política ambiental, o surgimento das redes de EA, e a criação de políticas e programas estaduais e municipais, o crescimento dos centros de informação e formação, a criação de grupos de pesquisa nas universidades e o desenvolvimento de programas integrados com as demais políticas ambientais.

Outro dispositivo de interesse público é a Recomendação Conama n. 14, de 26 de abril de 2012 (CONAMA, 2012), que aborda a adoção da Estratégia Nacional de Comunicação e Educação Ambiental (Encea) em Unidades de Conservação (UCs). Em apoio a isso, a Instrução Normativa n. 2, de 27 de março (IBAMA, 2012), estabelece as bases técnicas para programas de EA apresentados como medidas mitigadoras ou compensatórias, em cumprimento às condicionantes das licenças ambientais.

Por ato da Portaria n. 169, de 23 de maio de 2012, do MMA (2012) foi instituído o Programa de Educação Ambiental e Agricultura Familiar (PEAAF) que apresenta, entre outros, quatro objetivos gerais, que são: a) contribuir para o desenvolvimento rural sustentável; b) apoiar a regularização ambiental das propriedades rurais do país, no âmbito da agricultura familiar; c) fomentar processos educacionais críticos e participativos que promovam a formação, capacitação, comunicação e mobilização social; e d) promover a agroecologia e as práticas produtivas sustentáveis.

O Decreto n. 8.235, de 5 de maio de 2014, estabelece normas aos programas de regularização ambiental dos estados da Federação e do Distrito Federal e elege a EA entre as ações de apoio à regularização de imóveis rurais (BRASIL, 2014). Esse decreto atende ao dispositivo do art. 59 da Lei n. 12.651, de 25 de maio de 2012, que trata dos Programas de Regularização Ambiental (PRAs), que ficou conhecido como o novo Código Florestal Brasileiro (CFB) (BRASIL, 2012a).

A Lei n. 12.188, de 11 de janeiro de 2010, dada por Brasil (2010a), institui a Política Nacional de Assistência Técnica e Extensão Rural para a Agricultura Familiar e Reforma Agrária (Pnater). Essa política define que a Assistência Técnica e Extensão Rural (Ater) é um serviço de educação não formal e de caráter continuado. Essa prestação de serviço se dá no meio rural a fim de promover processos de gestão, produção, beneficiamento e comercialização das atividades e dos serviços agropecuários e não agropecuários, inclusive das atividades agroextrativistas, florestais e artesanais.

A Pnater define entre seus princípios a "adoção de metodologia participativa, com enfoque multidisciplinar, interdisciplinar e intercultural, buscando a construção da cidadania e a democratização da gestão da política pública" (BRASIL, 2010a). A regulamentação da Política Nacional de EA (PNEA) traz desafios para a sua implementação, ao passo que as dinâmicas sociais, econômicas, culturais e ambientais se ampliam e se modificam constantemente.

A partir dessa verificação do papel do Estado e a influência da sociedade no desenvolvimento das políticas educacionais republicanas, identifica-se que as políticas de EA e suporte à sustentabilidade devem ser fundamentadas nas diretrizes nacionais e internacionais, sejam elas de caráter obrigatório ou voluntário. Nesse mesmo contexto, a Resolução n. 2, de 15 de junho de 2012, em seu artigo 18, resolve que os Conselhos de Educação dos estados, do Distrito Federal e dos municípios "devem estabelecer as normas complementares que tornem efetiva a EA em todas as fases, etapas, modalidades e níveis de ensino sob sua jurisdição" (MEC, 2012). Dessa forma, fica reservado aos estados-membros, suas instituições e municípios a autonomia para escolher as normativas que podem ser regulamentadas, contemplando a cultura e os anseios comunitários e regionais.

Por meio da portaria brasileira 333/2018, redação dada por MMA (2018), fica instituída a estratégia do Ministério do Meio Ambiente (MMA) para o alcance da Agenda 2030 e dos Objetivos de Desenvolvimento Sustentável (ODS). Os indicadores dos 17 objetivos da agenda 2030 podem ser acompanhados na plataforma do "Relatório dos Indicadores para os Objetivos de Desenvolvimento Sustentável". Em sua última atualização, essa plataforma apresenta 254 indicadores, sendo: 120 produzidos, 73 em análise/construção, 51 sem dados e 10 que não se aplicam ao Brasil (IBGE, 2023a).

Nesse mesmo sentido, o Decreto n. 10.846, de 25 de outubro de 2021, institui o Programa Nacional de Crescimento Verde associado à criação do Comitê Interministerial sobre Mudança do Clima e Crescimento Verde (CIMV). Ficou definido que esse colegiado deverá prestar o apoio técnico e administrativo necessário à implementação do Programa Nacional de Crescimento Verde (BRASIL, 2021a).

O Programa Nacional de Crescimento Verde criado pelo governo federal brasileiro em outubro de 2021 busca oferecer financiamentos e subsídios para incentivar projetos e atividades econômicas sustentáveis, além de priorizar concessões de licenças ambientais e a geração dos chamados "empregos verdes". A partir de um pacote de incentivos, busca-se neutralizar a emissão de carbono do país até 2050, sendo que já estão disponíveis recursos para diversas áreas como conservação e restauração florestal, saneamento, gestão de resíduos, ecoturismo, agricultura, energia renovável, mobilidade urbana, entre outras (MMA, 2021).

Com base nesta seção, fica claro que o Brasil está bem amparado por diretrizes e normativas, porém muitos obstáculos foram criados e são mantidos até a atualidade por interesses políticos e econômicos. Essa problemática demonstra a necessidade de ampliar a consciência ambiental da sociedade e dos gestores públicos para influenciar proposições de desenvolvimento com novos direitos ambientais.

1.4 A CRISE DO CONHECIMENTO NA ÓTICA DAS VERTENTES FILOSÓFICAS DO PENSAMENTO ECOLÓGICO

A partir da abordagem sobre as diretrizes e normativas de EA, tratada na seção anterior, identificam-se diversas transformações jurídicas e legislativas relacionadas ao meio ambiente e à qualidade de vida. Essa evolução, que partiu da crítica de ambientalistas, chegando a uma agenda de interesse internacional[14], ainda é dependente da incorporação de princípios discutidos em teorias ambientais e em vertentes filosóficas do pensamento ecológico.

Neste tópico, o estudo se deteve na investigação da forma como a EA pode ser desenvolvida sob o viés do saber ambiental fundamentado em visões críticas e transformativas sobre a educação do ambiente e seus sujeitos. Esta seção está baseada em vertentes ecológicas do pensamento e da ecologia moderna, tendo alguns expoentes renomados, como Fritjof Capra, Enrique Leff, Edgar Morin.

Para compreendermos os problemas ambientais de nossa época, precisamos analisá-los de maneira sistêmica e interdependente, mas não isolada. Entre as diferentes ideologias ambientais que compõem o ambientalismo, Turner, Pearce e Bateman (1993) identificam algumas características comuns, entre elas a rejeição de que os sistemas econômicos devem satisfazer deliberadamente os desejos ilimitados da "pessoa econômica racional" (*homo economicus*) – o arquétipo do habitante egoísta e ganancioso da economia de mercado sem restrições. Segundo os autores, há um entendimento de que precisamos pensar mais nas necessidades coletivas das pessoas e menos nos desejos individuais, restringindo a ganância.

Outra característica identificada pelos autores é de que a economia verde deve evoluir de forma a desacoplar o crescimento da atividade de produção econômica a partir dos impactos ambientais dessas atividades. Com base no princípio do equilíbrio de materiais, essa dissociação envolve mudanças técnicas para que o uso de recursos se torne mais eficiente para que nossa produção de poluentes se torne cada vez menos prejudicial. Para muitos ambientalistas, a dissociação total é termodinamicamente impossível, sendo assim, ela é uma condição necessária, mas não suficiente para uma economia verde, sendo necessário também o congelamento da escala de produção econômica e da taxa de crescimento da população (TURNER; PEARCE; BATEMAN, 1993).

Concordando com esse entendimento, Capra (2008) defende que a população somente será estabilizada quando a pobreza for reduzida em âmbito mundial. Também, a extinção de espécies animais e vegetais não cessará enquanto o Hemisfério Meridional estiver endividado. Além disso, a escassez dos recursos e a degradação do meio ambiente estão associadas à rápida expansão de populações, levando ao colapso das comunidades locais

---

[14] A Conferência de Estocolmo eleva o meio ambiente à qualidade de Direito fundamental.

e à violência étnica e tribal. Isso configura-se em uma das características mais importantes da era pós-Guerra Fria.

Para Leff (2010), a aprendizagem ambiental se constitui em um saber pedagógico, ao passo que constrói uma análise e uma interpretação dos processos de elaboração de sentidos comuns. Além disso, edifica conhecimentos públicos sobre a sustentabilidade ecológica, social, cultural e econômica do planeta. Afinal, trata-se de um "saber prático" e interveniente, uma vez que a partir dele são desenvolvidas estratégias e ações de ensino e aprendizagem dentro e fora das escolas, incluindo a mediação cultural de educadores. Esses educadores sistematizam saberes no contexto das relações próprias da aprendizagem e das instituições que o promovem.

Mais do que uma abordagem sistêmica, a EA exige a perspectiva da complexidade. Isso implica reconhecer a interação entre diferentes níveis da realidade (objetiva, física, abstrata, cultural, afetiva, entre outras), construindo diferentes olhares decorrentes das diferentes culturas e trajetórias individuais e coletivas. No entanto, esse saber complexo não se encontra elaborado e, para isso, é necessário traçar uma senda sob o desconhecido (MORIN, 2008).

Considerando que as atividades humanas associadas à ocupação territorial possuem grande potencial de impacto ao ambiente, demanda a necessidade de uma visão sistêmica por parte dos profissionais das mais diversas áreas, no entanto, esses conhecimentos geralmente são tratados de modo segmentado. Nesse sentido, a visão holística sugere a compreensão do ecossistema como um todo interdependente e não compartimentalizado (PECHE FILHO, 2019).

Nesse contexto, Sirvinskas (2018) identifica três concepções genéricas atribuídas pela sociedade científica para definir relações de valores que precisam ser consideradas, sendo elas: antropocentrismo, ecocentrismo e biocentrismo. No modelo antropocêntrico, que rege a racionalidade atual de desenvolvimento, o homem se impõe ao meio ambiente com a prerrogativa de poder absoluto para dominá-lo e instituir até a legalidade da imposição mediante a instituição da finalidade de área de interesse social e utilidade pública. Por outro lado, o ecocentrismo posiciona o ambiente como centro dos valores, pondo o homem em sua condição ecológica de ser apenas uma espécie em toda a diversidade ecossistêmica. Por fim, o biocentrismo busca conciliar os dois extremos em uma harmonia entre o meio ambiente e o homem no universo.

O termo "ecológico" está associado a uma escola filosófica específica e com um movimento popular conhecido como "ecologia profunda". Essa proeminente escola, que foi fundada pelo norueguês Arne Naess, no início da década de 70, busca *"insights"* intuitivos e visualização criativa para se conectar com os ensinamentos da natureza para compreender melhor o funcionamento da teia da vida, evitando provocar roturas degradadoras do ambiente. Para isso, é preciso questionar os pontos fundamentais da visão dominante do mundo. A exemplo disso, a ecologia é que deve reger o planejamento da sociedade, a fim de manter os diferentes ecossistemas existentes no planeta e não a visão limitada tecnocrata-industrial de superioridade e imposição ao ambiente natural e sua biodiversidade (BRAUN, 2005).

Para validar esse princípio, Arne Naess (1973) propôs (Yin) duas normas intuitivas: a autorrealização e a equidade hipocêntrica. No entanto, essas normas não podem ser validadas pelas suposições mecânicas da visão puramente científica da racionalidade atual (Yang). Nessa interpretação do autor, a autorrealização deve ser alcançada pelo desenvolvimento espiritual por meio da busca pela compreensão e identificação com a natureza e suas inúmeras formas de manifestação. Assim, devemos ir além da visão e dos valores restritos da cultura contemporânea e da sabedoria convencional de nossa época. Por sua vez, a equidade biocêntrica define que todos os elementos e seres da biosfera possuem o direito de viver e se desenvolver formando um organismo energético e ecológico.

Nesse conceito, a ecologia rasa é antropocêntrica ou centralizada no ser humano, tendo o homem como fonte de todos os valores e situado acima ou fora da natureza (DEVALL; SESSIONS, 1985). Já a ecologia profunda entende que os fenômenos estão interconectados e interdependentes, tendo o ser humano como apenas um fio na teia da vida. Nessa visão estão compreendidas as filosofias perenes das tradições espirituais, a espiritualidade dos místicos cristãos e dos budistas, assim como a filosofia e cosmologia subjacente às tradições nativas norte-americanas (CAPRA; STEINDL-RAST; MATUS, 1993).

Para Bookchin (1981), essa percepção ecológica profunda fornece as bases filosóficas para um estilo de vida ecológico e para o ativismo ambiental, porém não nos informa sobre as características e os padrões culturais de organização social que produziram a crise ecológica atual, sendo que dessa abordagem é que se ocupa a ecologia social. A Ecologia Profunda considera os indivíduos como parte orgânica do todo, cuja visão vai além do materialismo e inclui a questão vibracional da espiritualidade e fenômenos quânticos.

Nessa contextualização, Turner, Pearce e Bateman (1993) distinguem dois grandes campos ideológicos no ambientalismo que se subdividem em quatro classes, sendo elas: tecnocentrismo cornucopiano, tecnocentrismo adaptativo, ecocentrismo comunalista e ecologia profunda. Essas ideologias são diferenciadas pelos autores em função de cinco categorias, sendo elas: grau de sustentabilidade, selos verdes, tipo de economia, estratégia de gestão e ética, conforme detalha o Quadro 1-2.

Quadro 1-2 – Classes ideológicas do ambientalismo

Categoria	Tecnocêntrico		Ecocêntrico	
	Cornucopiana	**Adaptativa**	**Comunalista**	**Ecologia Profunda**
Grau de sustentabilidade	Muito fraca	Fraca	Forte	Muito forte
Selos verdes	Exploração dos recursos naturais visando ao crescimento	Conservador de recursos e gerencialismo	Preservação dos recursos	Extrema preservação dos recursos
Tipo de economia	Economia antiverde - Mercado livre sem restrição	Economia e mercado verde orientado por instrumentos de incentivo econômico (ex.: encargos para a poluição)	Economia verde profunda, estacionária regulada por padrões macroambientais e instrumentos de incentivo econômico	Economia verde muito profunda altamente regulamentada para minimizar o uso de recursos

Categoria	Tecnocêntrico		Ecocêntrico	
	Cornucopiana	**Adaptativa**	**Comunalista**	**Ecologia Profunda**
Estratégia de gestão	Maximização do crescimento econômico (PIB máximo) - Progresso técnico para superar os limites ambientais e a escassez	Crescimento econômico modificado (contabilidade verde na medição do PIB).	Crescimento econômico e populacional nulo. Perspectiva sistêmica - Consideração à saúde de todo o ecossistema.	Imperativa redução de escala econômica e populacional. Interpretação literal de Gaia para quem se deve obrigações morais
Ética	Pensamento tradicional: direitos e interesses dos indivíduos contemporâneos atribuindo um valor instrumental à natureza	Pensamento ético estendido: equidade intra e intergeracional com valoração instrumental da natureza	Pensamento ético mais estendido: Valor primário dos ecossistemas e valor secundário para suas funções e utilidades	Bioética - Valor intrínseco da natureza independente da experiência humana

Fonte: adaptado de Turner, Pearce e Bateman (1993, p. 31)

Com base nesse quadro é possível visualizar que os apoiantes do tecnocentrismo extremo não desejariam ver restrições impostas aos consumidores individuais ou aos mercados, afinal, eles apoiam uma filosofia de mercado livre combinado com uma fé no poder da tecnologia para superar limites ambientais e as restrições relacionadas à escassez. Os autores rotulam essa posição como "tecnocentrismo cornucopiano" e o sistema resultante como "economia antiverde".

Outra posição menos extrema chamada de "tecnocêntrico adaptativa" aceita que os mercados livres podem ter efeitos benéficos sobre o meio ambiente, desde que os agentes da economia verde, caracterizados por consumidores, investidores, cidadãos e empregos pensem e ajam de forma verde. Além disso, passam a ser relevantes e vinculativas para a economia as possibilidades de dissociação entre o crescimento e a atividade econômica, exigindo algumas mudanças de escala para que a economia seja sustentável.

Associado a isso, a regra do "capital constante" passa a reger alguns limites ambientais, como as manutenções dos sistemas de suporte à vida e da capacidade de assimilação de resíduos, para que alguns recursos ambientais conhecidos como "capital natural crítico" possam ser conservados para as gerações futuras.

Já do lado ecocêntrico das dimensões ecológicas está o "ecocentrismo comunalista", que apoia a ideia de uma economia verde profunda. Para os apoiadores dessa posição, os níveis absolutos de escala não devem diminuir, mas também não devem aumentar, imperando o pensamento absoluto de limite que se traduz em apelos ao crescimento econômico e populacional zero, a fim de estabelecer a economia de Estado estável. O *"decoupling"* (dissociação entre o crescimento e a atividade econômica) é apoiado, mas deve ser fortalecido por movimentos paralelos para eliminar qualquer aumento na escala futura da economia.

Finalmente, o ecocentrismo extremo, rotulado de "ecologia profunda", apoia uma economia verde muito profunda. Nessa visão os sistemas econômicos devem ser transformados o mais rápido possível em sistemas mínimos de recursos necessários mitigando a pressão sobre os estoques de recursos e a sobre a capacidade natural de assimilação de resíduos. Essa transformação só pode ser realizada por meio de reduções no nível absoluto de atividade econômica que incluem o declínio da produção econômica e redução da escala populacional. Os defensores da ecologia profunda também apoiam um conjunto radicalmente diferente de princípios ético-morais definidos como bioética – direitos morais conferidos a todas as espécies e até para os elementos abióticos do ambiente.

Nesse contexto, para transformar o caótico e decadente estado social, econômico e ambiental planetário, é preciso compreender que há uma visão ou razão dominante do mundo. Considerando isso, a transformação precisa vir seguida de uma preparação psicológica da sociedade, baseada em valores éticos fortes, associados a uma vontade sincera e profunda de mudança. Destaca-se que essas concepções são determinadas por paradigmas sociais que representam os valores, crenças, hábitos e normas coletivas de referência para a sociedade (DEVALL; SESSIONS, 1985).

Dessa forma, Braun (2005) identifica que são cinco pontos que sintetizam o fluxo das ações e o pensamento dominante chamado de *mainstream*[15]: 1) A imposição do homem à natureza é regida por suposições gerais e rasas

---

[15] *The mainstream*: tendência dominante (OXFORD, 2013).

sobre a realidade; 2) A racionalidade dominante desenvolve regras gerais para resolver problemas; 3) Aqueles que aceitam ou não percebem a realidade dos fatos compartilham com as suposições e metas da visão dominante; 4) As soluções para os problemas do mundo existem somente dentro das suposições de visão da sociedade dominante; e) Os "especialistas" oficiais da razão dominante se validam por argumentos racionais de suposições científicas, filosóficas e religiosas de interesse dominante e minoritário.

A teoria do saber ambiental situa-se no ambientalismo como política do conhecimento e no poder direcionado para um projeto de reconstrução social, a partir do conhecimento da outridade. Busca-se pensar a intervenção na sustentabilidade para lograr a construção de uma racionalidade alternativa, fora do campo da metafísica, do logocentrismo e do cientificismo da modernidade, pois essas teorias tornam o mundo insustentável. A manifestação da crise ambiental, como uma crise do conhecimento, foi precedida por um novo círculo de reflexões críticas sobre a exteriorização do saber ambiental. O saber que emerge dessa crise, no campo da externalidade das ciências, filtra-se entre as estruturas teóricas e as malhas discursivas do conhecimento moderno, questionando os paradigmas estabelecidos, ao passo que desvenda o saber negado (LEFF, 2002).

A construção de uma nova racionalidade ambiental implica a formação de um novo saber que integre a interdisciplinaridade do conhecimento, a fim de explicar o comportamento de sistemas socioambientais complexos. De acordo com Leff (2011), o saber ambiental problematiza o conhecimento fragmentado em disciplinas e a administração setorial do desenvolvimento, no intuito de construir um campo de conhecimentos teóricos e práticos orientado para a articulação das relações sociedade-natureza.

Nesse contexto, o processo de mudança é possível por meio da experimentação de iniciativas alternativas. A geração de soluções que contribuam para as mudanças necessárias ocorrerá a partir de pequenas iniciativas que gradualmente vão sendo aperfeiçoadas e fortalecidas. Nesse contexto, com base na teoria da "síndrome do centésimo macaco"[16], defendida pelo biólogo Lyall Watson, podemos estimar que um processo de transformação global de hábitos socioculturais pode ser iniciado com apenas 1 % de 1% da população mundial. Assim, entende-se que uma mudança de hábito de um

---

[16] O estudo de Watson demonstrou que a inserção de batatas-doces no território de uma tribo de macacos que habitavam em uma ilha próxima ao Japão conduziu-os a lavar as batatas no riacho a partir do exemplo de um indivíduo.

pequeno grupo tem grande probabilidade de desencadear uma mudança geométrica em toda a população (BRAUN, 2005).

Estamos vivenciando uma crise de percepção, de pensamento e de valores por meio de uma visão obsoleta e inadequada do mundo. O reconhecimento dessa concepção precisa chegar aos líderes políticos, corporativos, administradores e professores a fim de garantir a sobrevivência e os anseios das gerações presentes e futuras[17]. No entanto, o paradigma que dominou nossa sociedade moderna ocidental por centenas de anos e influenciou o restante do mundo está retrocedendo. Afinal, o que se observa na atualidade é uma revisão radical de suposições (CAPRA, 2008).

Nesse quesito, é primordial reconhecer que a percepção é afetada pela experiência, condições sociais, ambientais, culturais e também pelo Modelo de Desenvolvimento Econômico (MDE) (DIAS, 2004a). Portanto, é preciso mudar a concepção equivocada de sustentabilidade que deu origem à atual crise, em que se reduzem os recursos naturais a meros insumos produtivos da razão modernizante.

A exemplo dessas suposições que estão sendo desafiadas por eventos recentes, podemos citar a concepção do universo como um sistema mecânico composto por blocos de construção elementares. E também o entendimento do corpo humano como uma máquina, a visão da sociedade como uma luta competitiva pela existência, o mito de que o progresso material ilimitado pode ser obtido por meio do crescimento econômico e tecnológico, além da crença de uma sociedade em que a mulher é admitida em posição inferior ao homem. Com isso, o novo paradigma pode ser chamado de uma visão ecológica ou holística por reconhecer a interdependência de fenômenos e processos cíclicos integrados (CAPRA, 2008).

O saber ambiental emerge da exclusão gerada pelo desenvolvimento das ciências que, centradas em seus objetivos do conhecimento, produzem o desconhecimento de processos complexos, os quais escapam à explicação dessas disciplinas. A exemplo disso, a economia situa no campo das externalidades os processos naturais e culturais e, juntamente a isso, desconsidera a inequitativa distribuição de renda e a desigualdade social gerada pela lógica de mercado e pela maximização de benefícios a curto prazo (LEFF, 2011).

O princípio do custo de oportunidade preconiza que nada é gratuito, nem mesmo as fontes ambientais. Afinal, usar o ambiente para produ-

---

[17] Uma sociedade sustentável é aquela que satisfaz suas necessidades sem comprometer as necessidades e aspirações das gerações futuras (BROWN, 1981).

zir portos de recreio no lugar das zonas húmidas, por exemplo, significa renunciar a todos os benefícios e oportunidades que os sistemas naturais podem proporcionar, como as zonas de proteção e amortecimento contra a poluição e tempestades, habitat e refúgio para a vida selvagem. Nesse sentido, a abordagem econômica convencional tende a ser bastante estreita e dominada pelo objetivo de eficiência econômica, utilizando recursos escassos de forma a obter o máximo de benefícios líquidos de quaisquer custos.

Para Morin (2008), por ambição, a ciência roubou da religião e da filosofia a questão original. Afinal, as questões fundamentais são abandonadas como questões gerais, vagas, abstratas e não operacionais. A ciência justifica-se pela égide da supremacia humana no mundo, considerando, por um lado, a filosofia incompetente aos seus olhos por etilismo especulativo e, por outro lado, a religião, sempre ilusória aos seus olhos por mitomania inveterada. A ciência abandona todas as questões fundamentais aos não sábios, a priori desqualificados, ao passo que o investigador científico muitas vezes trabalha sob a produção de um saber para não ser articulado e pensado, mas para ser capitalizado e utilizado de modo anônimo.

No entendimento de Leff (2010), a aprendizagem ambiental abre um campo para debates paradigmáticos nas ciências e na pedagogia. Associada com a articulação da pedagogia crítica e da educação na atualidade, a aprendizagem ambiental supõe a crítica à educação como mecanismo político ligado às relações de saber, poder, negociação e autonomia. Ainda, essa aprendizagem questiona todas aquelas formas de ensino ambiental que são reduzidas ao uso funcionalista de técnicas informativas sem o estabelecimento das bases pedagógicas e políticas de sustentação. Dessa forma, a aprendizagem ambiental se configura em uma prática cultural pelo desenvolvimento crítico de diversos discursos políticos, culturais e técnicos que abarcam a agenda socioambiental global.

A excitante objeção pela vida não humana, não natural, é um reflexo da dissociação humana da natureza. Essa dissociação é pronunciada como uma crise do conhecimento caracterizado pela desarticulação da dimensão antropossocial com a dimensão natural do ambiente. A grande ocultação que ocorre é a realidade física das ciências do homem e a realidade social das ciências da natureza. Dessa forma, a profunda radicalidade dos problemas e a vastidão enciclopédica inibem e desencorajam-nos a agir. Afinal, o crescimento informacional e a heterogeneização do saber ultrapassam toda a possibilidade de engramação e de tratamento pelo cérebro humano (MORIN, 2008).

O saber que emerge dessa crise, no campo da externalidade das ciências, se filtra entre as estruturas teóricas e as malhas discursivas do conhecimento moderno, questionando os paradigmas estabelecidos e desvendando o saber negado. A via de compreensão da complexidade ambiental emerge por meio da desnaturalização da história, culminando com a tecnificação e economização do mundo. Sob essas bases, o ser e o pensar se encontram relacionados pelo cálculo e pela planificação, pela determinação e pela legalidade deste mundo dominado e assegurado. O caos e a incerteza prenunciam os limites. Para o pensamento crítico, a complexidade ambiental vai além da evolução natural da matéria e do homem até esse mundo tecnificado. A história é o produto da intervenção do pensamento no mundo, sendo que somente assim é possível nos situarmos fora do ecologismo naturalista (LEFF, 2002).

Nesse contexto, o saber ambiental desconstrói os princípios epistemológicos da ciência moderna ao passo que "funda uma nova pedagogia por meio de uma nova racionalidade que significa a reapropriação do conhecimento a partir do ser do mundo e do ser no mundo; a partir do saber e da identidade que se forjam e se incorporam ao ser de cada indivíduo e de cada cultura" (LEFF, 2002, p. 218).

É um consenso comum entre várias escolas de ecologia social que nossas estruturas sociais e econômicas estão alicerçadas sob fundamentos de natureza antiecológica. Nessa dominação exploradora, chamada de "sistema dominador" por Riane Eisler (1987), incluem-se exemplos típicos, como o patriarcado, o imperialismo, o capitalismo e o racismo. Entre as diversas escolas de ecologia social, há vários grupos de marxistas e anarquistas que utilizam suas respectivas estruturas de conceitos para analisar diferentes padrões de dominação social.

No entanto, uma mudança de paradigmas requer, além de uma expansão de nossas percepções e do modo de pensar, uma mudança em nossos valores. Capra (1980) observa uma conexão nas mudanças entre pensamento e valores que podem ser entendidas como mudanças da autoafirmação para a integração. Para o autor, essas duas tendências (autoafirmativa e integrativa) são essenciais a todos os sistemas vivos, desde que haja um equilíbrio. Porém, o que observamos ao analisar nossa cultura industrial ocidental é um excesso de tendências autoafirmativas com negligências das tendências integrativas. Estando isso arraigado em nossos pensamentos e valores, faz-se oportuna a análise dessas tendências lado a lado, conforme demonstra o Quadro 1-3.

Quadro 1-3 – Tendências autoafirmativas e integrativas relacionadas a pensamentos e valores

Pensamentos		Valores	
Auto afirmativo	*Integrativo*	*Auto afirmativo*	*Integrativo*
Racional	Intuitivo	Expansão	Conservação
Análise	Síntese	Competição	Cooperação
Reducionista	Holístico	Quantidade	Qualidade
Linear	Não linear	Dominação	Parceria

Fonte: adaptado de Capra (2008, p. 27)

Assim, a partir da análise desse Quadro, é possível entender que os valores afirmativos de competição, expansão e dominação geralmente estão associados aos homens. Com base nisso, eles são favorecidos e recebem recompensas econômicas e poder político. Essa tradição faz com que a mudança para um sistema de valores mais equilibrados seja mais difícil para a maioria das pessoas, mas especialmente para os homens.

Nesse contexto, com as crenças e os valores limitados da sociedade, não há como inspirar a percepção de soluções mais abrangentes e criativas por estarmos propositalmente condicionados a paradigmas dominantes, por exemplo, os domínios da cultura ocidental sobre as culturas não ocidentais, dos seres humanos sobre a natureza, do masculino sobre o feminino, dos poderosos ricos sobre os pobres e miseráveis e do norte sobre o sul. Dessa maneira, a sociedade tecnológica tem imposto sua alienação aos homens e a natureza de modo sorrateiro, inconsciente ao coletivo, em forma de uma ilusória vontade da sociedade moderna (BRAUN, 2005).

Para transformar a atual concepção equivocada de sustentabilidade, devemos mudar as tramas da complexa vida, aprender a valorizar e interagir com a diversidade social, política, cultural, religiosa e étnica, reduzindo o ego individual. Portanto, é preciso desconstruir esses pensamentos cartesianos que deram origem à atual crise. Esse paradigma contrasta com a racionalidade econômica dominante, na qual a natureza foi externalizada do processo de produção e, ao mesmo tempo, desnaturalizada, ao ser reduzida a um insumo produtivo de recursos naturais e matérias-primas. Dessa forma, ignora-se a entropia[18] como lei limite do processo econômico e o

---

[18] Entropia: medida de desordem [desestruturação] de um sistema (PRIBERAM DICIONÁRIO, 2021).

potencial neguentrópico[19] (organização da matéria) que emerge de uma nova racionalidade produtiva: ecologicamente sustentável, culturalmente diferente e socialmente justa (LEFF, 2000).

O poder, no sentido da dominação sobre os outros, é a autoafirmação excessiva, sendo a hierarquia a estrutura social mais efetiva na qual ela é exercida. Consequentemente, nossas estruturas políticas, militares e corporativas são hierarquicamente ordenadas e historicamente há uma supremacia masculina em detrimento do feminismo. Ainda, alguns indivíduos chegam a considerar sua posição hierárquica como parte de sua identidade, personificando sua hierarquia e, por esse fato, a possibilidade de mudança para um sistema de valores diferente gera neles um medo existencial. Assim, ao passo que o velho paradigma está alicerçado sob valores antropocêntricos, a ecologia profunda está fundada em valores ecocêntricos (CAPRA, 2008).

Esse conflito de valores entre a economia e a ecologia se materializa no fato de que na natureza tudo é cíclico, enquanto os sistemas industriais são lineares. Afinal, as nossas atividades comerciais extraem recursos naturais e os transformam em produtos e resíduos. Após fazerem o uso, os consumidores desses produtos descartam mais resíduos. Com isso, fica evidente que precisamos replanejar, em nível fundamental, nossos padrões de produção e consumo de modo cíclico, imitando os processos da natureza. Porém, o chamado "livre mercado" não fornece aos consumidores informações adequadas, pois os custos sociais e ambientais de produção não são computados. No modelo econômico atual, esses custos são tratados como variáveis externas pelos economistas do governo e das corporações, chegando até a considerarem o ar, a água e o solo como bens gratuitos (HAWKEN, 2010).

"A crise ambiental é uma crise do conhecimento: da dissociação entre o ser e o ente à lógica autocentrada da ciência e ao processo de racionalização da modernidade guiado pelos imperativos da racionalidade econômica e instrumental" (LEFF, 2002, p. 13). Ainda, para o ambientalista mexicano, essa crise anunciada nos anos 1960 coincide com uma mudança epistêmica no campo da filosofia, da ciência e do saber: a transição do estruturalismo, o pensamento da complexidade e da filosofia da pós-modernidade.

Para Arendt (2016), a capacidade para agir é a mais perigosa de todas as aptidões e possibilidades humanas. De acordo com a autora, os principais

---

[19] Neguentropia: 1. [Física] Medida da ordem de um sistema; 2. Ordem ou previsibilidade (PRIBERAM DICIONÁRIO, 2021).

riscos autogerados com que a humanidade se depara hoje jamais foram identificados antes. Dessa forma, o agir humano deve encorajar uma reflexão detida e aprofundada acerca da natureza e das potencialidades intrínsecas de ação, que jamais revelou tão abertamente sua grandeza e seus perigos.

Muitos ambientalistas entendem que a economia acadêmica moderna não aborda os reais problemas necessários a uma economia nova ou alternativa (DALY; COBB, 1990). Leff (2002) critica que não está claro o caminho teórico e prático a ser adotado com o propósito de discernir as formas e os níveis de integração do conhecimento a fim de: 1) explicar as causas históricas da degradação ambiental; 2) diagnosticar a especificidade de sistemas socioambientais complexos; e 3) construir uma racionalidade produtiva fundada no planejamento integrado dos recursos.

Nessa percepção ecológica profunda, todos os seres são integrantes de comunidades ecológicas ligadas umas às outras numa rede de interdependências. Afinal, a ecoalfabetização passa pelo reconhecimento de que durante cerca de três bilhões de anos de evolução os ecossistemas do planeta têm se organizado de maneiras sutis e complexas a fim de maximizar a sustentabilidade. Assim, quando esse entendimento se toma parte de nossa consciência cotidiana, emerge um sistema de ética radicalmente novo. A concepção dessa ética ecológica é urgentemente necessária, em especial na ciência, uma vez que parte daquilo que os cientistas não promovem não preserva a vida, mas sim a destrói e perturba as condições elementares que deram origem à vida e à diversidade no planeta (CAPRA, 2008).

Para Daly (1995) e Hawken (2010), uma das alternativas para reverter esse processo econômico de degradação é a reforma ecológica dos impostos. Para os autores, essa proposta seria neutra do ponto de vista da renda, ao passo que deslocaria as taxas de impostos de renda para os "eco-impostos". Dessa forma, acrescentam-se proporcionalmente impostos aos produtos e serviços que se utilizam de matérias-primas e energias não renováveis. No entanto, é fundamental que esse processo permita a adaptação das tecnologias de produção e consumo ao novo padrão de desenvolvimento. Assim, gradativamente, tecnologias e padrões de consumo nocivos e geradores de desperdícios serão descontinuados, refletindo melhor os reais custos ambientais.

A proposta da ética ambiental seria revolucionária no sentido de fundamentar o valor intrínseco da natureza e de seus elementos estruturantes, fazendo com que a arena da comunidade moral deixasse de ser um palco ocupado exclusivamente pela humanidade.

A exemplo da falta de ética ambiental, podemos citar os físicos que projetam sistemas de armamentos, os químicos que contaminam o ambiente com suas formulações e resíduos, os biólogos que impõem risco a todas as populações com combinações genéticas desconhecidas, sem saber as consequências disso, além de psicólogos e outros cientistas que torturam animais em nome do progresso científico. Porém, os fatos científicos não estão separados dos valores, pois emergem de um paradigma que sempre está amparado de percepções, valores e ações humanas. Assim, quando compreendermos que somos um fio na teia da natureza viva, então estaremos em oposição a esse modelo antiético e inclinados a cuidar de contemplar toda a natureza (CAPRA, 2008).

Nesse contexto, a alfabetização ecológica pressupõe construir e educar comunidades sustentáveis, satisfazendo as necessidades das gerações presentes, sem diminuir as possibilidades das gerações futuras. Assim, precisamos revitalizar nossa sociedade de modo que os princípios da ecologia se manifestem nas comunidades educativas, comerciais e políticas (CALLENBACH, 1995; CAPRA; PAULI, 1995).

Desse modo, urge rearticular o indivíduo e a sociedade em um conceito trinitário indivíduo-sociedade-espécie, concebendo que nenhum ser pode se reduzir ou se subordinar a outro. A obra intitulada Le Paradigme Perdu procura mostrar uma soldadura empírica que pode ser estabelecida por meio da etnologia dos primatas superiores e a pré-história hominídea, o animal e o homem e entre a natureza e a cultura (MORIN, 2008).

Por natureza, as questões ambientais levantam um vasto conjunto de questões científicas, políticas, éticas e econômicas, o que requer monitorar a justiça da distribuição, de benefícios e custos com o objetivo de termos equidade econômica, além de investigar as formas de utilizar nossos recursos ambientais de modo mais eficiente. A distribuição justa requer considerar também a disponibilidade dos recursos renováveis e não renováveis para as futuras gerações (TURNER; PEARCE; BATEMAN, 1993).

Em consideração a esse referencial de autores, pode-se concluir que o valor atribuído à natureza pelo homem necessita de uma revisão de conceitos. Afinal, a imposição da supremacia humana, sob a ocupação e ocultação da natureza, é regida por forças econômicas e políticas, como já foi registrado nesta revisão. Sendo assim, é preciso prospectar nessas teorias o valor simbólico que tece as malhas complexas da vida.

Nessa trama da ecologia sistêmica, do saber ambiental e da complexidade ambiental desenvolvida por Capra, Leff e Morin, a escolha de posição paradigmática requer que o homem não seja apenas um condutor do seu pensar, mas também servidor de um acontecer que é constituído. Além disso, verificou-se que o saber complexo deve criticar e desvendar o saber negado e ocultado propositalmente pela racionalidade econômica; afinal, não está claro o caminho a ser traçado rumo à sustentabilidade.

A partir disso, faz-se necessário contextualizar a história da construção da EA, paralelamente ao processo das crises ambientais e civilizatórias ocidentais. Esse recorte se justifica pelo motivo de que a filosofia de relação humano-ambiental e o histórico oriental é diferente do ocidental, sendo que esse último não será tratado nesta obra.

1.5 A EVOLUÇÃO DOS MODELOS DE GESTÃO PÚBLICA

A seguinte seção buscou identificar as contribuições possíveis e prioritárias ao modelo vigente, sendo que para isso foi necessário recorrer aos modelos de gestão pública, à evolução das teorias administrativas e aos modelos de planejamento em Assistência Técnica e Extensão Rural (Ater).

Historicamente, identificam-se três modelos principais de gestão pública no Brasil, sendo que todos tiveram papel importante no desenvolvimento da administração pública. Inicialmente, o modelo patrimonialista, seguido pelo modelo burocrático e, posteriormente, pelo modelo de administração gerencial.

Em cada período da história, o contexto sociopolítico, cultural e tecnológico determina a predominância de determinados conceitos administrativos. Nesse contexto, a administração pública é caracterizada como o conjunto de órgãos e servidores responsáveis pelo atendimento das necessidades da sociedade, ou seja, aqueles que são responsáveis pela gestão da coisa pública e seus desdobramentos.

Os modelos de Estados absolutistas originados na Europa feudal entre os séculos XV e XVIII fundamentaram a administração patrimonialista no Brasil. O patrimonialismo predominou no período colonial e oligárquico, nesse sistema não havia nenhuma forma de controle por outros poderes ou leis. Baseia-se na dominação tradicional, com a manutenção do poder por meio da troca de favores (clientelismo), nepotismo e corrupção. Caracterizado pela ausência de carreiras administrativas, o aparelho do Estado é uma extensão do poder soberano, de forma que o patrimônio público é confundido com o particular.

Desde lá o modelo burocrático foi experimentado com intensidades heterogêneas e em diversos níveis organizacionais, culminando na sua adoção no século XX em organizações públicas, privadas e do terceiro setor. Além disso, o modelo burocrático passou a ser difundido também nas organizações religiosas e militares, especialmente na Europa.

Na década de 1930, identifica-se alguns traços da administração burocrática na administração brasileira. Um exemplo foi a criação do Departamento Administrativo do Serviço Público (DASP), em 1936, introduzindo os ensinamentos burocráticos na gestão pública nacional. Seus princípios são fortemente identificáveis em nossa Constituição e no atual sistema de direito administrativo (SANTOS, 2018).

A eficiência pregada pelo modelo não ficou evidente na prática, com destaque crítico para o surgimento das disfunções burocráticas de: resistência à mudanças, rigidez e falta de inovação, apreço extremo às regras e não ao resultado, excessiva formalização, e lentidão no processo de decisão. O teórico destaca que a burocracia não garante qualidade, economia e rapidez na prestação de serviços à população, caracterizando como a administração burocrática é lenta, cara, autorreferida, pouco ou nada orientada para o atendimento das demandas dos cidadãos (PEREIRA, 1996).

A preocupação com a eficiência organizacional é central no modelo burocrático, sendo que os valores de eficiência econômica impõem a alocação racional dos recursos, em especial com a alocação racional das pessoas dentro da estrutura organizacional. Além disso, a eficiência administrativa induz a prescrições formais das tarefas detalhando como as coisas são feitas (MCCUBBINS, MATHEW D. NOLL; WEINGAST, 1989).

Esse modelo é sucedido pelo modelo normativo pós-burocrático, também conhecido como administração pública gerencial ou nova gestão pública. Esse modelo apresentou-se como alternativo para a solução de estruturação e gestão da administração pública baseado em valores de eficiência, eficácia e competitividade (SECCHI, 2009).

Nesse contexto, o modelo de administração pública gerencial iniciado no Reino Unido no fim da década de 1970 emerge no Brasil na década de 1990 como uma solução à crise do modelo burocrático, à expansão das demandas sociais e ao novo cenário político-econômico de ideologia neoliberal, essa forma de gestão é conhecida como *New Public Management* (Nova Gestão Pública).

O modelo gerencial partiu do controle baseado em processos, com foco nos resultados, visando ao interesse dos "clientes" (cidadãos), além de identificar as melhores práticas do setor privado para implementá-las no setor público. Viu-se a necessidade de reduzir custos e de elevar a qualidade dos serviços públicos, por meio da implementação de diversas medidas.

A discussão sobre os modelos de planejamento em Assistência Técnica e Extensão Rural tem suas especificidades. Seguindo uma tendência internacional, na década de 1970, o Brasil ficou marcado pela experiência de planejamento descendente *"top down"*, mobilizando políticas de apoio em defesa dos objetivos nacionais, como exportação e modernização da agricultura. No entanto, muitas vezes, por trás desses objetivos estavam interesses de grandes grupos com exploração social e marginalização de vários segmentos rurais e urbanos.

A partir desse contexto centralizador do planejamento é que se passa a reivindicar o planejamento participativo com protagonismo da população local, repensando a extensão rural a partir da década de 1980 em busca da democratização. Paralelamente a isso, em nível internacional, as organizações de cooperação passam a repensar a forma de elaboração dos projetos que elas financiaram. Passou-se a identificar problemas de adequação e de sustentabilidade nos projetos, acreditando que a participação social dos beneficiários no diagnóstico e no planejamento melhoraria a representação da realidade local.

Nesse contexto, na década de 1980, ainda surge o movimento de planejamento participativo idealizado na Assistência Técnica e Extensão Rural (Ater) preconizando o protagonismo da população local. Nessa ideologia ascendente conhecida como *"bottom up"* o objetivo é instrumentalizar o conhecimento da população e não os técnicos, sendo o extensionista um facilitador da mobilização para o conhecimento da realidade, buscando provocar mudanças e definir responsabilidades.

O planejamento participativo ganhou força sob os ideários neoliberais, desatando as energias locais. No entanto, identifica-se que a qualidade do processo de planejamento participativo tende a ser condicionada por múltiplos fatores:

- Efeito ator: Há uma diversidade de atores que podem tomar iniciativa de mobilização social para planejamento do desenvolvimento local, cada um com sua missão institucional, restringido o planejamento para seu campo de atribuições, limitando a abordagem dos temas que podem ser mais importantes para a população;

- Efeito do contexto político: Influencia na possibilidade de participação de grupos sociais com menor força de representação;
- Efeito dos métodos: Os métodos empregados condicionam os processos de problematização, interpretação das causas dos principais problemas, identificação e avaliação das alternativas de ação em um ambiente coletivo de aprendizagem da realidade, e a legitimidade das tomadas de decisão;
- Efeito objeto do Planejamento: Podem mobilizar para a definição de planos "comunitários" ou para sua ação em um projeto específico;
- Efeito de oportunidade: A existência de oportunidades e facilitações podem influenciar na escolha de ações favoráveis e não prioritárias, como a possibilidade de acesso a uma política pública por exemplo;
- Efeito de legitimação: Dificultam a avaliação orientada para a aprendizagem pois há mais interesse em divulgar os pontos positivos em detrimento dos problemas do planejamento (DIESEL, 2021, s/p).

A abordagem ecológico-humana determina que cabe às instituições de cooperação formar redes político-locais com suas interações, influências e hierarquias, incluindo as lideranças comunitárias. A partir disso, são definidos os conceitos que regem o perfil ambiental de cada comunidade, selecionando as prioridades. Logo, são determinados os objetivos, estratégias e, consequentemente, um programa, conforme sugere a Figura 1-6.

Figura -1-6 – Fluxo do processo educativo não formal na abordagem ecológica-humana

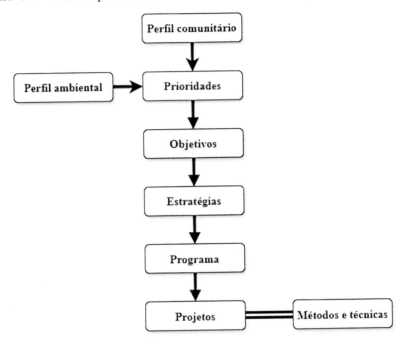

Fonte: adaptado de Dias (2004a, p. 215)

Nesse sistema os programas desmembram projetos regionais e municipais com metas anuais previamente definidas. Em nível regional e local, escolhem-se métodos, técnicas e os recursos institucionais para empreender as ações previstas. Entre os métodos e técnicas, o autor especifica que podem ser do tipo: folhetos, gráficos, mapas, murais, faixas, museus, maquetes, pesquisas, recursos do metabolismo dos ecossistemas urbanos, slides, vídeos, cartazes, jornais, painéis, amostras, visitas, boletins, spinlights, cartilhas, jogos e simulações, caminhadas interpretativas, eventos, exposições, oficinas e apostilas.

Em meados da década de 1990, ao passo que avançava um projeto constitucional de centralização político-administrativa, começou a reconfigurar a reforma do Estado sob o modelo de Estado gerencialista. Com ênfase no controle e na previsão, tudo o que o Estado executa e implementa necessita ser programado e transparente.

A partir da primeira década do século XX, com a institucionalização do planejamento, passa-se a ter um ator conduzindo esse planejamento, e as possibilidades concretas desse planejamento. Desse modo, em um contexto social conduzido por atores específicos da administração pública direta e indireta do Estado, as possibilidades de alcance de resultados passam a ser influenciadas pela missão das instituições, condicionando assim a viabilidades de maiores impactos pela ótica da comunidade, como havia sido idealizado.

Associado a uma demanda de avançar no planejamento municipal de modo ascendente e de base comunitária, com participação efetiva dos Conselhos Municipais de Desenvolvimento Rural, passam a surgir no Brasil inúmeros modelos de planejamento participativo, como: Agenda 21 Local, Plano Estratégico e Situacional, Metodologia de Gestão Participativa para o Desenvolvimento Local (Gespar), metodologias de planejamento municipal, entre outras.

Essa vertente gerencial da organização administrativa do aparelho do Estado tem objetivos claros, realizando uma concentração da formulação e avaliação das políticas públicas no núcleo estratégico do Estado. Seguindo as diretrizes do Plano Diretor, há o núcleo estratégico, que concentra a formulação e a avaliação das políticas públicas e delega sua implementação para as instituições descentralizadas da administração indireta, como as autarquias e fundações públicas (PAES DE PAULA, 2005).

Conforme previsto no art. 37, inciso XIX da Constituição Federal, administração direta é composta pelos entes: União, estados, Distrito Federal e municípios. Por sua vez, a administração indireta é representada pelas autarquias, empresas públicas, sociedade de economia mista e fundações (BRASIL, 1988).

Esse histórico provocou mudanças responsáveis pela implementação de políticas públicas por meio da prestação de serviços e execução de atividades de natureza estatal. Contemporaneamente, seguindo as diretrizes do Plano Diretor, há o núcleo estratégico, que concentra a formulação e a avaliação das políticas públicas e delega sua implementação para as instituições descentralizadas da administração (Figura 1-7).

Figura 1-7 – Relações entre a evolução dos modelos gestão pública e de planejamento em Assistência Técnica e Extensão Rural (Ater) Pública

Fonte: adaptado de Diesel (2021)

Dessa forma, o planejamento sob o modelo de Estado gerencialista apresenta-se como a alternativa viável e transparente, pois incide sobre a opinião pública, ao passo que permite defender a autonomia, respeito à missão e uso da expertise institucional (EMATER MG, 2005). Em contraponto à tradicional relativização ao planejamento, por parte da Gestão Tradicional Governamental Político-Partidária, é preciso fortalecer e qualificar o planejamento como uma estratégia para fundamentar a ação, buscando a legitimação política dos planos.

Destaca-se a importância do modelo Gerencial com relação às novas ferramentas de gestão pública que priorizam a prestação de serviços pautadas na eficiência, rapidez e transparência. Idealmente, busca-se que estas sejam voltadas para o interesse do cidadão, inclusive com uma maior inserção deste no processo de aprimoramento das políticas públicas.

Dois modelos organizacionais têm representado o quadro global de reformas teóricas nas últimas décadas, sendo eles a Administração Pública Gerencial (APG) e o Governo Empreendedor (GE). Os dois modelos compartilham os valores da produtividade, orientação ao serviço, descentralização, eficiência na prestação de serviços, *marketization*[20] e *accountability*[21] (KETTL, 2005). A APG e o GE são frequentemente chamados de gerencialismo

---

[20] *Marketization* é utilizado para a utilização de mecanismos de mercado dentro da esfera pública, por exemplos a liberdade de escolha de provedor por parte do usuário do serviço público e a introdução da competição entre órgãos públicos e entre órgãos públicos e agentes privados.

[21] *Accountability* pode ser entendido como o somatório dos conceitos de responsabilização, transparência e controle.

(*managerialism*). Esses modelos se pautam na utilização de ferramentas de gestão originadas da administração privada e pensamentos neoliberais que defendem o Estado mínimo, a busca pela padronização de procedimentos e a otimização de tempo e volume de recursos.

A Administração Pública Gerencial (APG) pode ser interpretada com base na racionalidade instrumental aplicada à gestão pública. Hood (1995, p. 96) enumera um conjunto de prescrições operativas da APG:

- Desagregação do serviço público em unidades especializadas por produto;
- Competição entre organizações públicas e entre organizações públicas e privadas;
- Uso de práticas de gestão provenientes da administração privada;
- Atenção à disciplina e parcimônia;
- Administradores empreendedores com autonomia para decidir;
- Avaliação de desempenho;
- Avaliação centrada nos *outputs*;

Osborne e Gaebler (1992, p. 229) sintetizaram dez mandamentos para o Governo Empreendedor (GE) que visam a transformar uma organização pública burocrática em uma organização pública racional e eficaz:

- Governo catalisador — implementação de políticas públicas em harmonia com diferentes agentes sociais na solução de problemas coletivos;
- Governo que pertence à comunidade — abertura à participação dos cidadãos no momento de tomada de decisão;
- Governo competitivo — criação de mecanismos de competição dentro das organizações públicas e entre organizações públicas e privadas, buscando fomentar a melhora da qualidade dos serviços prestados;
- Governo orientado por missões — deixar de lado a obsessão pela normatização formal e focar na direção da sua verdadeira missão;
- Governo de resultados — os governos devem substituir o foco no controle de *inputs* (entradas) para o controle de *outputs* (saídas) e impactos de suas ações;

- Governo orientado ao cliente — os governos devem substituir a autorreferencialidade pela lógica de atenção às necessidades dos clientes/cidadãos;
- Governo empreendedor — os governos devem esforçar-se a aumentar seus ganhos por meio de aplicações financeiras e ampliação da prestação de serviços;
- Governo preventivo — planejamento estratégico de modo a antever problemas potenciais;
- Governo descentralizado — envolvimento dos funcionários nos processos deliberativos, aproveitando o seu conhecimento e capacidade inovadora para a resolução de problemas, aumentando a motivação e autoestima dos funcionários públicos;
- Governo orientado para o mercado - promover e adentrar na lógica competitiva de mercado, investindo em aplicações de risco, agindo como intermediário na prestação de certos serviços, criando agências reguladoras e institutos para prestação de informação relevante abatendo custos transacionais.

Já a governança pública, em termos de ciências políticas e da administração pública, trata-se de um modelo horizontal de relação entre atores públicos e privados no processo de elaboração de políticas públicas (KOOIMAN, 1993). Nesse sentido, a etiqueta *"governance"* denota pluralismo, onde diferentes atores têm, ou deveriam ter, o direito de influenciar a construção das políticas públicas.

Essa definição implica uma mudança do papel do Estado, sendo menos hierárquico e menos monopolista na solução de problemas públicos. A governança pública resgata a política dentro da administração pública, diminuindo a importância de critérios técnicos nos processos de decisão com um reforço de mecanismos participativos de deliberação na esfera pública, sendo impulsionada por três fatores, discriminados por Secchi (2009, p. 359):

- Crescente complexidade, dinâmica e diversidade de nossas sociedades colocando os sistemas de governo sob novos desafios e que novas concepções de governança são necessárias (KOOIMAN, 1993);
- Ascensão de valores neoliberais e o chamado esvaziamento do Estado (*hollowing out of the state*), em que a incapacidade do Estado em lidar com problemas coletivos é denunciada. Tal movimento ideológico desconfia da habilidade estatal de resolver seus próprios problemas de forma autônoma e prega a redução das autoridades nacionais em favor de organizações internacionais, locais e não estatais;

- Administração Pública Gerencial como modelo de gestão da administração pública nacional, estadual e municipal, focando maior atenção no desempenho e no tratamento dos problemas do que nas perguntas "quem" deve implementar ou "como" devem ser implementadas as políticas públicas.

Alguns acadêmicos consideram que o recente interesse em governança, em parte, tem sido alavancado pela crescente popularidade da Administração Pública Gerencial e a ideia de formas genéricas de controle social (PIERRE; PETERS, 2000).

Nesse contexto, é importante conhecer os elementos distintivos dos modelos burocráticos, do modelo gerencial (Administração Pública Gerencial - APG) + Governo Empreendedor (GE) e da Governança Pública (GP). Analisando conceitos sensíveis, como função sistêmica, relação sistêmica com o ambiente, separação entre política e administração, função administrativa essencial, discricionariedade administrativa e tipo de tratamento que a administração pública tem com o cidadão. Para isso, apresenta-se as características básicas dos modelos de gestão organizacionais no Quadro 1-4.

Quadro 1-4 - Características básicas dos modelos de gestão organizacionais

Característica	Burocracia	Adm. Pública Gerencial (APG) e Governo Empreendedor (GE)	Governança Pública (GP)
Função sistêmica	Homeostase	Homeostase	Homeostase
Relação sistêmica com o ambiente	Fechado	Aberto	Aberto
Distinção entre política e administração	Separados	Trabalhando juntos sob comando político	Distinção superada
Funções administrativas enfatizadas	Controle e organização	Controle e planejamento	Controle e coordenação
Discricionariedade administrativa	Baixa	Alta	Baixa
Cidadão	Usuário	Cliente	Parceiro

Fonte: adaptado de Secchi (2009, p. 364)

Com base na análise desse Quadro é possível identificar que os três modelos usam a função de controle para manter a homeostase do sistema organizacional, sem uma ruptura. Já a relação sistêmica com o ambiente é aberta para APG e GE e para GP. Ocorre a distinção entre política e administração no modelo burocrático, ao passo que ambas trabalham juntas sob o comando político na APG e GE. Por outro lado, a distinção é superada em GP.

Com relação às funções administrativas enfatizadas, o modelo burocrático prevê o controle e a organização, o APG e GE enfatizam o controle e o planejamento e na GP, o controle e a coordenação. Em termos de discricionariedade administrativa (autonomia dos gestores, descentralização vertical ou administrativa), é baixa para o modelo burocrático e para a Governança, no entanto, alta para APG e GE. Por fim, ao passo que o cidadão é um usuário no modelo burocrático, ele é um cliente no APG e GE e um parceiro em Governança Pública (SECCHI, 2009).

Ao trazer essa reflexão para a discussão sobre o planejamento na Assistência Técnica e Extensão Rural, é importante reconhecer que diferentes modelos de gestão e administração pública resultam em diferenças na qualidade dos planos de intervenção extensionista. Buscando caracterizar comparativamente a ação coletiva (participativo idealizado); a ação institucionalizada e a ação programada (Estado gerencialista), identifica-se que em termos de conhecimento da realidade a ação coletiva é ampla tematicamente e específica em condições, ao passo que a ação institucionalizada é tematicamente restrita e específica em condições. Já a ação programada é restrita tematicamente e genérica em condições locais. Portanto, como condicionante de qualidade, recorre-se ao zoneamento, à especificação do público e ao foco temático.

Em se tratando da identificação de problemas prioritários, a ação coletiva parte das representações locais, a ação institucionalizada busca o protagonismo local dentro da amplitude temática pré-definida, e a ação programada busca a complementaridade extra local e local. Para isso, a condicionante de qualidade fundamenta-se na expertise acumulada pela instituição sobre realidade local.

Com relação à análise dos problemas, essa é realizada a partir de representações locais, na ação coletiva e na ação institucionalizada. Já na ação programada, a análise de problemas e a identificação das alternativas é extralocal (conteúdo técnico), sendo que a condicionante de qualidade é a expertise acumulada pela instituição sobre realidade local. Em termos de identificação de alternativas de solução, tanto na ação coletiva como na ação institucionalizada são feitas a partir de representações locais, sendo que na ação programada é extra local (conteúdo técnico), tendo como condicionante a preocupação com a validação local, prevendo possíveis flexibilizações e adaptações (Quadro 1-5):

Quadro 1-5 – Relações entre os modelos de planejamento: ação coletiva, ação institucionalizada e ação programada para o desenvolvimento local

Parâmetros	Ação coletiva (participativo idealizado)	Ação institucionalizada	Ação programada (Estado Gerencialista)	Condicionante de qualidade da ação programada
Conhecimento da realidade	Ampla tematicamente e específica às condições locais	Restrita tematicamente e específica em condições locais	Restrita tematicamente e genérica, não traduz condições locais	Recorre-se ao zoneamento, especificação do público e ao foco temático
Identificação de problemas prioritários	A partir de representações locais	Protagonismo local dentro da amplitude temática pré-definida	Complementariedade extra-local e local	Expertise acumulada pela instituição sobre realidade local
Análise de problemas	A partir de representações locais	A partir de representações locais	Extra local (conteúdo técnico)	Expertise acumulada pela instituição sobre realidade local
Identificação de alternativas de solução	A partir de representações locais	A partir de representações locais	Extra local (conteúdo técnico)	Preocupação com validação local prevendo flexibilização e adaptação
Planejamento de ações	Estratégias segundo percepção local	Atribuições da organização	Estratégias convencionadas	Flexibilização relativa

Parâmetros	Ação coletiva (participativo idealizado)	Ação institucionalizada	Ação programada (Estado Gerencialista)	Condicionante de qualidade da ação programada
Características dos planos	Conteúdo técnico com especificidade local	Conteúdo técnico com especificidade local	Conteúdo técnico genérico	Conteúdo técnico customizado

Fonte: adaptado de Diesel (2021)

Desse modo, o planejamento de ações na ação coletiva considera estratégias segundo a percepção local, ao passo que na ação institucionalizada é uma atribuição da organização e na ação programada é feito por meio de estratégias convencionadas, tendo a flexibilização relativa como condicionante de qualidade. Por fim, com relação às características dos planos, tanto para a ação coletiva como para a ação institucionalizada tem-se o conteúdo técnico com especificidade local e para a ação programada o conteúdo técnico genérico, sendo o conteúdo técnico customizado a condicionante de qualidade.

Considerando a complexidade dos ambientes político-institucionais, com disputa de concepções de Estado e governo, ressalta-se a relevância concedida ao planejamento e ao tipo de planejamento preconizado, evitando colocar as organizações a serviço de projetos político-partidários conjunturais. Afinal, a ingerência externa se apresenta como um risco à relativização da autonomia das organizações e dos mecanismos de planejamento e controle. Portanto, faz-se urgente a legitimação política dos planos mediante ao fortalecimento e qualificação do planejamento enquanto uma estratégia de defesa da autonomia, respeito à missão e uso da expertise institucional para fundamentar a ação.

Paralelamente a isso, identifica-se a contribuição de diversas escolas administrativas para formar a tradição da gestão pública da atualidade, sendo que o início do século passado foi marcado pelo movimento da racionalização do trabalho com foco na gerência administrativa. Na década de 1930, foi sucedido pelo movimento das relações humanas, com foco em gerência por processos (ESCRIVÃO, 1995).

Na metade da década de 1940 surge o movimento do funcionalismo estrutural com foco em gerência por objetivos. Uma década depois, por volta de 1955, surge o movimento de sistemas abertos com foco em planejamento estratégico (Figura 1-8).

Figura 1-8 – Evolução das teorias administrativas

Fonte: adaptado de Escrivão Filho (1995, p. 95) e Dornelas (2016, p. 26)

Como pode-se observar ainda na Figura anterior, no fim da década de 1960 surge a Teoria de Programa com foco em planejamento de programas, tendo seu auge na década de 1970. Na década de 1970 também emerge o movimento das contingências ambientais, que passa a acompanhar valores estimados de poluição decorrente do processo produtivo, valores esses que passam a ser relacionados com o modelo de gestão da empresa. A partir da década de 1980, até os dias de hoje, observa-se um predomínio de ações empreendedoras na geração de emprego, renda e valor social para a população (DORNELAS, 2016).

Analisando esse histórico de contribuições, Mintzberg, Ahlstrand e Lampel (2010) identificam que cada modelo contribuiu de maneira subsidiária para os modelos que os sucederam. Na primeira fase, esse processo de construção passou do planejamento formal para uma postura de preocupação com o conteúdo das estratégias na seleção de posições no mercado. Na segunda fase, o foco foi a descrição de como as estratégias são formuladas, sendo que importantes autores associam a estratégia a um processo empreendedor.

Foi no fim da primeira década do século XXI que surge o Modelo Geral de Negócios. Por meio de uma análise sistemática de diversos modelos de geração de valor, Osterwalder defendeu uma tese que tem se consolidado como uma das últimas atualidades em plano de negócios.

Com base no diagnóstico do cliente, elabora-se uma proposta de valor, ofertando produtos e serviços para ajudá-lo no cumprimento de suas tarefas funcionais, sociais e emocionais. Satisfazendo as necessidades básicas, esse modelo procura considerar os ganhos esperados, assim como os riscos possíveis no desempenho das tarefas dos clientes. Mediante a sistematização e priorização dos elementos das entrevistas, procede-se a validação com representantes de cada segmento de clientes (OSTERWALDER; PIGNEUR, 2011) (Figura 1-9).

Figura 1-9 – Os nove blocos de construção

Fonte: Osterwalder e Pigneur (2011, p. 18 e 19)

Em *Design thinking: inovação em negócios*, recomenda-se que a empresa deve entender os consumidores, funcionários e fornecedores, sob aspectos cognitivos, emocionais e sensoriais, criando e prototipando soluções tecnológicas inusitadas e inovadoras para entender suas necessidades e explorar novos mercados (OSTERWALDER, 2014).

1.6 CARACTERIZAÇÃO DA PESQUISA

Esta obra, pelo seu carácter interdisciplinar, é interpretada sob a ótica de métodos mistos. Dessa forma, adota-se como base lógica de investigação o método[22] de abordagem dedutiva, estabelecendo um conjunto de premissas teóricas que fundamentam os procedimentos adotados. Essas teorias são aplicadas na forma de perspectiva de análise e como metodologia de apoio para responder ou esclarecer as problemáticas ligadas ao seu objetivo (MEZZAROBA; MONTEIRO, 2017).

Em função do carácter dedutivo, são apresentados argumentos considerados verdadeiros e irrefutáveis, permitindo chegar a conclusões formais. No entanto, esses apontamentos ficam restritos única e exclusivamente à lógica das premissas estabelecidas como referencial teórico. Pelo caráter interpretativo dos dados obtidos, é possível atribuir o método qualitativo[23] por buscar explicar o porquê das coisas, exprimindo o que convém ser feito (GERHARDT; SILVEIRA, 2009).

No entendimento de Deslauriers (1991), o objetivo da amostra qualitativa é produzir novas informações aprofundadas; entretanto, há que se observar os limites e riscos[24] da pesquisa qualitativa. Para Gerhardt e Silveira (2009), na pesquisa qualitativa, o desenvolvimento é imprevisivelmente focado na compreensão e na explicação da dinâmica das relações sociais, considerando que o conhecimento do pesquisador é parcial e limitado. Minayo (2015) reconhece que a pesquisa qualitativa é criticada por seu empirismo, pela subjetividade e pelo envolvimento emocional do pesquisador.

Com relação às táticas[25] de observação, foi utilizada a documentação indireta, anelando gerar um *background*[26] ao campo de abordagem com base em instrumentos bibliográficos de procedência secundária. Assim, as fontes

---

[22] "O método é um plano de ação formado por um conjunto de etapas ordenadamente dispostas, destinadas a realizar e a antecipar uma atividade na busca de uma realidade" (FACHIN, 2017, p. 29).

[23] As características da pesquisa qualitativa são: "objetivação do fenômeno; hierarquização das ações de descrever, compreender, explicar, precisão das relações entre o global e o local em determinado fenômeno; observância das diferenças entre o mundo social e o mundo natural; respeito ao caráter interativo entre os objetivos buscados pelos investigadores, suas orientações teóricas e seus dados empíricos; busca de resultados os mais fidedignos possíveis e oposição ao pressuposto que defende um modelo único de pesquisa para todas as ciências"(GERHARDT; SILVEIRA, 2009, p. 32).

[24] Os limites e riscos da pesquisa qualitativa são: "Excessiva confiança no investigador como instrumento de coleta de dados; risco de que a reflexão exaustiva acerca das notas de campo possa representar uma tentativa de dar conta da totalidade do objeto estudado, além de controlar a influência do observador sobre o objeto de estudo; falta de detalhes sobre os processos através dos quais as conclusões foram alcançadas; falta de observância de aspectos diferentes sob enfoques diferentes; certeza do próprio pesquisador com relação a seus dados; sensação de dominar profundamente seu objeto de estudo; envolvimento do pesquisador na situação pesquisada ou com os sujeitos pesquisados" (GERHARDT; SILVEIRA, 2009, p. 32).

[25] Tática é o "[...] modo de realizar a atividade, fazendo-a transcorrer de forma mais hábil, mais perfeita." (FACHIN, 2017, p. 29).

[26] Reunião dos acontecimentos anteriores a algo (ação, fato, situação, fenômeno etc.); contexto. Fonte: https://www.dicio.com.br/background/. Acessado em: 8 dez. 2019.

bibliográficas adotadas foram do tipo imprensa escrita, meios audiovisuais e publicações diversas. Essas referências incluem passagens históricas, teorias jurídicas e ambientais, diretrizes, normativas de EA e suporte à sustentabilidade e indicadores de problemas ambientais específicos do estado de Santa Catarina comparados, sempre que possível, com os demais estados da Região Sul do Brasil.

Esses indicadores socioambientais, embora sejam objetivos no atendimento às necessidades de informação dos interessados, carecem de parâmetros internacionais, sendo necessária essa complementação, entre outras sugeridas ao longo do texto. As estatísticas socioambientais nos estados da Federação são limitadas e encontram-se segmentadas e dispersas, carecendo de um painel que integre essas fontes de informações, oficiais ou não com escalas e abordagens diferentes.

Essas fontes de indicadores estão fundamentadas em decretos, leis, relatórios oficiais e fontes estatísticas confiáveis. Em síntese, elas estabelecem obrigações, diretrizes, normativas e dados de diagnóstico com foco em patologias socioambientais relacionadas ao desenvolvimento da EA.

A resolução de um problema pode ser obtida por meio da pesquisa bibliográfica (MARCONI; LAKATOS, 2017). Também é possível realizar pesquisa adotando exclusivamente bibliografias baseadas em referências teóricas já publicadas, a fim de recolher informações ou conhecimentos sobre um problema para o qual se procura resposta (FONSECA, 2002). Levando isso em consideração, a abordagem bibliográfica buscou selecionar, analisar e sistematizar as informações coletadas, almejando extrair descritores, causas e consequências aos problemas socioambientais, sugerindo diretrizes de ação para o planejamento de ações de EA e suporte à sustentabilidade.

Em se tratando de um levantamento bibliográfico, quanto aos objetivos, este estudo pode ser categorizado como pesquisa descritiva, por estudar, analisar, registrar e interpretar os fatos do mundo físico, sem a inferência do pesquisador (OLIVEIRA NETO; MELO, 2006). Ainda, com base nesses autores, quanto ao objeto e aos procedimentos, é possível concluir que esta revisão é bibliográfica e se diferencia da pesquisa documental por adotar somente textos de acesso público.

Como não foram realizadas entrevistas e nem mesmo aplicação de questionários com pessoas envolvidas nos eventos analisados, esta pesquisa também se distingue de uma pesquisa exploratória. Além disso, não foram realizadas observações diretas e nem mesmo foram consultados documentos de acesso restrito, o que poderia caracterizar pesquisa de campo, experimental, de laboratório, pesquisa-ação participativa, estudo coorte ou de levantamento (YIN, 2015).

Com base nesses preceitos estipulados por Yin (2015), ainda é possível registrar que esta pesquisa se constitui em um estudo de caso, não havendo a necessidade de uma experiência de campo, pois foram utilizados dados de objetivos com finalidade aplicada[27], como fundamentação para a construção de um modelo teórico propositivo para o problema. O autor postula que a articulação de uma teoria sobre o que está sendo estudado e sobre o que deve ser aprendido ajuda a reforçar um projeto de pesquisa. Boas proposições teóricas também estabelecem bases para extrapolar os resultados para outras situações, fazendo generalizações do tipo analíticas ao invés de estatísticas.

Esta pesquisa, embora organizada sobre uma base exclusivamente teórica, tem aplicação prática subsidiária. A modalidade requer uma bibliografia suficiente para se aproximar dos problemas e sustentar satisfatoriamente a abordagem. A pesquisa qualitativa requer que os dados sejam interpretados por meio de uma análise rigorosa de seu objeto para dimensionar sua extensão. Desse modo, este livro compreende proposições de possíveis ações voltadas a atacar a causa dos problemas apontados.

Nessa modalidade, os fenômenos são transcritos, tal como encontrados pelo pesquisador, levando-se em conta que a descrição permite o diagnóstico do problema. Mezzaroba e Monteiro (2017, p. 145) destacam que "frequentemente o uso da descrição é entendido como pesquisa analítica porque a averiguação, a desconstrução e/ou a reconstrução dos conceitos são pressupostos para reorganizar e iluminar discussões intensas sobre os mais variados assuntos".

No presente caso, foram utilizados apenas dados secundários a partir de estatísticas oficiais, por comporem elementos numéricos sobre os indicadores socioambientais de regularidade temporal. Esses dados, geralmente provindos de censos e anuários, representam de forma analítica os acontecimentos, suas tendências e os limites desses fenômenos. Com isso, é possível identificar a qualidade do indicador, sua evolução e concluir com base no conjunto de dados.

---

[27] A pesquisa aplicada "objetiva gerar conhecimentos para aplicação prática, dirigidos à solução de problemas específicos. Envolve verdades e interesses locais [...]" (GERHARDT; SILVEIRA, 2009, p. 35).

Sobre a inspiração em realizar esta pesquisa, atribui-se às motivações abstraídas por William Isaac Thomas (1863 a 1947), na súmula de Donald Pierson (1975) como desejos de: "correspondência, consideração, novas experiências e segurança". Ao passo que trabalha e se desenvolve profissional e pessoalmente, busca-se a oportunidade de colaboração social, corroborando para a discussão de uma mudança de paradigma no entendimento da sustentabilidade socioambiental.

Nesse contexto, destaca-se as principais classificações metodológicas identificadas para o enquadramento desta pesquisa no Quadro 1-6:

Quadro 1-6 – Quadro metodológico referencial utilizado na pesquisa

Classes	Tipologia
Pesquisa descritiva	Os fenômenos são transcritos, tal como encontrados pelo pesquisador, sendo-se em conta que a descrição permite o diagnóstico do problema (MEZZAROBA; MONTEIRO, 2017)
Técnica de documentação indireta	Pesquisa Bibliográfica – Seleção, análise e sistematização das informações coletadas, almejando extrair descritores, causas e consequências aos problemas socioambientais (MARCONI; LAKATOS, 2003)
Dados secundários	Parâmetros ou funções derivadas de dados primários, com a capacidade de descrever um estado ou uma resposta aos fenômenos que ocorrem em um meio (SANTOS, 2004)
Amostragem qualitativa	Busca pela explicação do porquê das coisas e o que convém ser realizado (GERHARDT; SILVEIRA, 2009)
Finalidade aplicada	Elaboração de uma fundamentação para a construção de um modelo teórico propositivo para o problema (GERHARDT; SILVEIRA, 2009)
Abordagem dedutiva	Estabelece um conjunto de premissas teóricas que fundamentam os procedimentos adotados (MEZZAROBA; MONTEIRO, 2017)
Limitações e riscos	Restritos única e exclusivamente à lógica das premissas estabelecidas como referencial teórico com influência empírica, subjetiva e emocional do pesquisador (MINAYO, 2015)

Fonte: os autores

O ciclo de desenvolvimento desta pesquisa deve cumprir com nove etapas estabelecidas por Bunge (1987), como princípios da investigação[28].

---

[28] Etapas da investigação: 1) Descobrimento do problema ou lacuna num conjunto de conhecimentos; 2) Colocação precisa do problema à luz dos novos conhecimentos já articulados ou em processo de articulação; 3) Procura de

Os objetivos originais e o projeto para este livro foram baseados em proposições que refletem um conjunto de questões de pesquisa e revisões de literatura. As proposições dão forma ao plano de coleta de dados e também dão origem às prioridades analíticas a partir das anomalias apontadas por essas teorias. A tipologia de estudo adotada tem o propósito de subsidiar uma decisão ou um conjunto de decisões a partir de uma estratégia analítica e de uma estratégia de interpretação dos dados.

O processo de avaliação por meio de modelos lógicos pode ajudar a definir mais claramente a visão institucional e suas metas, assim como a sequência de ações programáticas para atingir as metas de um grupo (YIN, 2015). A partir da definição do Estudo de Caso como uma estratégia de investigação, vale destacar o papel da teoria no plano de trabalho.

Atendendo aos componentes fundamentais dos planos de investigação definidos por Yin (1994) para estudos de casos, os cinco componentes são contemplados na investigação: a) As questões do estudo; b) As proposições; c) A unidades de análise, d) A lógica que liga os dados às proposições, e e) Os critérios para interpretar as descobertas (Quadro 1-7).

Quadro 1-7 – Componentes do plano de investigação

Questões de estudo	• Educação e gestão ambiental e suas relações com a crise civilizatória • Os fundamentos do Estado de direito do ambiente, diretrizes e normativas de EA • Teorias ambientais • Correntes filosóficas do pensamento ecológico • Modelos de planejamento em gestão pública • Indicadores de socioambientais e institucionais de gestão pública, relacionados à EA • Modelo lógico de planejamento de programas aplicado à EA
Proposição	A organização das etapas metodológicas a serem consideradas no desenho e na avaliação *ex-ante* de programas permite a melhoria na consistência dos propósitos

---

conhecimentos relevantes ao problema; 4) Tentativa de solução do problema com o auxílio dos meios identificados; 5) Invenção de novas ideias (hipóteses, teorias ou técnicas) ou produção de novos dados empíricos que possibilitem uma solução razoável ao problema; 6) Obtenção de uma solução próxima ou exata para o problema a partir dos instrumentos conceituais ou empíricos disponíveis; 7) Investigação das consequências da solução obtida procurando os prognósticos que possam ser feitos com o seu auxílio. 8) Comprovação da solução; e 9) Correção das hipóteses, teorias, procedimentos ou dados empregados na obtenção da solução incorreta (BUNGE, 1974).

Unidade de análise	A gestão pública sob os aspectos institucionais, comunitários e técnico-científicos
A lógica que liga os dados às proposições	A qualificação do planejamento busca contribuir na estratégia institucional, apontando possíveis problemas a serem atacados a fim de gerar impactos significativos
Critérios para interpretação as descobertas	Seleção de indicadores relevantes para a formulação de políticas, com fundamentação científica, adequados à análise de sistemas de informação e mensuráveis

Fonte: adaptado de Yin (1994)

Cumprindo essas cinco etapas que visam a compor o plano de investigação, força a construção da teoria preliminar relacionada ao objeto de estudo. O desenvolvimento da teoria anterior à realização de qualquer coleta de dados diferencia os estudos de casos de outras metodologias. Afinal, há estudantes que evitam especificar qualquer proposição teórica no princípio de uma investigação, pensando erroneamente que podem proceder rapidamente a coleta de dados. Por sua vez, os contatos de campo relevantes dependem da compreensão daquilo que está a ser estudado (YIN, 1994).

Os analistas têm frequentemente confundido a teoria da implementação do programa, em que os elaboradores de políticas querem saber a análise recomendada de passos de gerência. Nessa situação, o desenvolvimento da teoria de programa é pressuposto de como poderá funcionar o plano de implementação e avaliação, mas tem sido normalmente sub enfatizado no passado. A generalização de um estudo de caso com o desenvolvimento da teoria não facilita apenas a fase de recolha de dados, mas também o nível a que a generalização do estudo de caso ocorre (BICKMAN, 1987).

Considerando isso, a técnica de modelo lógico aqui adotada foi desenvolvida como instrumento para subsidiar o processo de aperfeiçoamento de programas governamentais. Esse instrumento já é utilizado desde 2007 para a construção de modelos lógicos de vários programas do governo federal. Além disso, o modelo lógico tem servido para aprimorar a metodologia original de formulação de programas.

Logo, para a organização e análise dos dados, foi adotado o modelo lógico a fim de organizar as ações componentes de um programa estadual para Santa Catarina. Assim, é apresentado no próximo capítulo a caracterização descritiva dos elementos instrumentais constituintes do planejamento de programas para o alcance de resultados esperados.

2

PLANEJAMENTO DE PROGRAMAS EM EDUCAÇÃO AMBIENTAL

Considerando que a EA pressupõe ação e deve estar associada à gestão ambiental, atividades práticas devem contemplar as coisas que precisamos mudar a partir da identificação dos problemas concretos da comunidade. Reconhecendo a insuficiência dos tradicionais moldes que tratam a EA como "ecologia", precisamos perseguir um novo modelo de vida, baseado em valores políticos e econômicos, sob a égide da ética e do respeito à vida.

O entendimento das dimensões integradas das questões ambientais nos remete ao critério de que a prática de análise puramente ecológica se constitui em um reducionismo. Afinal, as mazelas sociais, tais como corrupção, incompetência gerencial, concentração de renda, injustiça social, desemprego, falta de moradias e de escolas para todos, menores abandonados, fome, miséria, violência, entre outras, não são consideradas (DIAS, 2004b).

Considerando que a EA pressupõe realizar o processo educativo-ambiental, pode-se estabelecer ao menos cinco objetivos. Podendo principiar por qualquer um dos deles, todos podem levar a todos, como é representado no diagrama da Figura 2-1:

Figura 2-1 – Diagrama de Cooper – Interligação dos objetivos da EA

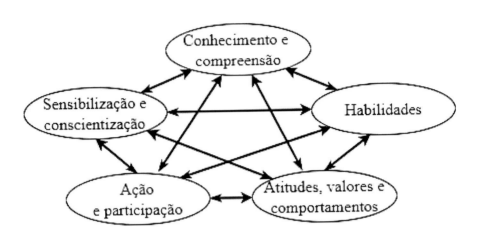

Fonte: adaptado de Dias (2004a, p. 111)

Dessa forma, os objetivos de um programa ou projeto de EA devem sempre estar em sintonia com as dimensões: ecológica, socioeconômica, política, cultural, institucional e técnico-científica. Na busca por propósitos ambientais, é vital considerar que o conceito tradicional de crescimento implantado pela Revolução Industrial inspirou a lógica dos sistemas capitalistas da atualidade.

2.1 O MODELO LÓGICO DE PLANEJAMENTO DE PROGRAMAS

Considerando que o conhecimento científico é admitido a partir de um objeto específico de investigação e a explicação de um método para essa investigação, é necessário reconhecer que há inúmeras sobreposições metodológicas com relação às terminologias. Portanto, este estudo buscou ancoragem na metodologia de planejamento de programas adaptada e recomendada pelo Instituto de Pesquisa Econômica Aplicada (Ipea).

A presente obra visa a estabelecer e organizar uma metodologia para a construção de indicadores para Programas Plurianuais (PPA) do governo do estado de Santa Catarina, compreendendo suas instituições da administração direta e indireta, além da gestão pública dos municípios do estado catarinense, com foco na estruturação de métodos, técnicas e instrumentos que possibilitem a correta aferição dos resultados esperados.

O Modelo Lógico é uma metodologia que permite relacionar demandas, problemas e oportunidades identificados às etapas do ciclo de uma política pública e aos ciclos de implementação de programas. Essa estrutura sistêmica permite a visualização da situação em que se deseja intervir a partir de causas críticas de problemas. A partir disso, são definidos os processos, produtos e resultados a serem alcançados a fim de gerar impactos ao público-alvo (Figura 2-2).

Figura 2-2 – Dinâmica do fluxo de implementação e avaliação de indicadores de programas

Fonte: adaptado de Seplag (2022, p. 10)

Com base nisso, é necessário separar os indicadores de acordo com a sua aplicação nas diferentes fases do ciclo de implementação de uma política pública ou programa, sendo classificados da seguinte maneira:

- Indicadores de problemas - Expressam a situação indesejável e que, ao ser identificada como uma causa crítica na explicação do macroproblema, deverá ser enfrentada por um programa;
- Indicadores de recursos - Incluem tanto os recursos orçamentários como os não orçamentários necessários e suficientes para o programa alcançar os seus objetivos (recursos humanos, materiais, financeiros, entre outros);
- Indicadores de processo - São os processos que, combinando apropriadamente os recursos adequados, produzem bens e serviços com os quais se procura atacar as causas do problema;
- Indicadores de produtos - Bem ou serviço resultante do processo de produção de uma ação. A cada ação deve corresponder apenas um produto. A programação interna do órgão responsável deve contemplar detalhadamente o processo de produção do bem ou serviço para que possa proceder a responsabilização e a sua efetiva gestão;
- Indicadores de resultados - Mudanças decorrentes dos produtos gerados pelas ações específicas no comportamento, conhecimento, habilidades, status ou nível de desempenho do participante do programa, que podem incluir melhoria das condições de vida, aumento da capacidade e/ou mudanças

na arena política. Há dois tipos de resultados: resultados intermediários e resultado final. Os resultados intermediários são aqueles referentes ao enfrentamento das causas do problema. O resultado final corresponde ao alcance do objetivo do programa;

- Indicadores de impactos - possuem natureza multidimensional, têm relação com a sociedade como um todo e medem os efeitos das estratégias governamentais de médio e longo prazo (IPEA, 2010, p. 29).

Para tanto, a organização das ações componentes do Programa de EA deve estar articulada aos resultados esperados pelos programas institucionais do estado e de suas instituições, com a clara definição do papel de cada ator na mitigação dos problemas socioambientais. Considerando isso, este livro busca servir como um modelo para a avaliação *ex-ante* dos programas na busca pela melhoria da consistência de seus propósitos. Essa análise teórica permite ampliar as ações de EA não formal e os impactos de maneira orientada para os resultados, podendo constituir-se numa perspectiva para as instituições ligadas ao governo catarinense.

A partir de metodologias oficiais de planejamento, é apresentada uma estrutura organizacional do trabalho a ser realizado contribuindo com as três primeiras etapas do ciclo de políticas públicas, sendo elas: a) Identificação dos problemas, suas relações de impacto sistêmico; b) Constituição da agenda de prioridades propositiva; e c) Planejamento e priorização das ações.

No entanto, observa-se que para o planejamento e priorização das ações, este trabalho se limita a organizar, sistematizar e analisar as informações apenas, uma vez que o poder de tomada de decisão é reservado aos atores e agentes do planejamento, devendo envolver recursos públicos. Posteriormente a isso, vem as fases da implementação, monitoramento e avaliação dos resultados considerando as demandas da sociedade (Figura 2-3).

Figura 2-3 – Ciclo de políticas públicas

Fonte: MPOG (2018, p. 14)

Observa-se que o diagnóstico também compõe a primeira etapa do ciclo de gestão de políticas públicas, sendo que nessa etapa o objetivo é conhecer e diagnosticar problemas, demandas da sociedade ou potencialidades por meio de indicadores analíticos válidos e confiáveis. Por sua vez, na segunda etapa, a do planejamento, o objetivo é definir causas e consequências do problema, objetivos, referenciais, indicadores, ações e resultados intermediários e final. Posteriormente a isso, sucedem as etapas de execução e monitoramento; avaliação; e revisão, para as quais essa referência também traz subsídios (Figura 2-4).

Figura 2-4 – Ciclo de gestão de programas

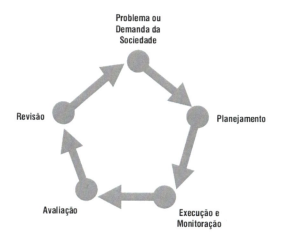

Fonte: (MPOG, 2010, p. 34)

Considerando o ciclo de planejamento demonstrado na Figura anterior, temos: (1) Diagnóstico do problema ou demanda; (2) Planejamento; (3) Execução e Monitoramento; (4) Avaliação; e (5) Revisão. Para caracterizar cada etapa do planejamento e os critérios tipológicos, apresenta-se o Quadro 2-1:

Quadro 2-1– Correlação das etapas, objetivos, tipologia de indicador e propriedades prioritárias

Etapas	Objetivo	Tipologia de indicador	Propriedades prioritárias
Diagnóstico	Caracterizar problemas, demandas ou potencialidades	Descritores de problemas	Dados válidos e confiáveis
Planejamento	Construção da árvore de problemas; referências básicas do programa e indicadores de gestão e avaliação de desempenho	Impactos, resultados, produtos, processos e insumos	Validade, confiabilidade e desagregabilidade
Execução e Monitoramento	Gerenciar execução das ações, entrega de produtos e alcance de resultados intermediários e finais	Eficiência e economicidade no uso de insumos, execução de processos e entrega de produtos e serviços	Sensibilidade, disponibilidade, economicidade, mensurabilidade e estabilidade
Avaliação	Avaliar alcance de objetivos ou a eficácia dos programas	Eficácia na entrega de resultado e efetividade no impacto esperado	Validade, disponibilidade, simplicidade e estabilidade
Revisão	Realizar alterações e ajustes no programa	Impacto, resultados, produtos, processos e insumos	Validade, confiabilidade e desagregabilidade

Fonte: adaptado de MPOG (2010, p. 34)

Considerando isso, o modelo lógico se justifica por ser considerado um instrumento para explicar a teoria de um projeto ou programa, resultando em uma facilitação do planejamento para a comunicação do que se pretende alcançar, assim como o seu funcionamento esperado. Destaca-se que a Portaria MOG n. 42/99, define que:

a) Programa é um instrumento de organização da ação governamental visando à concretização dos objetivos pretendidos, sendo mensurado por indicadores estabelecidos no plano plurianual;

b) Projeto é um instrumento de programação para alcançar o objetivo de um programa, envolvendo um conjunto de operações, limitadas no tempo, das quais resulta um produto que concorre para a expansão ou o aperfeiçoamento da ação de governo; e

c) Atividade é um instrumento de programação para alcançar o objetivo de um programa, envolvendo um conjunto de operações que se realizam de modo contínuo e permanente, das quais resulta um produto necessário à manutenção da ação de governo (MOG, 1999).

A escolha pela matriz lógica se fundamenta no pressuposto de que os componentes do modelo são utilizados como instrumento para auxiliar na decisão e no monitoramento da execução pelo financiador ou alocador de recursos de uma instituição. Por outro lado, essa matriz lógica serve para organizar as referências para a avaliação, com ênfase maior na explicitação da teoria do programa do que propriamente nos aspectos relacionados ao seu gerenciamento, ainda que esses também sejam partes integrantes do modelo.

Como proposição, este trabalho dispôs seu objetivo a identificar como a EA pode ser desenvolvida a fim de gerar impactos significativos à tutela do ambiente, essa argumentação deu origem às prioridades analíticas, ajudando a organizar a pesquisa e análise, além de apontar as condições relevantes a serem descritas e as explicações a serem examinadas. Os recursos instrumentais e metodológicos apresentados buscam orientar a seleção e a análise de indicadores a fim de subsidiar sequencialmente a aplicação da técnica analítica de modelo lógico de planejamento por programas.

Nesse contexto, salienta-se que existem dois grupos de indicadores que se relacionam sistematicamente com o fluxo de implementação de programas, sendo eles: a) indicadores de gestão do fluxo de implementação de programas (insumo, processo, produto, resultado e impacto); b) indicadores de avaliação de desempenho (efetividade, eficácia, eficiência e economicidade). Também se identifica correlações do fluxo de implementação de programas com as causas críticas dos problemas, demandas ou potencialidades e com os objetivos governamentais e setoriais (Figura 2- 5).

Figura 2-5 – Correlação entre tipos de indicadores e o fluxo de implementação de programas

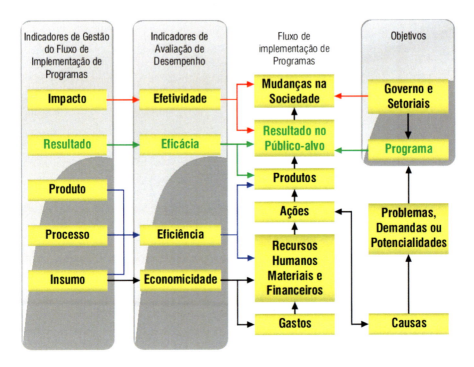

Fonte: MPOG (2010, p. 33)

Com relação à unidade de análise, foi adotada como delimitação de estudo a EA não formal a ser desenvolvida pelos estados do Brasil, aplicado à Santa Catarina como exemplo prático. Nesse sentido, foram investigadas as competências do Estado aos desafios estratégicos de longo prazo e às oportunidades de melhoria no desempenho ambiental e suporte à sustentabilidade.

Portanto, no âmbito institucional, esta pesquisa discute a educação corporativa das instituições (público interno) e em nível comunitário e técnico-científico, o desenvolvimento da EA voltada ao atendimento do seu público-alvo (público externo). Destaca-se que em nível organizacional, o plano lógico deve propor ações que envolvam colaboradores, clientes e fornecedores do Estado, o que requer compreender as relações desses atores com o ambiente institucional.

Os planejamentos ambientais, além de dados primários, utilizam também dados secundários, uma vez que esses últimos se constituem em parâmetros ou funções derivadas dos primários, com a capacidade de descrever um estado ou uma resposta aos fenômenos que ocorrem em um meio.

Considerando isso, Santos (2004) defende que um parâmetro indicador deve estar acompanhado de perguntas sobre a qualidade do meio (estado), as pressões (diretas e indiretas) e as respostas da sociedade aos problemas. Sob o enfoque do desenvolvimento sustentável, essa sistematização permite expressar metas, agrupar indicadores por setores governamentais e dar ênfase à temas de interesse comunitário.

O modelo base mais citado é o de Pressão - Estado - Resposta (PER), da OCDE, que foi publicado em 1994 e revisado em 1998. Sua base de construção é a causalidade, considerando que as atividades humanas exercem pressão sobre o ambiente, alterando a qualidade dos recursos naturais e modificando seu estado. Consequentemente, na medida em que essas perturbações afetam a qualidade do ambiente, a sociedade responde com políticas ambientais, econômicas ou setoriais na tentativa de mitigar esses efeitos (Figura 2-6).

Figura 2-6 – Modelo Pressão-Estado-Resposta (PER) de agregação de indicadores

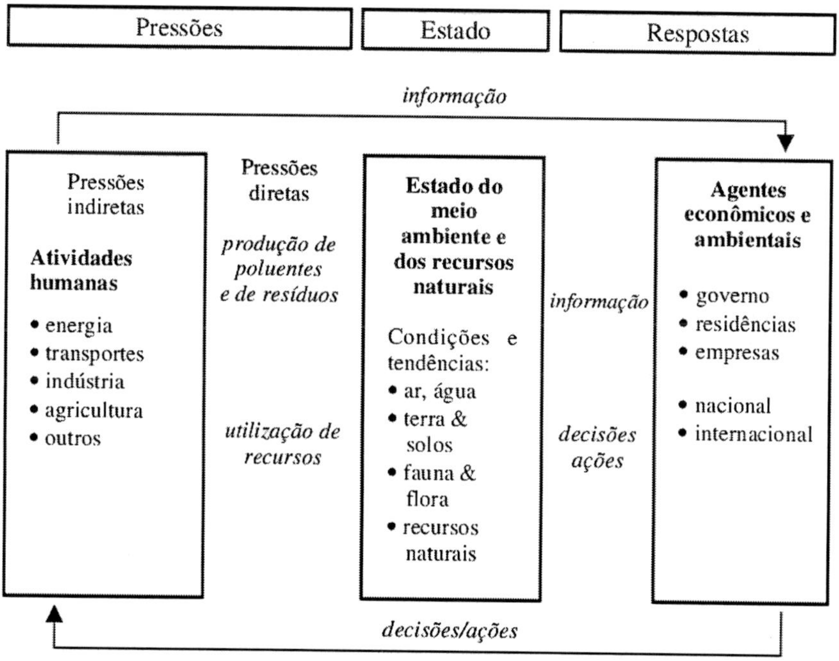

Pressões	Estado	Respostas

informação

| Pressões indiretas

Atividades humanas

• energia
• transportes
• indústria
• agricultura
• outros | Pressões diretas

produção de poluentes e de resíduos

utilização de recursos | **Estado do meio ambiente e dos recursos naturais**

Condições e tendências:
• ar, água
• terra & solos
• fauna & flora
• recursos naturais | *informação*

decisões ações | **Agentes econômicos e ambientais**

• governo
• residências
• empresas

• nacional
• internacional |

decisões/ações

Fonte: OCDE (2002, p. 194)

Na definição da OCDE, os conjuntos de indicadores devem ser baseados em três critérios: a) pertinência política, precisão de análise e mensurabilidade; b) atribuição de valores aos indicadores da OCDE; e c) acordo de adoção do PER. A publicação desse modelo nos países-membros tem gerado diversas proposições e adaptações, por exemplo, as versões de Gouzee e Hammond (1995), Winograd, Smeets e Weterings (1999) e Fidalgo (2003) (SANTOS, 2004).

Esses indicadores são classificados segundo um modelo que considera: a) as tendências setoriais importantes do ponto de vista do meio ambiente e suas forças motrizes; b) suas interações com o meio ambiente e os recursos naturais, incluindo os efeitos positivos e negativos; e c) as considerações econômicas e políticas concernentes.

Os conjuntos de indicadores setoriais da OCDE têm como objeto setores específicos como energia, transportes e agricultura. Já os indicadores ambientais derivam igualmente dos trabalhos da OCDE sobre a contabilidade ambiental orientados para: as contas físicas dos recursos naturais, que apoiam os esforços de gestão sustentável desses recursos, e os recursos aplicados em proteção ambiental. O corpo central de indicadores ambientais é um conjunto mínimo de indicadores comum aos países da OCDE[29], destinado a ser utilizado em escala internacional. Esse constitui uma primeira etapa no acompanhamento dos progressos alcançados em matéria de meio ambiente e dos fatores em causa.

O corpo central de indicadores compreende aproximadamente 50 indicadores e inclui aqueles principais derivados dos conjuntos setoriais e da contabilidade ambiental, tendo como objeto as grandes preocupações ambientais dos países da OCDE. Esses indicadores são classificados segundo o modelo PER, que considera: a) indicadores das pressões, diretas e indiretas, sobre o meio ambiente; b) indicadores das condições ambientais; e c) indicadores das respostas da sociedade. Essa estrutura de indicadores considera também o nível e a estrutura dos recursos aplicados na luta contra a poluição e a intensidade de utilização dos recursos naturais.

Na formação do protocolo de estruturação dos indicadores, foram selecionados alguns fatores ambientais, estabelecendo relações com indicadores socioeconômicos, relevantes do ponto de vista ambiental, além

---

[29] Países membros da OCDE: Alemanha, Austrália, Áustria, Bélgica, Canadá, Chile, Colômbia, Coréia, Costa Rica, Dinamarca, Eslováquia, Eslovênia, Espanha, Estados Unidos, Estônia, Finlândia, França, Grécia, Hungria, Irlanda, Islândia, Israel, Itália, Japão, Letônia, Lituânia, Luxemburgo, México, Noruega, Nova Zelândia, Países Baixos, Polônia, Portugal, Reino Unido, República Checa, Suécia, Suíça e Turquia (ME 2024).

daqueles puramente ambientais. Na explicação dos problemas, buscou-se colocar em evidência os elos sistêmicos entre indicadores ambientais, de desempenho ambiental e de desenvolvimento sustentável.

O modelo de análise de indicadores ambientais Força Motriz – Pressão – Estado – Impacto – Resposta (FPEIR) é uma derivação do Modelo Pressão – Estado – Resposta (PER) desenvolvido pela Agência Europeia de Meio Ambiente e vem sendo utilizado para analisar de maneira sistematizada os indicadores socioambientais. Sua base de construção sendo a causalidade, identifica-se que existem forças motrizes oriundas das atividades humanas que exercem pressão sobre o ambiente, alterando a qualidade dos recursos naturais e modificando seu estado. Consequentemente, à medida que essas perturbações afetam a qualidade do ambiente (estado), geram impactos e esses impactos demandam respostas por parte da sociedade, por meio de políticas ambientais, econômicas ou setoriais na tentativa de mitigar esses efeitos (OCDE, 2002), conforme explica a Figura 2-7:

Figura 2-7– A estrutura Força Motriz – Pressão – Estado – Impacto – Resposta (FPEIR) para relatórios sobre questões ambientais

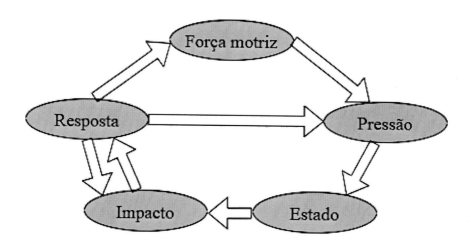

Fonte: adaptado de EEA (1999, p. 6)

Portanto, consequentemente à essa insustentável dinâmica, evidencia-se uma histórica ocupação, degradação e poluição dos recursos naturais e históricos, remanescentes ecossistêmicos em território rural e urbano com contaminação, supressão e extinção de espécies de flora, fauna e microbiologia terrestre e aquática. Consecutivamente, temos como produto a perda de qualidade de vida e da experiência humana na Terra, erosão cultural e desigualdades socioeconômicas.

Os indicadores devem explicar a composição do meio natural, antrópico, antropizado, institucional, econômico e social; para cada fator de causalidade deve haver um conjunto específico de indicadores ambientais que poderão estar relacionados a outros fatores. Fidalgo (2003) estabelece relações entre escala, nível de informação adequada e uso. Para a escala regional, o autor indica que as informações coletadas podem ser em nível de índice, indicadores simples e indicadores agregados. Quanto ao uso, a escala regional é indicada para a identificação e o acompanhamento de temas prioritários e áreas com problemas de definição de estratégias de ações.

Diversos autores enfatizam a importância da construção de um modelo para classificar e sistematizar conjuntos de indicadores, representando as relações de causa e efeito. O índice do indicador simplifica, quantifica, comunica e expressa resumidamente os fenômenos complexos a partir da agregação de dados e informações. Ainda, quando associamos parâmetros ou indicadores envolvendo técnicas analíticas, estamos falando de indicadores agregados.

A descrição dos dados deve caracterizar as propriedades e qualidades do meio e estar intimamente associada aos objetivos do planejamento. Porém, a coleta sistemática de dados sobre o meio ambiente é uma atividade relativamente recente em inúmeros países, portanto é muito importante escolher a metodologia de organização e análise de dados mais adequada ao tipo de informação disponível e ao que se pretende representar.

Concordando que bons indicadores devem gerar modelos representativos da realidade, Galopin (1997) entende que um indicador deve vir enriquecido de entendimento técnico, político, social e de conhecimento lógico e epistemológico. Esses indicadores buscam criar uma base comum para interpretar a sustentabilidade e responder à eficiência e à eficácia das medidas tomadas, projetando tendências e avaliando as respostas apresentadas pelo governo e pela sociedade. Com isso, podemos prognosticar futuros cenários e planejar ações preventivas levando em consideração as diversas dimensões e complexidades.

Colaborando com esses autores, Santos (2004) também orienta que para evitar falhas na representação das informações, o inventário ambiental deve incluir pelo menos: a) os critérios de seleção dos indicadores; b) a estratégia para compilação dos dados; c) o tipo e características da amostragem de campo; d) a justificativa do nível de detalhamento adotado; e) as limitações e impasses ocorridos durante os levantamentos; e f) as fontes bibliográficas ou instituições que deram suporte ao levantamento.

2.1.1 Identificação e análise do macroproblema

A problemática ou macroproblema se constituem em situações indesejáveis e localizadas num plano de elevada grandeza e complexidade da política governamental. Uma das principais vantagens de se partir da análise do macroproblema é a percepção do que efetivamente precisa ser feito para a mudança almejada, evitando a fragmentação em diversos planos institucionais (IPEA, 2010). Assim, com base na identificação das causas do macroproblema, fica mais evidente quais são os problemas críticos que deverão ser objeto de intervenção de cada programa governamental.

Para o Ipea, uma referência de macroproblema com uma explicação construída na perspectiva do ator social dirigente pode contribuir para ampliar a eficácia da ação no sentido da mudança almejada e evitar a fragmentação decorrente da formulação de várias ações de alcance limitado presente em muitos dos programas do Planejamento Plurianual (PPA). A elaboração de programas por meio da identificação dos nós críticos do macroproblema pode conferir maior coerência, efetividade e coesão à ação de governo.

Dessa forma, para desenhar programas é necessário principiar pela coleta e análise das informações, buscando identificar os problemas que serão objetos da intervenção do programa. Posteriormente, define-se o macroproblema central e a explicação dos problemas associados, de maneira sistematizada, buscando fatos e evidências que poderão ser utilizados como descritores do problema e da situação inicial de cada problema. As informações coletadas deverão ser estruturadas na forma de árvore de problemas, sendo definidas as principais consequências e as relações causais dos problemas.

A partir da sistematização de diversos indicadores relacionados direta ou indiretamente, chega-se ao arranjo de dimensões de atribuição e eixos temáticos. Cada uma dessas dimensões possui um conjunto de indicadores relacionados e discutidos na explicação dos problemas. Nessa estrutura, foi possível relacionar à essas dimensões problemas sistêmicos que envolvem temas como: desigualdades socioeconômicas e educacionais; insuficiente infraestrutura de habitação; serviços urbanos; insuficiente coleta e tratamento de esgoto; crescimento populacional; consumo de água elevado; ocupação desordenada das cidades; avanço da agricultura sob os remanescentes ecossistêmicos; focos de incêndio; pressão de espécies invasoras de fauna e flora; alta erosividade; manejo inadequado do solo, entre outros.

A partir da análise de indicadores ambientais relativos à gestão pública direta e indireta, é possível deduzir que o macroproblema central pode ser caracterizado pela insuficiência de políticas efetivas de EA. Na raiz dessa problemática identifica-se a necessidade de uma política socioambiental que considere os valores ecocêntricos, humanitários (unidade), culturais, espirituais e instrumentos de fiscalização internacional soberanos aos Estados. Como consequência direta desse macroproblema está a insuficiência de políticas educativo-ambientais e tecnológicas de produção e consumo sustentáveis (meio urbano, rural e instituições).

O presente capítulo buscou construir um diagnóstico socioambiental que contemplasse o âmbito das ações de que envolvem a educação e a gestão ambiental a fim de embasar o planejamento de programas a fim de subsidiar a administração pública do Estado, suas entidades de gestão indireta e os municípios.

Metodologicamente, esse diagnóstico prévio se constitui na primeira etapa de um planejamento de políticas, programas e projetos públicos sob o atual Modelo Gerencial de administração pública, considerando as novas ferramentas de gestão pública que priorizam a prestação de serviços pautadas na eficiência, rapidez e transparência. Além disso, busca que o planejamento ampare as condicionantes de qualidade do ambiente, além daquelas ações voltadas para o interesse do cidadão, incluindo maior transparência no planejamento e maior inserção social no processo de aprimoramento das políticas públicas.

A partir disso, o diagnóstico socioambiental irá discorrer sobre as dimensões institucional da administração pública, direta e indireta, comunitária e técnico-científica do estado de Santa Catarina com enfoque sistêmico, buscando estabelecer relações entre indicadores de diferentes áreas de jurisdição.

2.1.2 Pré-montagem da explicação dos problemas

Esta seção buscou a compreensão de problemas sistêmicos sob a égide da compreensão da condição humana na Terra. Essa realidade ocultada propositalmente pela racionalidade econômica, como visto nas teorias ambientais, é abordada tradicionalmente de maneira segmentada. Afinal, não há precedentes de programas relacionados à EA que tratassem os problemas de modo integrado, independentemente da jurisdição das instituições da administração pública que executam o planejamento no atual modelo gerencial.

Nessa continuidade, há que se caracterizar os impactos da ocupação rural e urbana de modo sistêmico, uma vez que a ocupação urbana avança intensamente sobre o território rural. Aliado a isso, a degradação de terras agrícolas frequentemente polui as águas de abastecimento urbano com agrotóxicos e sedimentos. O meio rural, por sua vez, recebe água contaminada por esgotos e resíduos sólidos, comprometendo a biodiversidade aquática e terrestre, além das famílias vulneráveis que dependem da pesca artesanal.

Pedron, Schenato e Baroni (2019) caracterizam as alterações antrópicas e o deslizamento de encosta nos solos urbanos e atribuem inter-relações entre os ambientes rurais e urbanos, a partir da evidência de impactos como: erosão hídrica, contaminação dos solos e da água e inundações. Do mesmo modo, no estado catarinense ainda existem poucos exemplos aplicados à restauração das funções dos solos e da água em meio urbano.

Já em termos de território rural, já estão suficientemente demonstrados nas ciências agrárias os impactos negativos da erosão hídrica, associados ao manejo inadequado do solo. Entre os principais efeitos, destacam-se: perda de nutrientes da lavoura, depreciação das terras, eutrofização dos mananciais com diminuição da disponibilidade de peixes, danificação de estradas, pontes e barragens, vinculação hídrica de patógenos e doenças e o aumento do custo no tratamento da água (BERTOL; WILDNER; STRECK, 2019).

Em posse disso, precisamos compreender que a manutenção e a evolução das espécies, inclusive da espécie humana, só são possíveis pela recuperação das condições que deram origem a toda biodiversidade. Portanto, todas as alterações no ambiente natural, inclusive a transgenia, interferem nessas possibilidades de evolução e deveriam ser evitadas, embora apresentem benefícios econômicos.

Eis aí o conflito filosófico das ciências que determina a divisão social ou natural, em que o homem não pode ser social e ambiental ao mesmo tempo, pois a racionalidade econômica dominante não se vê como parte daqueles povos nativos que emergiram do ambiente, preferindo um arquétipo biônico. Portanto, não se priorizam investimentos ambientais em detrimento daqueles socioeconômicos. Assim, difunde-se uma imagem distorcida da função ecológica do homem e sua relação com a ocupação do ambiente natural, tema da seção seguinte.

2.2 A EDUCAÇÃO E A GESTÃO AMBIENTAL NO ESTADO CATARINENSE

A EA e a gestão ambiental nos municípios catarinenses teve início na década de 1980, quando grupos governamentais produziram planejamentos regionais, porém poucos estados da brasileiros conseguiram implantar efetivamente planejamentos ambientais. No entanto, essa proposta de gerenciamento de recursos naturais, com base em controle ambiental e regulamentos legais, não efetiva uma mudança de postura diante da utilização dos recursos naturais, mas permite alguns avanços no meio rural.

Aproveitando esse momento, o estado iniciou os primeiros trabalhos expressivos em conservação do solo a partir de enchentes ocorridas em 1983 e 1984. Estima-se que foram perdidas cerca de 224 toneladas de solo fértil por hectare (ha) nas regiões atingidas pelas enxurradas, causando o assoreamento de rios e graves problemas de inundações em diversas áreas do estado (BACK; FONTANA; CITTADIN, 2000). A partir disso, entre o período de 1987 a 1991, a Associação de Crédito e Extensão Rural de Santa Catarina (Acaresc), vinculada à Secretaria de Agricultura Estadual, direcionou seus trabalhos de extensão rural para o manejo integrado de solos e águas em bacias hidrográficas.

Durante a década de 1990, o governo do estado de Santa Catarina aplicou mais de 70 milhões de reais em financiamento do Banco Internacional para a Reconstrução e Desenvolvimento (Bird). Esse projeto teve o objetivo de incrementar a produção, a produtividade e a renda da propriedade agrícola, por meio da promoção e adoção de práticas sustentáveis de manejo e conservação do solo e da água. Esse trabalho alcançou 534 microbacias do estado, assistindo 103.201 famílias, superando 127,5 % as metas do projeto (BACK; FONTANA; CITTADIN, 2000).

Nesse período, a Epagri desenvolveu tecnologias para o tratamento do esgoto doméstico para sistemas individuais e coletivos, alcançando a adesão de mais de 90 % das famílias em algumas comunidades rurais. Nesse processo de descontaminação do solo e melhoria da qualidade da água com famílias e escolas rurais, a equipe técnica predominantemente envolvida foi composta por mulheres extensionistas sociais. No início dos anos 2000, teve destaque o trabalho na linha das energias alternativas e bioconstruções, incluindo a implantação da energia solar a partir das placas com garrafas de Politereftalato de Etileno (Pet), armazenamento de água da chuva e aquecimento de água para o banho a partir do excedente do calor do fogão à lenha (CIEA-SC, 2014).

Em 2002, o governo catarinense aprovou uma nova proposta de financiamento junto ao Bird para a implantação do Programa Microbacias 2. Esse programa teve aporte de US$ 106,7 milhões, sendo 58,82% do valor financiado pelo Bird e 41,18% de contrapartida do Tesouro do Estado. Persistindo até 2009, o objetivo geral do projeto foi promover a mitigação da pobreza rural, por meio de ações integradas que visavam ao desenvolvimento econômico, ambiental e social do meio rural catarinense, com caráter sustentável. O Microbacias 2 foi desenvolvido envolvendo 289 municípios em 936 microbacias, sendo atendidas 141.735 famílias rurais e 1.820 famílias indígenas (SAR, 2010).

O governo catarinense, motivado pela aprovação de um financiamento junto ao Banco Mundial, realizou um novo ciclo de desenvolvimento com o programa Santa Catarina Rural (SC Rural) – Microbacias 3, entre os anos de 2010 e 2016. Esse projeto previu recursos na ordem de US$ 189 milhões, dos quais US$ 90 milhões foram financiados pelo Bird e US$ 99 milhões foram aplicados com recursos orçamentários do Estado. A responsabilidade direta pela coordenação do SC Rural foi a Secretaria de Estado da Agricultura e da Pesca, por meio da Secretaria Executiva Estadual do SC Rural.

Buscando mitigar os principais limitantes para o desenvolvimento do estado, em especial do meio rural, o último grande programa governamental estruturante, o Santa Catarina Rural (SC Rural 2010-2016), voltado à competitividade da agricultura familiar, elegeu três principais problemas de cunho ambiental, sendo eles: escassez de água, comprometimento da qualidade da água e a descaracterização dos principais ecossistemas com perda da biodiversidade (SAR, 2010).

Foram atribuídas ao SC Rural cinco causas relacionadas à problemática ambiental em questão, sendo elas: 1) contaminações físicas, químicas e bacteriológicas dos mananciais das microbacias; 2) uso imprudente dos recursos hídricos; 3) predominância de sistemas de produção agropecuários impactantes do ambiente, consequência da rotação de cultura incipiente, da compactação dos solos em áreas de lavouras e de pastagens e, também, em algumas regiões, do uso excessivo de dejetos animais, como fertilizantes; 4) uso indevido das Áreas de Preservação Permanentes (APPs) (mata ciliar, nascentes e encostas); e 5) desconhecimento e/ou baixa adoção de alternativas tecnológicas menos impactantes por parte dos agricultores.

Para a Epagri (2016a), o desenvolvimento sustentável requer ações de sensibilização de agricultores sobre o impacto ambiental da ação humana e a promoção de estratégias agrícolas que preservem o equilíbrio ambiental. Também devem ser considerados o respeito, a valorização e a promoção à diversidade, cultura, inclusão social, planejamento participativo, empoderamento, defesa dos direitos humanos e sociais e à política em espaços de democracia participativa.

No último Plano de Gestão Estratégica da Epagri foram abordadas as principais cadeias produtivas no âmbito das atividades de pesquisa e extensão rural. Nesse momento, foram definidas as diretrizes que devem embasar as ações no horizonte de 2017 a 2027. Atores externos e internos participaram dessa construção por meio de metodologias e dinâmicas específicas, definindo propostas de ações para diversos setores, em sintonia com as demandas da sociedade (EPAGRI, 2018).

Esse plano estratégico foi sistematizado a partir de um projeto denominado Estudos de Cenários, Tendências e Planejamento de ações Estratégicas em parceria com o Instituto Euvaldo Lodi (Iel), da Federação das Indústrias de Santa Catarina (Fiesc), e contou com o apoio do Programa Santa Catarina Rural (SC Rural). O documento gerado apresenta a visão institucional, diretrizes, linhas de pesquisa, ações de extensão rural, os resultados esperados e os indicadores. Todos esses parâmetros foram definidos em painéis com especialistas, representantes da academia e de diversas instituições federais, estaduais e regionais, lideranças da agricultura, assim como agricultores. A partir disso, foi possível estabelecer quatro eixos relacionados à temática ambiental, sendo eles: educação e gestão ambiental, produção limpa e segura, produção sustentável e recursos da biodiversidade.

A partir desse plano de gestão, foram sistematizadas as diretrizes inerentes ao processo de educação e de gestão ambiental no âmbito de atuação da Assistência Técnica, Extensão Rural e Pesquisa Agropecuária, contemplando as principais tendências apontadas para os setores agropecuário e pesqueiro do estado. Essas tendências expressam a preocupação sobre a gestão ambiental dos recursos naturais e da biodiversidade, incluindo a procura por produtos não convencionais e diversificados de gênero aquático, frutícola, olerícola e grãos. Além disso, identifica-se um forte apelo pela produção sustentável, o que inclui alimentos limpos e seguros, associada à consciência ambiental sistêmica de produtores e consumidores de alimentos.

Ressalta-se a tendência de crescimento da agricultura urbana como uma oportunidade de atuação futura para o estado, uma vez que a Epagri já possui diversas tecnologias desenvolvidas e que se encaixam nessa proposta. Esses conhecimentos já consolidados para outras dinâmicas de produção podem ser integrados aos conceitos de permacultura urbana, paisagismo funcional, quintais produtivos, hortas comunitárias e parques lineares. A partir de um recorte socioambiental das diretrizes dos programas, buscou-se subsidiar o desenvolvimento sustentável associado às demandas sociais. Nesse sentido, essas diretrizes orientam para a educação, gestão e economia ambiental nos empreendimentos, saneamento e tecnologias ambientais em famílias rurais e escolas, produção de alimentos limpos, seguros e sustentáveis e prospecção de novos produtos da biodiversidade.

O plano estratégico definido por Epagri (2018) posta uma seleção das linhas de pesquisa dos programas técnicos. Em detida análise, observa-se que essas linhas abarcam parâmetros ligados à: promoção de serviços e mitigação de impactos ambientais; uso e tratamento de resíduos, subprodutos e efluentes das atividades agropecuárias; recuperação e conservação do solo, da água e de áreas degradadas; emissão de Gases de Efeito Estufa (GEEs); produção sustentável com o uso de insumos e sistemas produtivos alternativos e estudos sobre e a prospecção da biodiversidade florística e microbiológica.

Complementarmente, a referência da Epagri também traz a definição das ações de extensão rural, relacionadas à temática em estudo. Essas ações estão caracterizadas por temas que incluem: EA com famílias rurais e escolares, gerenciamento de resíduos, água e saneamento, adequação ambiental e acompanhamento técnico-econômico de empreendimentos e o controle de simulídeos ("borrachudos"). Além disso, aparecem, de maneira transversal aos programas, ações de conservação do solo, recursos naturais e da biodiversidade, além da produção sustentável, limpa e segura nas cadeias.

A fim de acompanhar e avaliar as ações, o Plano de Gestão Estratégica da Epagri propõe indicadores para pesquisa e extensão rural. A exemplo disso, o programa Capital Humano e Social (CHS) apresenta, em seus indicadores de ações, o quantitativo de escolas a serem trabalhadas, o número de escolares, professores e Associações de Pais e Professores (APPs) sensibilizados e o número de ações mobilizadas em EA. Porém, esse CHS, embora seja transversal aos demais programas de extensão rural e pesqueira, é o único que não possui projetos de pesquisa associados às problemáticas que se propõem a tratar, tendo que buscar suporte nos demais programas da instituição.

Ainda com base nessa referência, para os programas Desenvolvimento e Sustentável Ambiental (DSA), Grãos e Fruticultura foram sugeridos indicadores relacionados à: proteção de fontes de água e nascentes; matas ciliares; áreas de preservação ambiental; gerenciamento e uso de dejetos e resíduos; depósitos e agrotóxicos; adequação ambiental de propriedades rurais; melhoramento e recuperação de pastagens; manejo conservacionista do solo; manejo integrado de pragas e doenças e produção limpa, segura e rastreada.

Além disso, a abordagem de Pesquisa-Extensão e Aprendizagem Participativas (Peap) (BENEZ *et al.*, 2013) também foi adotada como método participativo nas instituições de pesquisa. O Peap buscava a articulação das ações de pesquisadores e extensionistas que costumam trabalhar separadamente, mudando comportamentos e atitudes nas instituições tradicionalmente resistentes a mudanças e inovações.

O Planejamento Estratégico Participativo (PEP) da Epagri tinha o objetivo de fundir os princípios do planejamento participativo em bacias hidrográficas, do Diagnóstico Rural Participativo (DRP) e do Marco Lógico e do Planejamento de Projetos Orientados por Objetivos (PPOO). Além disso, essa proposta buscava aderência no contexto cultural dos agricultores, em suas percepções objetivas e subjetivas, no saber popular, no empoderamento, na valorização da diversidade e na inclusão social (EPAGRI, 2016a).

2.2.1 A sustentabilidade ambiental na gestão pública

Esta seção trata de aspectos relacionados à sustentabilidade na gestão institucional das entidades públicas da administração direta e indireta em nível de estado e dos municípios. Relacionando a sua estrutura institucional implementada e a adoção de práticas de EA e suporte à sustentabilidade, desdobram-se diversos aspectos relacionados à estrutura pública de EA não formal. Para isso, buscou-se alicerce em diretrizes, normativas, indicadores de problemas, demandas e oportunidades.

Os temas institucionais são de difícil mensuração, pois é ínfima a produção de estatísticas, o que resulta numa menor disponibilidade de dados para a construção de indicadores necessários a uma abordagem mais completa. Consequentemente, permanecem algumas lacunas importantes relacionadas à participação da sociedade na formulação e implementação de políticas e à participação das empresas, por meio dos mecanismos da ecoeficiência e da responsabilidade socioambiental (IBGE, 2017a).

Recorda-se que dimensão institucional diz respeito à orientação política, capacidade e esforço despendido por governos e pela sociedade na implementação das mudanças requeridas para uma efetiva implementação do desenvolvimento sustentável. Nesse contexto, observa-se que uma considerável parte dos administradores de empresas e organizações apresentam resistências para encarar um processo de planejamento, devido à reação psicológica do desconhecido, nível de dificuldade do processo e acomodação.

No entanto, o estatuto jurídico das empresas públicas, da sociedade de economia mista e de suas subsidiárias, empresa pública e a sociedade de economia mista traz que essas instituições têm a função social de realização do interesse coletivo e deverão adotar práticas de sustentabilidade ambiental e de responsabilidade social corporativa compatíveis com o mercado em que atuam. Com vistas ao fortalecimento de sua marca, recomenda-se a celebração de convênios ou contratos de patrocínio com pessoa física ou jurídica para promoção de atividades culturais, sociais, esportivas, educacionais e de inovação tecnológica (BRASIL, 2016).

Em nível de instituições, como aconteceu com os aspectos relacionados à qualidade, as questões relativas ao meio ambiente e à responsabilidade têm ganhado importância e percepção em relação à rentabilidade (SIMÃO; PEREIRA, 2012). Nesse sentido, recomenda-se a adoção da pirâmide de gestão ambiental nas instituições, compreendendo os seguintes eixos: política ambiental, princípios, padrões e ferramentas de gestão (Figura 2-8).

Figura 2-8– Pirâmide de gestão ambiental para as instituições

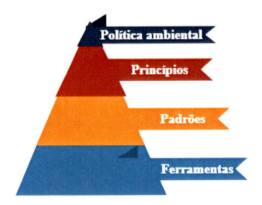

Fonte: adaptado de Dias (2004b, p. 46)

Dessa forma, ao passo que a política ambiental representa compromisso público, os princípios são representados pelos valores e compromissos com clientes, acionistas, integrantes e comunidade. Logo, os padrões são parâmetros e as ferramentas caracterizam processos de execução de tarefas e acompanhamento, a exemplo das certificações e auditorias.

Nesse contexto, os objetivos e metas ambientais devem ser estabelecidos com base na melhoria contínua do desempenho ambiental, levando em consideração a legislação ambiental e as regulamentações vigentes. A exemplo de uma Política Ambiental, sugere o comprometimento público com os seguintes aspectos:

- Incorporação da dimensão ambiental;
- Aprimoramento contínuo da gestão;
- Redução de efluentes e resíduos;
- Eliminação do passivo ambiental;
- Comunicação com as partes interessadas;
- Atendimento à legislação ambiental e aos regulamentos;
- Cumprimento dos objetivos e metas ambientais;
- Melhoria contínua do desempenho ambiental (DIAS 2004a).

A avaliação do desempenho ambiental nas instituições requer que a conduta seja condizente com os princípios da sustentabilidade. Afinal, além das ações e relações com os indivíduos e organizações impactados pelas ações da empresa (*stakeholders*), também é preciso que a gestão organizacional seja avaliada. Para tanto, indicadores de sustentabilidade organizacionais precisam ser desenvolvidos e acompanhados por meio de uma política de gestão ambiental nas instituições.

A redação trazida pela Recomendação n. 12, de 8 junho de 2011, do Conama (2011a), ampliada pela Portaria n. 326, de 23 de julho de 2020, do MMA (2020), incentiva a adoção de práticas sustentáveis no âmbito da administração pública. Considerando a existência do Programa da Agenda Ambiental na Administração Pública (Agenda A3P), busca-se a inserção de critérios socioambientais nas instituições do Estado.

Como referência para subsidiar a implementação do programa dessa agenda, o MMA (2021) disponibiliza dezenas de práticas com experiências e resultados positivos comprovados durante sua implementação em órgãos públicos ou na execução de políticas públicas.

A partir da determinação de seus aspectos ambientais, a organização pode definir eixos de impacto, agrupando os indicadores e relacionando-os às suas atividades, produtos e serviços, considerando a seguinte divisão (ABNT, 2015):

    a) emissões para o ar;

    b) lançamentos em água;

    c) lançamentos em terra;

    d) uso de matérias-primas e recursos naturais;

    e) uso de energia;

    f) emissão de energia (por exemplo, calor, radiação, vibração, ruído e luz);

    g) geração de rejeito e/ou subprodutos; e

    h) uso do espaço.

Nesse sentido, o dispositivo de Lei n. 12.918, de 23 de janeiro de 2004, trata da certificação de Responsabilidade Social de Santa Catarina às empresas públicas, empresas privadas, sociedades de economia mista e organizações sem fins lucrativos. A redação da Lei ainda define premiação para os destaques, sendo que entre os temas estão: reflorestamento, despoluição, introdução de métodos não poluentes e outros investimentos que visem à conservação e melhoria do meio ambiente, inclusive com EA (GOVERNO DO ESTADO DE SANTA CATARINA, 2004).

Desde sua criação, já foram feitas mais de 1,000 certificações de Responsabilidade, sendo que concorrem para as edições entidades privadas e sem fins lucrativos. Desde o ano de 2015, 31 Certificados de Responsabilidade Social já foram dedicados à dez entidades públicas (Quadro 2-2).

Quadro 2-2 – Certificados de Responsabilidade Social dedicados às entidades públicas desde 2011

Ano do certificado	Entidade	Local
2015; 2016; 2017; 2018; 2019; 2020; 2021; 2022	Centrais Elétricas de Santa Catarina S/A (Celesc)	Florianópolis
2016; 2017; 2018, 2019; 2020; 2021	SCPAR Porto de Imbituba S.A.	Imbituba
2017; 2018; 2019; 2021	Agência Intermunicipal de Regulação, Controle e Fiscalização de Serviços Públicos Municipais do Médio Vale do Itajaí (AGIR)	Blumenau
2019; 2020; 2021	Conselho Regional de Enfermagem de Santa Catarina (Coren - SC)	Florianópolis
2019; 2020; 2021	Empresa de Pesquisa Agropecuária e Extensão Rural de Santa Catarina S/A (Epagri)	Florianópolis (2) e Urubici (1)
2020; 2021	Companhia de Geração e Transmissão de Energia Elétrica do Sul do Brasil (CGT Eletrobras)	Florianópolis
2016; 2018	Eletrosul Centrais Elétricas S.A.	Florianópolis
2015	Banco Regional de Desenvolvimento do Extremo Sul (BRDE)	Florianópolis
2022	Companhia Catarinense de Águas e Saneamento (Casan)	Florianópolis
2016	Transmissora Sul Brasileira de Energia S.A. (TSBE)	Florianópolis

Fonte: (ALESC, 2023a)

Para a Certificação de Responsabilidade Social é necessário submeter para avaliação um relatório de sustentabilidade com indicadores de gestão baseados na responsabilidade socioambiental. Esse programa de certificação tem entre seus objetivos o reconhecimento de instituições com políticas de gestão sustentáveis com estímulo às representações sociais e o meio acadêmico. Por um lado, os indicadores qualitativos avaliam os sistemas de gestão de sustentabilidade e, por outro lado, os indicadores quantitativos avaliam a relação entre o valor investido em programas, projetos e ações ambientais e a receita líquida da instituição (ALESC, 2023b).

Esse protocolo de gestão ambiental busca identificar o desenvolvimento de ações de qualquer natureza voltadas ao meio ambiente, tais como: certificações ambientais (ISO 14.000 e similares), coleta seletiva do lixo, desenvolvimento e aperfeiçoamento de processos que geram economia no consumo de papel, energia, combustíveis fósseis e água, ações que visem à EA de funcionários e familiares, Sistema de Gestão Ambiental (SGA), identificação de riscos ambientais, orçamento definido para ações de minimização de impactos ambientais, planos de ação e metas, processos de medição e avaliação do impacto do produto no meio ambiente. Estabelece ainda, critérios de responsabilidade social e ambiental para a seleção de fornecedores (ALESC, 2023b).

Já para certificação da ABNT (2021a), é necessário um processo de avaliação institucional periódico de um determinado produto, serviço ou processo. Essa avaliação se baseia em uma auditoria no processo produtivo com coletas de amostras, produção de laudos e relatórios. Assim, é possível garantir a conformidade, qualidade e segurança, elevando o nível de produtos e serviços, reduzindo perdas e melhorando a gestão do processo produtivo.

Entre os principais benefícios da certificação estão: a) promoção do comprometimento com a qualidade; b) gerenciamento com mensuração da melhoria contínua do desenvolvimento do negócio; c) garantia da eficiência e eficácia do produto, serviço ou sistema; d) introdução de novos produtos e marcas no mercado; e) redução de perdas no processo produtivo e melhoria da gestão; f) diminuição de controles e avaliações por parte dos clientes; g) diferenciação e liderança frente a concorrência desleal; h) melhoria da imagem da organização e de seus produtos ou atividades junto aos seus clientes; h) garantia no atendimento às normas aplicadas ao produto, serviço ou sistema; h) organização competitiva com produtos em conformidade às normas técnicas (ABNT, 2021a).

Segundo a Norma Brasileira 14001, compete à organização assegurar educação, treinamento e experiência apropriada a seus integrantes, além de prover os recursos necessários para o estabelecimento, a implementação, a manutenção e a melhoria contínua do sistema de gestão ambiental. Atualmente, constam na plataforma de registro do Inmetro 92 empresas e 27 unidades de negócio que obtiveram certificação ou recertificação ABNT NBR ISO 14001:2015, dentro e fora do Sistema Brasileiro de Avaliação da Conformidade (SBAC). No entanto, para identificar quais são essas entidades e se elas estão com certificados válidos, é necessário ao menos um dos seguintes filtros: número do certificado, empresa certificada, organismo certificador ou código da Nomenclatura Estatística das Atividades Econômicas da Comunidade Europeia (Nace) (INMETRO, 2023).

Com relação à auditoria, a norma DZ-056-R3[30] é desdobrada em duas, sendo a auditoria ambiental de controle e a auditoria ambiental de acompanhamento. Por um lado, a auditoria ambiental de controle está condicionada a cada renovação ou requerimento de licença ambiental para verificação detalhada do desempenho ambiental da empresa ou atividade. Por outro lado, a auditoria ambiental de acompanhamento é realizada anualmente com um propósito de acompanhamento e execução do plano de ação da última auditoria ambiental. Nessa segunda modalidade, deve-se complementar o processo com outras medidas advindas de eventuais exigências do órgão ambiental. Além desses novos elementos, a auditoria ambiental visa a estimular o uso de tecnologias limpas, matérias-primas menos agressivas ao meio ambiente, utilização racional de recursos, conservação de energia e de água, não geração ou redução na geração de resíduo, efluentes líquidos e emissões atmosféricas (ROVERE et al., 2014).

Em termos de normativas brasileiras de padronização, a partir do catálogo de Normas da ABNT (2021b) é possível selecionar algumas normas que tratam de temas aplicados à gestão ambiental nas instituições. Essas normas tratam de diversas temáticas, incluindo: avaliação de passivo ambiental em solo e água subterrânea; avaliação do ciclo de vida organizacional; ecotoxicologia aquática; gestão ambiental e gestão para o suporte à sustentabilidade; Avaliação Ambiental de Locais e Organizações (AALO); informações ambientais quantitativas; Verificação da Tecnologia Ambiental (VTA); avaliação do ciclo de vida e avaliação da ecoeficiência de sistemas de produto.

---

[30] A revisão da diretriz para realização de auditoria ambiental (DZ 056-R3) é produto do Decreto n. 21.470-A, de 5 de junho de 1995, que regulamenta a Lei n. 1.898, de 26 de novembro de 1991 (GOVERNO DO ESTADO DO RIO DE JANEIRO, 1991) de auditorias ambientais compulsórias no Rio de Janeiro. Essa Lei é alterada pela Lei n. 3.471, de 4 de outubro de 2000, sendo um exemplo importante da evolução do uso do instrumento acompanhado de outras ferramentas.

Também são identificadas normas referentes à pegada hídrica; contabilidade dos custos de fluxos de material; integração de aspectos ambientais no projeto e desenvolvimento do produto; avaliação do ciclo de vida; gestão de emissões e remoções de Gases de Efeito Estufa (GEEs); manejo florestal sustentável; meios de hospedagem; informações sobre segurança, saúde e meio ambiente; projeto ambientalmente consciente para produtos eletroeletrônicos; gerenciamento de resíduos químicos; rótulos e declarações ambientais (Quadro 2-3).

Quadro 2-3 – Normas ambientais vigentes da Associação Brasileira de Normas Técnicas (ABNT)

Área	Código e Módulo
Avaliação de passivo ambiental em solo e água subterrânea	ABNT NBR 15515-3:2013 – Investigação detalhada
Avaliação do ciclo de vida	ABNT NBR ISO 14040:2009 Versão Corrigida: 2014 – Princípios e estrutura; ABNT NBR ISO 14044:2009 Versão Corrigida:2014 – Requisitos e orientações; ABNT ISO/TS 14071:2018 – Processos de análise crítica e competências do analista: Requisitos adicionais e diretrizes para a ABNT NBR ISO 14044:2009; ABNT ISO/TS 14072:2019 – Requisitos e diretrizes para a avaliação do ciclo de vida organizacional
Ecotoxicologia aquática	ABNT NBR 16456:2016 – Método de ensaio de curta duração com embriões de bivalves (*Mollusca Bivalvia*)

Área	Código e Módulo
Gestão ambiental	ABNT NBR ISO 14001:2015 – Requisitos com orientações para uso; ABNT NBR ISSO; 14004:2018 – Diretrizes gerais para a implementação; ABNT NBR ISO 14005:2012 – Diretrizes para a implementação em fases de um sistema de gestão ambiental, incluindo o uso de avaliação de desempenho ambiental; ABNT NBR ISO 14006:2014 – Diretrizes para incorporar o ecodesign; ABNT NBR ISO 14015:2003 – Avaliação Ambiental de Locais e Organizações (AALO); ABNT NBR ISO 14031:2015 – Avaliação de desempenho ambiental – Diretrizes; ABNT ISO/TS 14033:2016 – Informações ambientais quantitativas – Diretrizes e exemplos; ABNT NBR ISO 14034:2018 – Verificação da tecnologia ambiental (VTA); ISO 14045:2014 – Avaliação da ecoeficiência de sistemas de produto — Princípios, requisitos e orientações; ISO 14051:2013 – Contabilidade dos custos de fluxos de material — Estrutura geral; ABNT ISO/TR 14062:2004 – Integração de aspectos ambientais no projeto e desenvolvimento do produto; ABNT NBR ISO 14063:2009 – Comunicação ambiental — Diretrizes e exemplos
Gestão de Emissões e Remoções de Gases de Efeito Estufa (GEE)	ABNT NBR ISO 14064 1-3:2007 – Especificação e orientação a organizações para quantificação e elaboração de relatórios de emissões e remoções de gases de efeito estufa. ABNT NBR ISO 14065:2015 – Requisitos para organismos de validação e verificação de gases de efeito estufa para uso em acreditação e outras formas de reconhecimento; ABNT NBR ISO 14066:2012 – Requisitos de competência para equipes de validação e equipes de verificação de gases de efeito estufa ABNT ISO/TS 14067:2015 – Pegada de carbono de produtos — Requisitos e orientações sobre quantificação e comunicação; ABNT ISO/TR 14069:2015 – Quantificação e elaboração de relatórios de emissões de gases de efeito estufa para as organizações – Orientação para a aplicação da ABNT NBR ISO 14064-1
Gestão hídrica	ABNT NBR ISO 14046:2017 – Pegada hídrica — Princípios, requisitos e diretrizes
Manejo florestal sustentável	ABNT NBR 14790:2014 – Cadeia de custódia — Requisitos; ABNT NBR 16789:2014 – Diretrizes para implementação da ABNT NBR 14789
Meios de hospedagem	ABNT NBR 15401:2014 – Sistema de gestão da sustentabilidade — Requisitos

Área	Código e Módulo
Passivo ambiental em solo e água subterrânea	ABNT NBR 15515-1:2007 Errata 1:2011 – Parte I: Avaliação preliminar; ABNT NBR 15515-2:2011 – Parte II: Investigação confirmatória
Produtos químicos	ABNT NBR 14725-4:2014 – Informações sobre segurança, saúde e meio ambiente – Ficha de informações de segurança de Produtos Químicos (FISPQ)
Projeto ambientalmente consciente para produtos eletroeletrônicos	IEC 62430 Ed. 1.0 b – Requisitos e procedimentos
Resíduo químico	ABNT NBR 16725:2014 – Informações sobre segurança, saúde e meio ambiente — Ficha com Dados de Segurança de Resíduos Químicos (FDSR) e rotulagem
Rótulos e declarações ambientais	ABNT NBR ISO 14020:2002 – Princípios Gerais; ABNT NBR ISO 14021:2017 – Rotulagem ambiental do tipo II – Autodeclarações ambientais; ABNT NBR ISO 14024:2004 – Rotulagem ambiental do tipo I – Princípios e procedimentos; ABNT NBR ISO 14025:2015 – Declarações ambientais do Tipo III – Princípios e procedimentos; ISO/TS 14027:2017 – Desenvolvimento de regras de categoria de produto

Fonte: adaptado de ABNT (2021b)

Considerando a necessidade de acompanhamento de indicadores de gestão ambiental nas entidades públicas, destaca-se a importância do desenvolvimento de seis eixos temáticos prioritários da A3P, sendo eles:

a) Uso racional dos recursos naturais e bens públicos;
b) Gestão adequada dos resíduos gerados;
c) Qualidade de vida no ambiente de trabalho;
d) Compras públicas sustentáveis;
e) Construções sustentáveis
f) Sensibilização e capacitação dos servidores

Nesse sentido, com relação ao eixo Uso Racional dos Recursos Naturais e Bens Públicos – Consumo de energia, a A3P recomenda acompanhar o consumo em kilowatt-hora (kWh) de energia elétrica, o valor gasto com energia, tipo de fonte de energia, uso de dispositivos de alta eficiência no controle da iluminação e também o valor economizado com esses dispositivos. Com relação à água, recomenda-se a hidrometração individualizada do consumo para melhorar o controle, assim como a estimativa de captação, uso, reuso e custo dispensado com o abastecimento público e com a aquisição de água mineral e também o uso de equipamentos de alta eficiência (MMA, 2013).

Sendo que a A3P indica a mensuração de gases poluentes, é preciso saber que vários fatores podem influenciar a taxa quilométrica de emissão de CO_2 equivalente dos veículos movidos à gasolina, por exemplo, o perfil da frota, como potência média, idade, rendimento quilométrico entre outros. A análise estequiométrica permite calcular uma relação de CO_2 emitido por unidade volumétrica de combustível, considerando uma queima completa do combustível, pois na queima incompleta há emissão de outros poluentes, como Gases de Efeito Estufa (GEE), e por isso utiliza-se o conceito de quantidade de CO_2 equivalente emitido.

Da composição das massas dos elementos químicos, obtemos que 1 g de gasolina pura queimada gera 3,08 g de CO_2. Considerando uma densidade de 0,740 kg/L da gasolina pura, obtemos a relação de 2,28 kg de CO_2/L de gasolina. No entanto, estudos europeus mostram ainda que para cada litro de gasolina disponível nos postos, houve uma emissão anterior de cerca de 0,5 kg de CO_2 a título de produção e distribuição do combustível, resultando em uma taxa final de 2,8 kg de CO_2/litro de gasolina. Considerando uma relação de 20% de emissões não renováveis de CO_2 no ciclo de vida do etanol, em relação à gasolina, estima-se em 0,56 kg de CO_2/l de emissões nos veículos a álcool (CARVALHO, 2011).

Com essas taxas e considerando médias de rendimento de 10 km/l nos carros a gasolina e 7 km/l nos veículos a álcool, por exemplo, pode-se calcular emissões totais de 0,28 kg de CO_2/km para gasolina e 0,056 kg de CO_2/Km para o álcool. Já os veículos movidos a diesel emitem mais CO_2 por unidade de volume ou peso de combustível em relação aos demais modais motorizados. Dessa forma, pode-se considerar um fator de emissão médio de 2,6 kg de CO_2 para cada litro de diesel queimado na combustão, que somado com o valor médio de 0,5 kg de CO_2 emitidos para produzir e distribuir o combustível, perfaz uma taxa final de emissão em torno de 3,2 kg de CO_2/l de diesel (CARVALHO, 2011).

No sentido da adoção à A3P, observa-se uma baixa adesão, uma vez que na gestão pública catarinense apenas 11 entidades aderiram a essa agenda, sendo que nove dessas instituições pertencem ao Poder Executivo e duas ao Poder Legislativo, sendo três de âmbito municipal, três estaduais e cinco federais (Quadro 2-4).

Quadro 2-4 – Entidades públicas catarinense que aderiram à Agenda de Sustentabilidade na Administração Pública (Agenda A3P)

Instituição	Poder	Âmbito	Município
Câmara de Vereadores de Balneário Camboriú	Legislativo	Municipal	Balneário Camboriú
Companhia Águas de Joinville	Executivo	Municipal	Joinville
Conselho Regional de Contabilidade de Santa Catarina	Executivo	Estadual	Florianópolis
Embrapa Suínos e Aves	Executivo	Federal	Concórdia
Hospital de Guarnição de Florianópolis	Executivo	Federal	Florianópolis
Instituto do Meio Ambiente do Estado de Santa Catarina (IMA)	Executivo	Estadual	Florianópolis
Instituto Federal de Educação, Ciência e Tecnologia Catarinense (IFSC) Campus Brusque	Executivo	Federal	Brusque
Município de Rio Negrinho	Executivo	Municipal	Rio Negrinho
Superintendência de Administração do Ministério da Fazenda em Santa Catarina	Executivo	Federal	Florianópolis
Tribunal de Contas do Estado de Santa Catarina	Legislativo	Estadual	Florianópolis
Universidade Federal de Santa Catarina (UFSC)	Executivo	Federal	Florianópolis

Fonte: adaptado de MMA (2023)

O Decreto n. 10.936, de 12 de janeiro de 2022 (BRASIL, 2022), estabelece a exigência de separação dos resíduos recicláveis pelos órgãos e entidades da administração pública federal direta e indireta, e sua destinação às associações e cooperativas dos catadores de materiais recicláveis. A Resolução do Conselho Nacional de Recursos Hídricos (CNRH) nº 98, de 26 de março de 2009 (MMA, 2009a)), define princípios, fundamentos e diretrizes para a educação, o desenvolvimento de capacidades, a mobilização social e a informação para a Gestão Integrada de Recursos Hídricos (GIRH) no Sistema Nacional de Gerenciamento de Recursos Hídricos (SINGREH).

Outros avanços legislativos que merecem ser referenciados são: a Lei n. 12.187, de 29 de dezembro de 2009 (BRASIL, 2009), que representa a Política Nacional de Mudanças Climáticas (PNMC); a Instrução Normativa (IN) n. 1, de 7 de abril de 2010, (2010b) do Ministério do Planejamento Orçamento e Gestão (MPOG), que estabelece critérios de sustentabilidade ambiental na aquisição de bens, contratação de serviços ou obras na administração pública federal; e a Lei n. 12.305, de 2 de agosto de 2010 (BRASIL, 2010c), que assenta a Política Nacional de Resíduos Sólidos (PNRS) e tem diversos instrumentos de ação, como:

- Os planos de resíduos sólidos;
- Os inventários e o sistema declaratório anual de resíduos sólidos;
- A coleta seletiva, os sistemas de logística reversa e outras ferramentas relacionadas à implementação da responsabilidade compartilhada pelo ciclo de vida dos produtos;
- O incentivo à criação e ao desenvolvimento de cooperativas ou de outras formas de associação de catadores de materiais reutilizáveis e recicláveis;
- O monitoramento e a fiscalização ambiental, sanitária e agropecuária;
- A cooperação técnica e financeira entre os setores público e privado para o desenvolvimento de pesquisas de novos produtos, métodos, processos e tecnologias de gestão, reciclagem, reutilização, tratamento de resíduos e disposição final ambientalmente adequada de rejeitos;
- A pesquisa científica e tecnológica;
- Educação ambiental;
- Os incentivos fiscais, financeiros e creditícios;
- O Fundo Nacional do Meio Ambiente (FNMA) e o Fundo Nacional de Desenvolvimento Científico e Tecnológico (FNDCT);
- O Sistema Nacional de Informações sobre a Gestão dos Resíduos Sólidos (Sinir);
- O Sistema Nacional de Informações em Saneamento Básico (Sinisa);
- Os conselhos de meio ambiente e, no que couber, os de saúde;
- Os órgãos colegiados municipais destinados ao controle social dos serviços de resíduos sólidos urbanos;

- O Cadastro Nacional de Operadores de Resíduos Perigosos (CNORP);
- Os acordos setoriais;
- No que couber:
  » Os padrões de qualidade ambiental;
  » O Cadastro Técnico Federal de Atividades Potencialmente Poluidoras ou Utilizadoras de Recursos Ambientais (CTF/APP);
  » O Cadastro Técnico Federal de Atividades e Instrumentos de Defesa Ambiental (CTF/AIDA);
  » A Avaliação de Impactos Ambientais (AIA);
  » O Sistema Nacional de Informação sobre Meio Ambiente (Sinima);
  » O licenciamento e a revisão de atividades efetiva ou potencialmente poluidoras;
  » Os termos de compromisso e os Termos de Ajustamento de Conduta (Tacs); e;
  » O incentivo à adoção de consórcios ou de outras formas de cooperação entre os entes federados, com vistas à elevação das escalas de aproveitamento e à redução dos custos envolvidos (BRASIL, 2010c).

Ressalta-se que a PNRS decreta que a elaboração do Plano Estadual de Resíduos Sólidos é condição para os estados brasileiros terem acesso a recursos da União, ou por ela controlados, destinados a empreendimentos e serviços relacionados à gestão de resíduos sólidos, ou para serem beneficiados por incentivos ou financiamentos de entidades federais de crédito ou fomento para tal finalidade. Ficou definido nessa política de resíduos que, em nível das microrregiões estaduais, observando as especificidades dos territórios, devem ser previstas atividades de coleta seletiva, recuperação e reciclagem, tratamento e destinação final adequada de diversos tipos de resíduos (BRASIL, 2010c).

Esses resíduos de que tratam a PNRS são classificados no Art. 13 quanto à origem em resíduos: sólidos urbanos; domiciliares; de limpeza urbana; de estabelecimentos comerciais e prestadores de serviços; de serviços públicos de saneamento básico; industriais; de serviços de saúde; construção civil; agrossilvopastoris; de serviços de transporte, serviços públicos de saneamento básico. Já quanto à periculosidade, são classificados em resíduos perigosos e resíduos não perigosos.

Nessa mesma conjuntura, a Resolução n. 422, de 23 de março de 2010, trazida por Conama (2010), estabelece diretrizes para as campanhas, ações e projetos de EA, conforme define a Lei n. 9.795. No mesmo ano, a Lei n. 12.349/2010 (BRASIL, 2010d) altera a Lei das licitações (Lei n. 8.666/1993), instituindo a promoção do desenvolvimento nacional sustentável nos objetivos das licitações.

A Recomendação do Conama n. 11, de 4 de maio de 2011, recomenda diretrizes para a implantação, funcionamento e melhoria da organização dos Centros de EA (Ceas). Além disso, na Política Estadual de Educação Ambiental (PEEA) ficou registrado o incentivo à implantação de Centros de Educação Ambiental (Ceas) por meio da destinação e do uso de áreas urbanas e rurais para o desenvolvimento prioritário de atividades de EA. Inclui-se a isso a sensibilização da sociedade para a importância da criação, da gestão e do manejo de Unidades de Conservação (UCs) e seus entornos (GOVERNO DO ESTADO DE SANTA CATARINA, 2005).

Quanto à articulação e à mobilização social, recomenda-se o fortalecimento e a ampliação da Rede de Centros de Educação Ambiental vinculados a universidades, instituições de pesquisa, órgãos governamentais, centros de documentação, entidades não governamentais, as instituições ligadas ao setor privado e à Rede de Centros de Educação Ambiental (Rede Ceas).

No entanto, para o estado de Santa Catarina não foi possível encontrar uma plataforma com as informações unificadas e atualizadas, sendo identificado por meio de pesquisas por palavras-chaves um Centro Ambiental, três Centros de Educação Ambiental (Ceas), duas Redes de Cooperação e três Laboratórios de EA (Quadro 2-5):

Quadro 2-5 – Centro ambiental, Centros de Educação Ambiental (Ceas), redes e laboratórios de EA e sustentabilidade

Tipo	Nome	Cidade
Centro Ambiental	Jardim das Florestas	Atalanta, SC
Centro de EA	Centro de Visitantes do Parque Estadual da Serra do Tabuleiro	Palhoça, SC
Centro de EA	Centro de Educação Ambiental - Instituto Felinos do Aguaí	Siderópolis, SC

Centro de EA	Museu de Ecologia Fritz Muller	Blumenau, SC
Rede de Cooperação	Rede de Educação Ambiental das Bacias Hidrográficas dos Rios Itajaí e Camboriú	Itajaí e Camboriú, SC
Rede de Cooperação	Rede Sul-Brasileira de Educação Ambiental (REASul)	Itajaí, SC
Laboratório	Laboratório de Educação Ambiental do Salesiano (LEAS) – Rede Salesiana Brasil	Itajaí, SC
Laboratório	Laboratório de Educação Ambiental (LEA) - Fundação Universidade do Vale do Itajaí (Univali)	Itajaí, SC
Laboratório	Laboratório de Educação para a Sustentabilidade e Inovação Social (LEDS)	Florianópolis, SC

Fonte: adaptado de Rede CEAs (2004)

Entre as recomendações na produção do Conama (2011b) está: o uso preferencial de material permanente, com a redução e, se possível, a eliminação do uso de materiais descartáveis; adequação às normas e procedimentos de coleta e destinação ambientalmente adequada de resíduos; formação dos funcionários e administradores para a gestão sustentável e aplicação de tecnologias limpas. Igualmente, cabe cumprir a Recomendação Conama n. 12, de 8 junho de 2011, que regimenta a adoção de práticas sustentáveis no âmbito da administração pública. Essa agenda prevê a adoção de normas e padrões de sustentabilidade de modo a orientar a aquisição, a utilização, o consumo e a gestão dos recursos naturais e bens públicos.

A edição dada pela Lei n. 12.462, de 4 de agosto de 2011, estabelece o Regime Diferenciado de Contratações Públicas (RDC), sendo que nas contratações de obras e serviços, inclusive de engenharia, poderá ser estabelecida remuneração variável vinculada ao desempenho da contratada, com base em metas, padrões de qualidade, critérios de sustentabilidade ambiental e prazo de entrega definidos no instrumento convocatório e no contrato. Assim, nas licitações disciplinadas por meio desse dispositivo, poderão ser exigidos requisitos de sustentabilidade ambiental na forma da legislação aplicável (BRASIL, 2011).

Em 2012 foi lançado o Projeto Esplanada Sustentável (PES), coordenado pelo Ministério do Planejamento, Orçamento e Gestão (MPOG), por meio da Secretaria de Orçamento Federal (SOF), congregando quatro iniciativas: a) Agenda Ambiental na Administração Pública (A3P), coordenada pela Secretaria de Articulação Institucional e Cidadania Ambiental (SAIC); b) Programa de Eficiência do Gasto Público (PEG), desenvolvido no âmbito da Secretaria de Orçamento Federal do Ministério do Planejamento, Orçamento e Gestão (SOF/MPOG); c) Programa Nacional de Conservação de Energia Elétrica (Procel), coordenado pela Secretaria de Planejamento e Desenvolvimento Energético do Ministério de Minas e Energia (MME); e d) Coleta Seletiva Solidária (CSS), desenvolvida no âmbito da Secretaria Executiva (SE) do Ministério do Desenvolvimento Social e Combate à Fome (MDS) (MPOG, 2012a).

O PES, sob o comando do MPOG, reproduz sobre os órgãos instalados na Esplanada dos Ministérios, em Brasília, os princípios e diretrizes da A3P, fixando metas de redução nos gastos e consumo pela administração pública federal. Observa-se que o Programa A3P é de caráter voluntário, e destinado às instituições públicas dos Poderes Legislativo, Executivo e Judiciário e para as instâncias federal, estadual e municipal (MMA, 2020).

Nessa perspectiva, a Portaria n. 326, de 23 de julho de 2020, define oito instrumentos da A3P, sendo eles: a) termo de adesão; b) parcerias institucionais; c) rede A3P; d) certificado de sustentabilidade e selo A3P; e) prêmio A3P – melhores práticas de sustentabilidade; f) fórum A3P; g) publicações ou outros meios de divulgação; e h) Sistema de Responsabilidade Socioambiental (Ressoa). Essas iniciativas, juntamente do programa de Contratações Públicas Sustentáveis (CPS), são sugeridas na elaboração do Plano de Gestão de Logística Sustentável (PLS) (MMA, 2020).

O Projeto Esplanada Sustentável (PES) possui seis objetivos, sendo eles: a) promover a sustentabilidade ambiental, econômica e social na administração pública federal; b) melhorar a qualidade do gasto público pela eliminação do desperdício e pela melhoria contínua da gestão dos processos; c) incentivar a implementação de ações de eficiência energética nas edificações públicas; d) estimular ações para o consumo racional dos recursos naturais e bens públicos; e) garantir a gestão integrada de resíduos pós-consumo, inclusive a destinação ambientalmente correta; d) melhorar a qualidade de vida no ambiente do trabalho; e f) reconhecer e premiar as melhores práticas de eficiência na utilização dos recursos públicos, nas dimensões de economicidade e socioambientais (MPOG, 2012b).

Já o programa de Contratações Públicas Sustentáveis (CPS), coordenado pelo órgão central do Sistema de Serviços Gerais (SISG), na forma da Instrução Normativa n. 1, de 19 de janeiro de 2010 (MPOG, 2010), da Secretaria de Logística e Tecnologia da Informação (SLTI), trata sobre os critérios de sustentabilidade ambiental na aquisição de bens, contratação de serviços ou obras pela administração pública federal direta, autárquica e fundacional.

Por sua vez, o Plano de Gestão de Logística Sustentável (PLS) é subsidiado pela Instrução Normativa n. 10, de 12 de novembro de 2012 (MPOG, 2012a), da Secretaria de Logística e Tecnologia da Informação do Ministério do Planejamento, Orçamento e Gestão, que, por sua vez, regulamenta o art. 16 do Decreto n. 7.746, de 5 de junho de 2012 (BRASIL, 2012b). Esse último foi alterado pelo Decreto n. 9.178, de 23 de outubro de 2017 (BRASIL, 2017), que estabelece critérios, práticas e diretrizes para a elaboração e implementação dos PLS na administração pública federal direta, autárquica e fundacional e nas empresas estatais.

Desse modo, o PLS deve conter, no mínimo, quatro critérios: a) atualização do inventário de bens e materiais do órgão e identificação de similares de menor impacto ambiental para substituição; b) práticas de sustentabilidade e de racionalização do uso de materiais e serviços; c) responsabilidades, metodologia de implementação e avaliação do plano e d) ações de divulgação, conscientização e capacitação (MPOG, 2012a).

Por meio desses ofícios foram definidos critérios e práticas para a promoção do desenvolvimento nacional sustentável nas contratações realizadas pela administração pública federal direta, autárquica e fundacional e pelas empresas estatais dependentes. Simultaneamente a isso, foi instituída a Comissão Interministerial de Sustentabilidade na Administração Pública (Cisap). Para os fins do Decreto n. 7.746 são elencadas oito entre outras práticas sustentáveis, sendo elas:

- Baixo impacto sobre recursos naturais como flora, fauna, ar, solo e água;
- Preferência para materiais, tecnologias e matérias-primas de origem local;
- Maior eficiência na utilização de recursos naturais como água e energia;
- Maior geração de empregos, preferencialmente com mão de obra local;
- Maior vida útil e menor custo de manutenção do bem e da obra;

- Uso de inovações que reduzam a pressão sobre recursos naturais;
- Origem sustentável dos recursos naturais utilizados nos bens, nos serviços e nas obras; e
- Utilização de produtos florestais madeireiros e não madeireiros, originários de manejo florestal sustentável ou de reflorestamento (BRASIL, 2012b).

Para a execução dessa agenda, deverá ser constituída uma comissão gestora do Plano de Gestão de Logística Sustentável, composta por no mínimo três servidores, designados pelos respectivos titulares dos órgãos ou entidades. Cabe a essa comissão a atribuição de elaborar, monitorar, avaliar e revisar o PLS, sendo preciso que as práticas de sustentabilidade e racionalização do uso de materiais e serviços possam ser utilizadas como referências, devendo abranger os materiais de consumo, compreendendo pelo menos: papel para impressão, copos descartáveis e cartuchos para impressão (MPOG, 2012a).

Desse modo, o inventário de materiais deverá ser composto pela lista dos materiais de consumo para uso nas atividades administrativas, adquiridos pelo órgão ou entidade no período de um ano, acompanhando as seguintes informações do Quadro 2-6.

Quadro 2-6 – Informações a serem consideradas sobre materiais de consumo proposto para os Planos de Gestão de Logística Sustentável (PLSs)

Código[1]	Descrição do item	Quantidade	Unidade de medida	Valor total (R$) [2]	Item sustentável[3]

Fonte: adaptado de MPOG (2012a)

[1] Código do Sistema de Catalogação de Material (CATMAT) para as unidades integrantes do Sistema de Serviços Gerais (SISG). Para as demais, utilizar código de material usualmente empregado.

[2] Somatório do valor monetário dos itens adquiridos no período de um ano.

[3] Informar sim ou não.

Além disso, em atendimento às práticas de sustentabilidade e racionalização do uso de materiais e serviços, deve-se proceder no mínimo o acompanhamento dos seguintes temas: energia elétrica, água e esgoto, coleta seletiva, qualidade de vida no ambiente de trabalho. Além disso, está preconizado os eixos de compras e contratações sustentáveis, compreendendo pelo menos, obras, equipamentos, serviços de vigilância, de limpeza, de telefonia, de processamento de dados, de apoio administrativo e de manutenção predial. Já em termos de deslocamento de pessoal, deve-se considerar todos os meios de transporte, com foco na redução de gastos e de emissões de substâncias poluentes, recomendando-se utilizar o Quadro 2-7 como referência:

Quadro 2-7 – Sugestões de boas práticas de sustentabilidade e de racionalização de materiais no acompanhamento da Agenda Ambiental na Administração Pública (A3P) dos Planos de Gestão de Logística Sustentável (PLSs)

Uso Racional dos Recursos Financeiros, Naturais, Materiais
Consumo de papel
• Dar preferência ao uso de mensagens eletrônicas (e-mail) na comunicação, evitando o uso do papel;
• Substituir o uso de documento impresso por documento digital;
• Imprimir apenas se necessário, revisando os documentos antes de imprimir;
• Controlar o consumo de papel para impressão e cópias;
• Programar manutenção ou substituição das impressoras, em razão de eficiência;
• Imprimir documentos no modo frente e verso com reaproveitamento do papel impresso em apenas um lado, para a confecção de blocos de rascunho;
• Utilizar papel reciclado ou papel branco produzido sem uso de substâncias cloradas nocivas ao meio ambiente; e
• Realizar campanhas de sensibilização para redução do consumo de papel.
Copos descartáveis
• Dar preferência para os copos produzidos com materiais que propiciem a reutilização ou a reciclagem com vistas a minimizar impactos ambientais adversos; e
• Sensibilização para o uso e disponibilização de copos permanentes para todos os servidores.
Cartuchos para impressão
• Dar preferência à utilização de impressão com estilo de fonte de texto capaz de economizar tinta ou toner.

Coleta Seletiva
• Promover a implantação da coleta seletiva observando o código de cores para diferentes tipos de resíduos de acordo com a Resolução do Conama nº 275 de 25 abr. 2001, ou outra legislação que a substitua; • Instituir uma comissão setorial de coleta seletiva com um representante por unidade e envolver outras instituições alocados no mesmo prédio ou condomínio; • Promover a destinação adequada dos resíduos perigosos com arquivamento de comprovantes de destinação; e • Implantar a coleta seletiva com separação e destinação às cooperativas de catadores dos resíduos não perigosos nos termos do Decreto nº 10.936, de 12 de janeiro de 2022.
Consumo de Energia Elétrica
• Fazer diagnóstico da situação das instalações elétricas e propor as alterações necessárias para redução do consumo; • Monitorar o consumo de energia; • Promover campanhas de conscientização; • Desligar luzes e monitores ao se ausentar do ambiente; • Fechar as portas e janelas quando ligar o ar condicionado; • Aproveitar as condições naturais do ambiente de trabalho – ventilação, iluminação natural; • Desligar alguns elevadores nos horários de menor movimento; • Revisar o contrato visando à racionalização em razão da real demanda de energia elétrica do órgão ou entidade; • Dar preferência, quando da substituição, a aparelhos de ar-condicionado mais modernos e eficientes, visando reduzir o consumo de energia; • Minimizar o consumo de energia reativa excedente e/ou demanda reativa excedente, visando reduzir a quantidade de reatores ou adquirindo um banco de capacitores; • Propor sensores de presença em locais de trânsito de pessoas; e • Reduzir a quantidade de lâmpadas, estabelecendo um padrão por m² e estudando a viabilidade de se trocar as calhas embutidas por calhas "invertidas".

Qualidade de Vida no Ambiente de Trabalho
• Adotar medidas para promover um ambiente físico de trabalho seguro e saudável; • Adotar medidas para avaliação e controle da qualidade do ar nos ambientes climatizados; • Realizar manutenção ou substituição de aparelhos que provocam ruídos no ambiente de trabalho; • Promover programa e atividades de integração e de qualidade de vida, saúde e segurança no ambiente de trabalho; • Instituir comissão de prevenção de acidentes e brigadas de incêndio; • Realizar manutenção ou substituição de aparelhos que provocam ruídos no ambiente de trabalho; • Realizar campanhas, oficinas, palestras e exposições de sensibilização das práticas sustentáveis para os servidores, com divulgação por meio da intranet, cartazes, etiquetas e informativos; • Implantar programa de prevenção de riscos ambientais; • Produzir informativos referentes a temas socioambientais, experiências bem-sucedidas e progressos alcançados pela instituição; e • Promover atividades de integração no local de trabalho e qualidade de vida como: ginástica laboral, oficinas de talento, jogos, entre outras.
Consumo de Água
• Realizar levantamento sobre a situação das instalações hidráulicas e proposição das alterações necessárias para redução do consumo; • Realizar levantamento e acompanhamento do consumo de água; e • Promover campanhas de conscientização para o não desperdício da água.
Sensibilização e Capacitação
• Elaborar plano de capacitação e formação da Comissão Gestora da A3P; • Realizar campanha de sensibilização dos servidores com divulgação na intranet, cartazes, etiquetas e informativos; • Promover a capacitação e sensibilização por meio de palestras, reuniões, exposições, oficinas etc.; e • Produzir informativos referentes à temas socioambientais, experiências bem-sucedidas e progressos alcançados pela instituição.

Licitações e Contratações Sustentáveis
• Dar preferência, quando possível, à aquisição de bens reciclados ou recicláveis;
• Dar preferência à utilização de impressoras que imprimam em frente e verso;
• Incluir no contrato de reprografia a opção de impressão dos documentos em frente e verso;
• Dar preferência, quando possível, à aquisição de papéis reciclados, isentos de cloro elementar ou branqueados a base de oxigênio, peróxido de hidrogênio e ozônio;
• Incluir nos contratos de copeiragem e serviço de limpeza a adoção de procedimentos que promovam o uso racional dos recursos e utilizem produtos reciclados, reutilizados e biodegradáveis, com capacitação dos funcionários para isso;
• Exigir comprovação de origem das madeiras quando da aquisição de bens e na contratação de obras e serviços;
• Priorizar, quando possível, o emprego de mão de obra, materiais, tecnologias e matérias-primas de origem local; [...] e
• Fomentar compras compartilhadas.

Fonte: adaptado de MPOG (2012a) e MMA (2013)

Cada um desses temas deve ser formalizado em processos individuais. Os resultados alcançados devem ser avaliados semestralmente pela comissão gestora como sugestões de boas práticas de sustentabilidade e de racionalização de materiais.

Os Planos de Logística Sustentáveis deverão ser elaborados e publicados no site dos respectivos órgãos ou entidades. Os resultados alcançados, a partir da implantação das ações definidas no PLS, também deverão ser publicados semestralmente no site dos respectivos órgãos ou entidades, apresentando as metas alcançadas e os resultados medidos pelos indicadores.

Para essa finalidade, deverão ser criados Planos de Ação com seis tópicos determinados por ato da IN 10 (MPOG, 2012a), sendo os seguintes: a) objetivo do plano de ação; b) detalhamento de implementação das ações; c) unidades e áreas envolvidas pela implementação de cada ação e respectivos responsáveis; d) metas a serem alcançadas para cada ação[31]; e) cronograma de implantação das ações; e f) previsão de recursos financeiros, humanos, instrumentais, entre outros necessários para a implementação das ações.

---

[31] Caso o órgão ou entidade inclua outros temas no PLS, deverão ser definidos os respectivos indicadores, contendo: nome, fórmula de cálculo, fonte de dados, metodologia de apuração e periodicidade de apuração.

Ao final de cada ano deverá ser elaborado e publicado um relatório de acompanhamento do PLS de forma a evidenciar o desempenho de cada órgão ou entidade. Os relatórios deverão ser publicados no site dos respectivos órgãos ou entidades e encaminhados eletronicamente à Secretaria Executiva da Comissão Interministerial de Sustentabilidade na Administração Pública (Cisap), contendo: a consolidação dos resultados alcançados e a identificação das ações a serem desenvolvidas ou modificadas para o ano subsequente.

Nesse sentido, recomenda-se a instituição e o acompanhamento de indicadores relacionados à eficiência no consumo de água, energia elétrica, combustíveis, papel, copos plásticos, mitigação da emissão de gases poluentes e de efeito estufa, gerenciamento de resíduos sólidos, qualidade de vida no trabalho, sensibilização e capacitação dos servidores em responsabilidade socioambiental, contratações sustentáveis e construções sustentáveis.

Com base nas referências citadas, foram selecionados aqueles indicadores julgados relevantes, mensuráveis e adequados para a formulação de políticas e programas institucionais de EA (Quadro 2-8):

Quadro 2-8 – Indicadores de sustentabilidade institucionais relacionados à EA aplicáveis às entidades públicas da administração direta e indireta

Indicadores	Fonte
31 Certificados de Responsabilidade Social dedicados à dez entidades públicas	Certificação de Responsabilidade Social (ALESC, 2023a)
92 empresas e 27 unidades de negócio com Sistema de Gestão Ambiental Implantado	Certificação de Sistema de Gestão Ambiental (INMETRO, 2023)
Emissão de CO_2 (2,28 Kg de CO_2 / litro de gasolina)	Agenda Ambiental na Administração Pública (A3P) (MMA, 2016)
Emissão de CO_2 (2,6 Kg de CO_2 / litro de diesel)	Agenda Ambiental na Administração Pública (A3P) (MMA, 2016)
Emissão de CO_2 por consumo de papel (3,5 Kg de CO_2 / resmas de papel (500 folhas)	Agenda Ambiental na Administração Pública (A3P) (MMA, 2016)
11 entidades públicas catarinenses com adesão à Agenda Ambiental na Administração Pública (Agenda A3P)	Agenda Ambiental na Administração Pública (A3P) (MMA, 2023)

Indicadores	Fonte
Consumo de copos descartáveis total e per capita	Agenda Ambiental na Administração Pública (A3P) (MMA, 2016); Plano de Gestão de Logística Sustentável (PLS) (MPOG, 2012a)
Gastos com aquisição de copos descartáveis	Agenda Ambiental na Administração Pública (A3P) (MMA, 2016); Plano de Gestão de Logística Sustentável (PLS) (MPOG, 2012a)
Massa de papel, papelão, plástico, cartuchos e toners de impressão, metal e vidro (Kg) destinado seletivamente para reciclagem	Agenda Ambiental na Administração Pública (A3P) (MMA, 2016); Plano de Gestão de Logística Sustentável (PLS) (MPOG, 2012a)
Massa de pilhas e baterias (Kg) e quantidade de lâmpadas (und.) destinadas para reciclagem ou aterros controlados	Agenda Ambiental na Administração Pública (A3P) (MMA, 2016); Política Nacional de Resíduos Sólidos (PNRS) (BRASIL, 2010c)
Quantidade de papel reutilizado	Agenda Ambiental na Administração Pública (A3P) (MMA, 2016)
Planos de Gerenciamento de Resíduos Sólidos (PGRS) nas entidades públicas geradoras de resíduos perigosos	Política Nacional de Resíduos Sólidos (PNRS) (BRASIL, 2010c)
Aquisição de sanitários com válvulas de descarga com duplo acionamento ou a vácuo	Agenda Ambiental na Administração Pública (A3P) (MMA, 2016)
Aquisição de torneiras com válvulas redutoras de pressão, temporizadores, sensores ou fechamento automático	Agenda Ambiental na Administração Pública (A3P) (MMA, 2016)
Consumo mensal de papel não clorado e reciclado	Agenda Ambiental na Administração Pública (A3P) (MMA, 2016)
Água economizada (%)	Agenda Ambiental na Administração Pública (A3P) (MMA, 2016)
Reutilização de água (água cinza + água captada da chuva)	Agenda Ambiental na Administração Pública (A3P) (MMA, 2016)
Uso de hidrômetros individualizados para controle do consumo de água	Agenda Ambiental na Administração Pública (A3P) (MMA, 2016)

Indicadores	Fonte
Energia elétrica economizada (%)	Agenda Ambiental na Administração Pública (A3P) (MMA, 2016)
Energia elétrica utilizada a partir de fontes renováveis de energia (%)	Agenda Ambiental na Administração Pública (A3P) (MMA, 2016)
Uso de sistema de controle de iluminação por timer ou foto célula	Agenda Ambiental na Administração Pública (A3P) (MMA, 2016)

Fonte: os autores

Vale pontuar que as normas de padronização são opcionais, como é o caso da Organização Internacional de Normalização ou Padronização *(International Organization for Standardization* – ISO). Essas serviram de base para o sistema normativo brasileiro, além de incentivar e subsidiar diversas iniciativas e políticas de sustentabilidade.

Outras normas internacionais também merecem uma análise, como: International *Electrotechnical Commission* (IEC), *British Standards Institution* (BSI), *Association Française de Normalisation* (AFNOR), *Japanese Standards Association* (JIS), *National Fire Protection Association* (NFPA), *American Society for Testing and Materials* (ASTM), *German Institute for Standardization* (DIN) e *Institute of Electrical and Electronics Engineers Standards Association* (IEEE) (ABNT, 2021c).

Nesse contexto, o Serviço Brasileiro de Apoio às Micro e Pequenas Empresas (Sebrae) propõe o desenvolvimento de 15 dimensões da sustentabilidade aos setores de indústria, comércio e serviços e o agronegócio. O Sebrae, sendo uma instituição privada sem fins lucrativos, busca estimular o empreendedorismo e possibilitar a competitividade e a sustentabilidade dos empreendimentos de micro e pequeno porte.

Essas dimensões propostas no âmbito dos negócios sustentáveis compreendem: planejamento estratégico, gestão financeira, gestão da qualidade, compras sustentáveis, encadeamento produtivo, gestão de pessoas, desenvolvimento social, gestão ambiental, água, energia, resíduos, legislação, normas e certificações, mercado e consumo consciente, marketing e comunicação e políticas públicas (SEBRAE, 2015).

2.2.2 Estrutura pública de gestão da educação ambiental não formal catarinense

Cabendo ao Poder Legislativo a representação da sociedade catarinense e a promoção do Estado democrático de direito, a Assembleia Legislativa de Santa Catarina estabelece que entre as principais responsabilidades dos parlamentares estaduais estão a fiscalização dos atos dos outros poderes e órgãos, assim como a proposição, discussão e deliberação sobre a organização do Estado e sobre temas que afetam diretamente a vida do cidadão. Considerando que as decisões legislativas garantem direitos e definem deveres, cabe ao Legislativo ainda aprimorar os instrumentos de participação popular e facilitar o acesso às informações sobre debates e tramitação de matérias em sintonia com o anseios populares (ALESC, 2021).

O último ciclo de estruturação da administração do Poder Executivo estadual foi regido pela Lei n. 243/2003 (GOVERNO DO ESTADO DE SANTA CATARINA, 2003a) e reforça os preceitos da regionalização administrativa do Estado, dado pela Lei Complementar n. 104, de 4 de janeiro de 1994. Nela, foi reforçado que a execução das atividades da administração estadual seria descentralizada e desconcentrada, devendo ser preponderantemente operacionalizada pelas Secretarias de Estado do Desenvolvimento Regional e por outros órgãos de atuação regional.

A partir de 2016 o regime jurídico das empresas públicas passou a ter como instrumento principal a Lei n. 13.303, de 30 de junho de 2016, estabelecendo o compromisso com metas e resultados específicos a serem alcançados. Excluem-se da obrigação de publicação as informações de natureza estratégica cuja divulgação possa ser comprovadamente prejudicial ao interesse da empresa pública ou da sociedade de economia mista.

Essas metas e resultados esperados deverão ser aprovados pelo Conselho de Administração, a quem incumbe fiscalizar seu cumprimento, devendo conter: I – plano de negócios para o exercício anual seguinte; II – estratégia de longo prazo atualizada com análise de riscos e oportunidades para, no mínimo, os próximos cinco anos. Além disso, é dever promover anualmente análise de atendimento das metas e resultados na execução do plano de negócios e da estratégia de longo prazo, devendo publicar suas conclusões e informá-las ao Congresso Nacional, às Assembleias Legislativas, à Câmara Legislativa do Distrito Federal ou às Câmaras Municipais e os respectivos tribunais de contas, quando houver (BRASIL, 2016).

Posteriormente a isso, o Decreto n. 1.484, de 7 de fevereiro de 2018, fixa as diretrizes para a promoção das adaptações necessárias à adequação das empresas públicas e sociedades de economia mista e suas subsidiárias do estado-membro ao disposto na Lei federal n. 13.303, de 2016, e no Decreto n. 1.007, de 2016 (GOVERNO DO ESTADO DE SANTA CATARINA, 2018a).

Com relação ao público-alvo, a referência da Tblisi define que a EA se destina ao público em geral, a grupos profissionais ou sociais específicos e a profissionais e cientistas. Assim, a pedagogia ambiental deve ser dirigida a grupos de todas as idades e a todos os níveis da educação formal, aos alunos e aos docentes, assim como às diversas atividades de educação não formal destinadas aos jovens e aos adultos, inclusive aos deficientes. Quanto aos grupos específicos, são considerados especialmente aqueles cujas atividades e influência têm repercussões importantes sobre o ambiente, tais como: engenheiros, arquitetos, administradores e projetistas industriais, sindicalistas, médicos, responsáveis pela formulação de políticas, economistas, planejadores, técnicos e agricultores. Assim, diversos níveis de educação formal e não formal deverão contribuir para essa formação.

Tbilisi também prevê a formação daqueles grupos de profissionais e cientistas que se ocupam de problemas ambientais específicos, tal como: biólogos, ecologistas, hidrologistas, toxicólogos, geólogos, agrônomos, topógrafos, arquitetos paisagistas, oceanógrafos, limnólogos, meteorologistas engenheiros e sanitaristas. A redação ainda ressalta que a formação dos cientistas deve incluir um componente interdisciplinar. Às profissões que exercem grande influência sobre o ambiente, recomenda-se estimular esses profissionais a aperfeiçoarem seu conhecimento ambiental por meio de programas educacionais específicos. Esses programas deverão apresentar soluções possíveis para os problemas em questão e ter como objetivo o desenvolvimento de uma atitude responsável nos participantes (UNESCO, 1978).

Nesse sentido, a Política Estadual de EA estende o incentivo e a necessidade de sensibilização às populações tradicionais residentes nas unidades de conservação e no seu entorno e aos agricultores para as práticas agroecológicas como forma de produção e de subsistência. O texto dessa política também recomenda a inserção da EA de dois grupos de atividades, sendo eles: 1) conservação da biodiversidade, zoneamento ambiental, licenciamento, gerenciamento de resíduos, gestão de recursos hídricos, ordenamento de recursos pesqueiros, manejo sustentável de recursos ambientais e melhoria de qualidade ambiental; e 2) políticas econômicas, sociais e culturais, de ciência e tecnologia, de comunicação, de transporte, de saneamento e saúde nos projetos financiados com recursos públicos e privados e nos ditames da Agenda 21 (GOVERNO DO ESTADO DE SANTA CATARINA, 2005).

O Código Estadual do Meio Ambiente definiu oito objetivos na redação da Lei n. 14.675, de 13 de abril de 2009, sendo eles: 1) proteger e melhorar a qualidade do meio ambiente para as presentes e futuras gerações; 2) remediar ou recuperar áreas degradadas; 3) assegurar a utilização adequada e sustentável dos recursos ambientais; 4) gerar benefícios sociais e econômicos; 5) incentivar a cooperação entre municípios e a adoção de soluções conjuntas; 6) proteger e recuperar processos ecológicos essenciais para a reprodução e manutenção da biodiversidade; 7) estabelecer critérios e padrões de qualidade ambiental e de normas relativas ao uso e manejo de recursos ambientais; e 8) desenvolver programas de difusão e capacitação para o uso e manejo dos recursos ambientais nas propriedades rurais (GOVERNO DO ESTADO DE SANTA CATARINA, 2009).

No âmbito da gestão pública estadual, cabe à Secretaria de Estado do Desenvolvimento Econômico Sustentável (SDE) gerenciar as atividades ligadas ao meio ambiente, ciência, tecnologia, inovação e desenvolvimento econômico. A SDE almeja tornar o estado referência nacional e internacional no uso da inovação para o desenvolvimento sustentável, aliando preservação ambiental a uma agenda estratégica empreendedora. Essas ações da secretaria buscam a articulação do governo com empresas, universidades, e organizações da sociedade civil (SDE, 2020).

Integram a estrutura organizacional da SDE, na área ambiental, o Conselho Estadual do Meio Ambiente de Santa Catarina (Consema-SC), a Comissão Interinstitucional de Educação Ambiental do Estado de Santa Catarina (Ciea-SC), o Conselho Estadual de Recursos Hídricos (CERH) e o Fórum Catarinense de Mudanças Climáticas Globais (FCMCG). Nesse contexto, estão vinculados à SDE a Fundação de Amparo à Pesquisa e Inovação do Estado de Santa Catarina (Fapesc) e o Instituto do Meio Ambiente de Santa Catarina (IMA), entre outras instituições (SDE, 2020).

O Conselho Estadual do Meio Ambiente de Santa Catarina (Consema-SC) é um órgão superior de caráter colegiado, consultivo, normativo e deliberativo, integrante da estrutura organizacional. O Consema tem a atribuição de orientar as diretrizes da Política Estadual do Meio Ambiente, definidas no plano de governo por meio das suas nove Câmaras Técnicas, sendo elas: Câmara Técnica de Atividades Agroflorestais (CTAFLO), Câmara Técnica de Assuntos Jurídicos

(CTAJ), Câmara Técnica de Educação Ambiental (CTEA), Câmara Técnica de Gestão Ambiental Urbana (CTGAU), Câmara Técnica de Gerenciamento Costeiro (CTGerco), Câmara Técnica de Análise dos Impactos Ambientais da Poluição Eletromagnética (CTIPE), Câmara Técnica de Licenciamento (CTL), Câmara Técnica de Resíduos (CTR) e Câmara Técnica de Saneamento (CTS).

Por sua vez, o Conselho Estadual de Recursos Hídricos (CERH) tem por competência o planejamento das atividades de aproveitamento e o controle dos recursos hídricos catarinense. Além disso, cabe ao Conselho desenvolver e propor normativas e diretrizes relacionadas à gestão e ao controle de recursos hídricos no âmbito estadual e promover a integração dos programas e atividades governamentais de: 1) abastecimento urbano e industrial; 2) controle de cheias; 3) irrigação e drenagem; 4) pesca; 5) transporte fluvial; 6) aproveitamento hidroelétrico; 7) uso do solo; 8) meio ambiente; 9) hidrologia; 10) meteorologia; 11) hidrosedimentologia; e 12) lazer (GOVERNO DO ESTADO DE SANTA CATARINA, 1991).

Os Comitês de Bacias Hidrográficas (CBHs) integram o Sistema Estadual de Gerenciamento de Recursos Hídricos (SEGRH), possuem caráter normativo, consultivo e deliberativo e contam com a participação do poder público, dos usuários de água e das comunidades e atuam em consonância com o que estabelece a Lei n. 9.433/97 (BRASIL, 1997).

Na Gestão catarinense, há 16 CBHs em funcionamento, os quais possuem, entre outras, as seguintes atribuições: promover o debate das questões relacionadas aos recursos hídricos da bacia; articular a atuação das entidades que trabalham com esse tema; arbitrar conflitos relacionados a recursos hídricos; aprovar e acompanhar a execução do Plano de Recursos Hídricos da Bacia (PRHB); estabelecer os mecanismos de cobrança pelo uso de recursos hídricos sugeridos a serem praticados; estabelecer critérios e promover o rateio do custo de obras de múltiplos usos e de interesse comum ou coletivo (GOVERNO DO ESTADO DE SANTA CATARINA, 2020a).

O Programa Estadual de Educação Ambiental (ProEEA-SC) tem como objetivo criar as condições necessárias para a formação de recursos humanos para a EA, ajustando parcerias com o setor produtivo (empresas públicas, mistas e privadas) para a formação continuada do quadro funcional dessas empresas no desenvolvimento de programas, projetos e ações em EA. Além disso, esse sistema prevê a criação de programas para a formação continuada em EA de setores da sociedade para atuação nos conselhos municipais, regionais e de unidades de conservação da natureza (GOVERNO DO ESTADO DE SANTA CATARINA, 2010).

Fazem parte do Sistema de Informações Ambientais (SAI) as seguintes instituições: Instituto do Meio Ambiente (IMA); Empresa de Pesquisa Agropecuária e de Extensão Rural de Santa Catarina (Epagri); Secretaria de Estado responsável pelo Meio Ambiente (Sema); Defesa Civil; Secretaria de Estado responsável pela Agricultura, [Pesca] e Desenvolvimento Rural (SAR); Companhia Integrada de Desenvolvimento Agrícola de Santa Catarina (Cidasc); Secretaria de Estado responsável pelo planejamento; Companhia Catarinense de Águas e Saneamento (Casan); Polícia Militar Ambiental (PMA); Secretaria de Estado da Saúde (SES); Ministério Público (MP) Estadual; Centro de Informática e Automação do Estado de Santa Catarina (Ciasc); Centrais Elétricas de Santa Catarina S/A (Celesc) e Corpo de Bombeiros Militar (CBM) de Santa Catarina (GOVERNO DO ESTADO DE SANTA CATARINA, 2009).

Em termos históricos, os estados brasileiros, ao criarem as Associações de Crédito e Assistência Rural (Ascars), passaram a receber benefícios técnicos e financeiros da Associação Brasileira de Crédito e Assistência Rural (ABCA). Em vista disso, a gestão do estado catarinense criou em 1957 a Associação de Crédito e Assistência Rural de Santa Catarina (Acaresc). De acordo com Seiffert (1990) (KARAM; FREITAS, 2008), a Acaresc foi concebida como serviço de extensão rural destinado a promover um processo educativo não formal a fim de auxiliar a família rural e elevar seu nível de vida, utilizando métodos próprios, simples e práticos. Tal processo educativo se baseava no princípio de que a pessoa aprende vendo, ouvindo e fazendo.

Desse modo, a Epagri vem atuando em praticamente todos os municípios do território e foi criada no ano de 1991 pela fusão de cinco entidades, sendo elas: a Empresa Catarinense de Pesquisa Agropecuária (Empasc), a Associação de Crédito e Extensão Rural de Santa Catarina (Acaresc), a Empresa de Assistência Técnica e Extensão Rural de Santa Catarina (Emater-SC), a Associação de Crédito e Assistência Pesqueira de Santa Catarina (Acarpesc) e o Instituto de Apicultura de Santa Catarina (Iasc).

A Epagri é uma das principais instituições executoras das ações de EA não formal no estado de Santa Catarina, realizando há décadas ações em parceria com escolas municipais e estaduais no contexto do espaço rural, pesqueiro e indígena, de acordo com o interesse delas. A partir de problemas ambientais territoriais, reserva-se o atendimento nas agendas municipais de planejamento de ações na promoção ambiental das populações rurais, pesqueiras e indígenas (EPAGRI, 2018).

Tendo a efetividade como paradigma de gestão, a Epagri (2013) instituiu alguns objetivos para seu Plano Estratégico 2012-2022, sendo eles: implantação dos processos de gestão estratégica; revisão da estrutura técnico-gerencial e dos macroprocessos; definição de projetos estruturantes de pesquisa e prestação de serviços; definição de canais que aumentem a qualidade da comunicação com a sociedade; e o estabelecimento de uma política de gestão de pessoas voltada ao aperfeiçoamento técnico, capacitação gerencial e valorização dos talentos e capacidades.

A Epagri já foi laureada 25 vezes com o Prêmio Expressão de Ecologia (EDITORA EXPRESSÃO, 2024). Além disso, ela é executora de 12 tecnologias e parceira em outras seis tecnologias em andamento e incluídas na Plataforma de Boas Práticas para o Desenvolvimento Sustentável (FAO, 2020). A Epagri possui jurisdição pública desde 2005 e está subordinada ao governo do Estado sob a coordenação e orientação da Secretaria de Estado da Agricultura, da Pesca e do Desenvolvimento Rural (SAR).

Conforme a redação da Lei Complementar n. 534, de 20 de abril de 2011, cabe a Epagri, conjuntamente à Fundação de Amparo à Pesquisa e Inovação do Estado de Santa Catarina (Fapesc), executar planos, programas e orçamentos de apoio e fomento à ciência, tecnologia e inovação, observando a política de recursos destinados à pesquisa científica e tecnológica (GOVERNO DO ESTADO DE SANTA CATARINA, 2011).

Está à frente da estrutura organizacional da Epagri o conselho de administração e a presidência. Esses dois órgãos são seguidos de quatro diretorias nas áreas de administração e finanças, pesquisa, extensão e diretoria institucional. A essas diretorias estão atribuídos oito departamentos, além de quatro centros especializados, nove estações experimentais, três campos experimentais, 16 gerências regionais, 13 centros de treinamento e 294 escritórios municipais (EPAGRI, 2021a). Nessas ocupações, 1715 colaboradores desenvolvem atividades de modo permanente, sendo que 34,6 % desses postos são ocupados por mulheres (EPAGRI, 2021b).

As Unidades de Extensão da Epagri compreendem as gerências regionais, os escritórios municipais e os centros de treinamento, apoiados pelas gerências estaduais. Sendo uma referência nacional no assunto, Santa Catarina é o estado que possui a maior rede de Centros de Treinamento de todo o Brasil. Compete-lhes o cumprimento das políticas, diretrizes, estratégias e prioridades institucionais, formulação e execução de projetos e atividades voltadas ao desenvolvimento sustentável do meio rural e pesqueiro, além da execução dos programas estaduais de desenvolvimento regional e municipal.

Já às Unidades de Pesquisa compete a execução da política de pesquisa agrícola e a inovação do estado, sendo compostas pelas Estações Experimentais, pelos Centros especializados e Campos Experimentais (EPAGRI, 2021a). A Unidade Ambiental da Estação Experimental de Itajaí é tida como um instrumento multidisciplinar desenvolvido para qualificar o processo de EA, sendo dedicada à sociedade em geral. Essa estação foi estruturada com uma sinuosa trilha ecológica que passa por estações temáticas relacionadas a: abrigo da fauna, recuperação de áreas degradadas, cursos naturais e da biodiversidade, gerenciamento de resíduos, alimentação para o autoconsumo, jardim sensorial, energias alternativas e tratamento de efluentes domésticos (EPAGRI, 2016b).

São parceiros da Epagri a Associação Brasileira de Assistência Técnica e Extensão Rural (Asbraer), a Federação dos Trabalhadores na Agricultura do Estado de Santa Catarina (Fetaesc), o Conselho Nacional das Entidades Estaduais de Pesquisa Agropecuária (Consepa), a Empresa Brasileira de Pesquisa Agropecuária (Embrapa), a Federação da Agricultura e Pecuária do Estado de Santa Catarina (Faesc), a Fundação de Amparo à Pesquisa e Inovação de Santa Catarina (Fapesc) e o Conselho Nacional de Desenvolvimento Científico e Tecnológico (CNPq) (EPAGRI, 2021b).

O Instituto do Meio Ambiente de Santa Catarina (IMA), sendo um órgão ambiental que tem como missão a preservação dos recursos naturais, possui ações exclusivas na representação do Estado, sendo elas: gestão de Unidades de Conservação Estaduais (UCs); fiscalização de recursos naturais e de transporte de cargas perigosas; licenciamento ambiental[32] de obras e empreendimentos; geoprocessamento de dados; estudos e pesquisas ambientais sobre fauna e flora; e monitoramento da balneabilidade das águas marinhas (IMA, 2021a).

Cabendo ao IMA a promoção de ações de EA integradas aos programas de conservação, recuperação e uso sustentável do meio ambiente, o instituto elabora, avalia projetos, cria resoluções, bem como propõe linhas de ações prioritárias, eventos voltados à discussão das práticas, experiências e políticas relacionadas à EA. Dentre as ações realizadas, destacam-se

---

[32] A Resolução n. 237, de 19 de dezembro de 1997, dispõe sobre a revisão e complementação dos procedimentos e critérios utilizados para o licenciamento ambiental (CONAMA, 1997).

o Projeto de EA itinerante[33] "Eco-ônibus" e o Teatro de Fantoches, com a peça Surpresas da Natureza (IMA, 2021b).

Ainda, cabe à secretaria de governo do Estado responsável pelo meio ambiente emitir relatórios periódicos com os dados de monitoramento da qualidade ambiental obtidos diretamente ou repassados pelos órgãos integrantes desse Sistema de Informações Ambientais (SIA). Essas informações compreendem cinco dimensões, sendo elas: 1) fauna, flora, ar, solo e recursos hídricos; 2) atividades licenciáveis geradoras de resíduos sólidos, efluentes líquidos e gasosos; 3) balneabilidade das praias; 4) áreas contaminadas; e 5) áreas críticas (GOVERNO DO ESTADO DE SANTA CATARINA, 2009).

Além dessas instituições, a Casan também desenvolve ações de educação sanitária e ambiental direcionadas a diferentes públicos, incluindo visitas às suas unidades de tratamento de água e de esgoto. A proposta metodológica da Casan apresenta conteúdo e linguagem adaptados à faixa etária e à formação acadêmica, divididas em quatro grupos, sendo eles: núcleos de educação infantil (3 a 6 anos); ensino fundamental I (7 a 10 anos); ensino fundamental II e ensino médio (11 a 18 anos) e ensino técnico, universidades e empresas (CASAN, 2021).

O Batalhão de Polícia Militar Ambiental (BPMA) Dr. Fritz Müller, sendo uma unidade especializada da Polícia Militar Catarinense, tem atuação em todos os municípios do estado e conta com 20 unidades físicas e efetivo ativo de 355 policiais. O BPMA desenvolve programas de EA por meio de eventos e palestras para a comunidade em geral e desenvolve um programa específico para jovens chamado Programa Protetor Ambiental (Proa). Por outro lado, seu caráter policial também permite realizar autuações ambientais no combate a infrações e crimes contra a natureza (CIEA-SC, 2021).

Nesse contexto, o Decreto n. 867, de 28 de setembro de 2020, institui o Núcleo Interinstitucional para a Gestão e Planejamento Ambiental no Estado de Santa Catarina (Nigeplam). Esse núcleo passa a ser composto por representantes da Secretaria de Estado do Desenvolvimento Econômico Sustentável (SDE); da Secretaria Executiva do Meio Ambiente (SEMA); do Instituto do Meio Ambiente do Estado de Santa Catarina (IMA); da Fundação de Amparo à Pesquisa e Inovação do Estado de Santa Catarina (Fapesc); da Casa Civil (CC); e da Secretaria de Estado da Agricultura, da Pesca e do Desenvolvimento Rural (SAR) (GOVERNO DO ESTADO DE

---

[33] Apresentação de palestras e vídeos com o objetivo de reflexão e conscientização ambiental, incluindo a distribuição de materiais educativos (IMA, 2021b).

SANTA CATARINA, 2020b). Por ato desse decreto, o Nigeplam passa a ter as seguintes atribuições:

- Acompanhar os trabalhos da Comissão Estadual Coordenadora do Zoneamento Ecológico-Econômico de Santa Catarina (ZEE-SC) e do Grupo de Coordenação do Plano Estadual de Gerenciamento Costeiro de Santa Catarina (Gerco-SC);
- Propor políticas, planos e programas estaduais e municipais, especificamente no tocante à elaboração, à implementação e ao monitoramento do gerenciamento costeiro e do zoneamento ecológico-econômico de Santa Catarina;
- Assessorar a Secretaria Executiva do Meio Ambiente (Sema) na formulação das políticas ambientais relativas à gestão e ao planejamento ambiental do Estado; e
- Propor diretrizes que visem à harmonização das políticas de desenvolvimento econômico sustentável do Estado, especificamente no tocante à gestão e ao planejamento ambiental, bem como deliberar sobre os casos omissos, observada a legislação específica em vigor (GOVERNO DO ESTADO DE SANTA CATARINA, 2020b).

Com relação à qualidade dos alimentos, o Programa Alimento Sem Risco (PASR) busca monitorar a segurança dos alimentos vegetais cultivados e comercializados no estado. A rede constituinte desse programa é composta pelas seguintes instituições: Ministério Público de Santa Catarina por intermédio do Centro de Apoio Operacional do Consumidor (CCO) e Promotorias de Justiça, o Ministério Público do Trabalho, Secretaria de Estado da Agricultura, Companhia Integrada de Desenvolvimento Agrícola de Santa Catarina (Cidasc), Empresa de Pesquisa Agropecuária e Extensão Rural de Santa Catarina (Epagri), Vigilância Sanitária Estadual, Fundação do Meio Ambiente (Fatma), Instituto Brasileiro do Meio Ambiente e dos Recursos Naturais Renováveis (Ibama), Laboratório Central (Lacen), Conselho Regional de Engenharia e Agronomia de Santa Catarina (Crea/SC), Centro de Informações Toxicológicas (CIT/SC) e Polícia Militar Ambiental (PMA) (MPSC, 2021).

A partir de 2016, passaram a integrar essa rede de cooperação a Assembleia Legislativa do Estado de Santa Catarina (Alesc), a Associação Catarinense de Supermercados (Acats), o Conselho Estadual de Combate à Pirataria (Cecop), o Instituto de Metrologia de Santa Catarina (Inmetro), a Federação Catarinense de Municípios (Fecam), a Federação da Agricultura e Pecuária de Santa Catarina (Faesc), a Federação dos Trabalhadores na Agricultura (FETAESC), o Conselho Regional de Nutricionistas, o Conselho

Regional de Química, o Departamento de Defesa do Consumidor (Procon), o Instituto de Pesquisa em Risco e Sustentabilidade (Iris/UFSC) e a Associação dos Usuários Permanentes da Ceasa/SC (MPSC, 2021).

Considerando que a EA requer a revisão de valores políticos e econômicos fundamentados na ética e no respeito à vida, cabe citar algumas Comissões Legislativas que possuem relações diretas ou indiretamente a essas dimensões, por exemplo: Comissão de Constituição e Justiça; Comissão de Direitos Humanos; Comissão de Ética e Decoro Parlamentar; Comissão de Educação, Cultura e Desporto; Comissão de Agricultura e Política Rural; Comissão de Assuntos Municipais; Comissão de Economia, Ciência, Tecnologia, Minas e Energia; Comissão de Finanças e Tributação; Comissão de Legislação Participativa; Comissão de Pesca e Aquicultura; Comissão de Proteção Civil; Comissão de Trabalho, Administração e Serviço Público; Comissão de Transportes e Desenvolvimento Urbano; e Comissão de Turismo e Meio Ambiente (ALESC, 2023b).

Esta subdivisão do capítulo busca apresentar as principais referências em termos de diretrizes estaduais catarinenses relacionadas à EA e ao suporte ambiental. Afinal, a efetivação do Estado de direito do ambiente depende de uma nova concepção sobre a EA, amparada em um alicerce jurídico e legislativo, atento aos exemplos alcançados pelos demais estados do país.

Além disso, o Art. 182 da Constituinte estadual traz que incumbe ao Estado, na forma da lei: a) preservar e restaurar os processos ecológicos essenciais e prover o manejo ecológico das espécies e ecossistemas; b) preservar a diversidade e a integridade do patrimônio genético do estado; e c) fiscalizar as entidades dedicadas à pesquisa e manipulação de material genético (GOVERNO DO ESTADO DE SANTA CATARINA, 1989).

A redação da Lei n. 243, de 30 de janeiro de 2003, institui a atuação conjunta dos órgãos de educação e de atuação na área do meio ambiente. Além disso, esse dispositivo prevê informação à população sobre os níveis de poluição, a qualidade do meio ambiente, a situação de riscos de acidentes e a presença de substâncias potencialmente danosas à saúde na água, no ar, no solo e nos alimentos (GOVERNO DO ESTADO DE SANTA CATARINA, 2003a).

No sentido do desenvolvimento da responsabilidade socioambiental, cabe aos órgãos e entidades do Sisnama a adoção de normas e padrões de sustentabilidade, de modo a orientar a aquisição, a utilização, o consumo e a gestão dos recursos naturais e bens públicos. Para a implementação desses eixos, cabe aos órgãos e entidades do Sisnama a constituição de comissão interna ou equivalente, composta preferencialmente por membros de diferentes setores, tendo como objetivo a inserção de critérios socioambientais por meio de cinco objetivos, sendo eles: 1) sensibilizar e promover a capacitação dos servidores; 2) realizar diagnósticos; 3) elaborar e implementar projetos e atividades; 4) desenvolver processos de avaliação e monitoramento; e 5) divulgar e tornar públicos os resultados (MMA; MEC, 2018).

A Política Estadual de Educação Ambiental (PEEA) disposta pela Lei n. 13.558, de 17 de novembro de 2005, define que a EA é um componente essencial e permanente da educação estadual, devendo estar presente, de forma articulada, em todos os níveis e modalidades do processo educativo, em caráter formal e não formal. Define ainda que a EA é objeto constante de atuação direta da prática pedagógica, das relações familiares, comunitárias e dos movimentos sociais, na formação da cidadania (GOVERNO DO ESTADO DE SANTA CATARINA, 2005). Nesse sentido, essa política estadual estabelece sete objetivos, sendo eles:

- Desenvolver uma compreensão integrada do meio ambiente em suas múltiplas e complexas relações, envolvendo aspectos ecológicos, psicológicos, legais, políticos, sociais, econômicos, científicos, culturais e éticos[34];
- Democratizar as informações ambientais;
- Fortalecer a consciência crítica sobre a problemática socioambiental[35];
- Desenvolver a participação individual e coletiva permanente e responsável, na preservação do meio ambiente, entendendo-se a defesa da qualidade ambiental como um valor inseparável do exercício da cidadania;
- Estimular a cooperação entre as regiões do estado, em níveis micro e macrorregionais, com vistas à construção de uma sociedade ambientalmente equilibrada, fundada nos princípios da liberdade, igualdade, solidariedade, democracia, justiça social, responsabilidade e sustentabilidade;
- Fomentar e fortalecer a integração da educação com a ciência, a tecnologia e a inovação; e

---

[34] Ética ambiental é um ramo da filosofia voltado à análise e discussão dos valores ambientais das sociedades, das correntes de pensamento ambiental e dos pressupostos, fundamentos, políticas e instrumentos de gestão ambiental (GOVERNO DO ESTADO DE SANTA CATARINA, 2005).

[35] O termo "problemática ambiental" faz referência a situações nas quais há risco ou dano social e ambiental, não havendo nenhum tipo de reação por parte dos atingidos ou de outros membros da sociedade civil, mesmo que percebida a situação (GOVERNO DO ESTADO DE SANTA CATARINA, 2005).

- Fortalecer a cidadania, autodeterminação dos povos e solidariedade como fundamentos para o futuro da humanidade(-GOVERNO DO ESTADO DE SANTA CATARINA, 2005).

Na redação da PEEA dada pela Lei n. 13.558/2005 também foi estabelecido que incumbe ao poder público o incentivo e a difusão dos programas, campanhas educativas e de temas relacionados ao meio ambiente por meio da EA não formal no âmbito estadual e municipal. Dessa forma, ficam atribuídas essas ações aos órgãos estaduais e municipais integrantes do Sisnama, meios de comunicação e informação, empresas públicas e privadas, entidades de classe, instituições públicas e privadas[36], Conselho Estadual de Meio Ambiente (Consema), Conselho Estadual de Educação (CEE), Comissão Interinstitucional de Educação Ambiental (Ciea), organizações não governamentais, organizações da sociedade civil de interesse público, redes sociais, movimentos sociais e à sociedade em geral.

Pelo Decreto Estadual n. 2.489, de 8 de junho de 2001, fica instituída a Comissão Interinstitucional de Educação Ambiental (Ciea) do estado de Santa Catarina, com a finalidade de elaborar proposta de anteprojeto de Lei, articular a implantação, acompanhar e avaliar a Política do Programa Estadual de Educação Ambiental (ProEEA) (GOVERNO DO ESTADO DE SANTA CATARINA, 2001). O ProEEA, sendo instrumento da PEEA, tem seu regime regulamentado pelo Decreto n. 3.726, de 14 de dezembro de 2010, e possui sete linhas de atuação, sendo elas: a) formação de recursos humanos para EA; b) desenvolvimento de estudos, pesquisas e experimentações; c) produção e divulgação de material educativo; d) acompanhamento e avaliação continuada; e) disponibilização permanente de informações; f) integração através da cultura de redes sociais; e g) busca de fontes de recursos (GOVERNO DO ESTADO DE SANTA CATARINA, 2010).

Por meio da cultura de redes sociais, o ProEEA-SC define ações de integração, ampliando a dimensão de EA e definindo as estratégias de parcerias com diversas instituições das mais variadas áreas. Com base nisso, o programa almeja criar condições necessárias para estimular a cooperação e parcerias intra e intermunicipais, assim como estaduais, com vistas à construção de programas, projetos e ações integradas que agreguem iniciativas e o conheci-

---

[36] Cabe às empresas públicas e privadas, entidades de classe, instituições públicas e privadas, promover programas destinados à capacitação dos trabalhadores, visando à melhoria e ao controle efetivo sobre o ambiente de trabalho, bem como sobre os impactos do processo produtivo no meio ambiente, além de contribuir de forma a incentivar o patrocínio e a execução de projetos voltados à área de educação ambiental (GOVERNO DO ESTADO DE SANTA CATARINA, 2005, art. 3º).

mento das comunidades. Está previsto o apoio à promoção de parcerias dos órgãos públicos locais entre si e com a sociedade civil, de forma a possibilitar a regionalização articulada da EA, com a descentralização de projetos e ações e o respeito às diversidades locais. Ainda, o ProEEA apresenta entre seus objetivos:

- [..] Inserção da EA nas Unidades de Conservação da natureza (UCs) e em todas as atividades de visitação desenvolvidas nas áreas de patrimônio histórico, cultural, religioso e ambiental como forma de sensibilização à preservação, conservação e recuperação dos bens naturais e culturais;
- Criação, implementação, fortalecimento e integração da EA ao Conselho Estadual do Meio Ambiente de Santa Catarina (Consema), Conselhos Municipais de Meio Ambiente e a outros órgãos colegiados, possibilitando a ampla participação comunitária;
- Integração intra e interinstitucional nas áreas de abrangência das instituições de ensino formal do Estado, tanto em nível estadual quanto municipal, visando à otimização de parcerias e recursos materiais para a solução de problemas socioambientais característicos das regiões;
- Criação e manutenção de espaços de debate das realidades locais para o desenvolvimento de mecanismos de articulação social, fortalecendo as práticas comunitárias sustentáveis e garantindo a participação da população nos processos decisórios sobre a gestão do patrimônio ambiental;
- Elaboração de planos de trabalho participativo de EA, inseridos no Projeto Político-Pedagógico (PPP) das unidades escolares das redes de ensino como um processo de fortalecimento de ações educacionais voltadas à pesquisa de práticas comunitárias sustentáveis (GOVERNO DO ESTADO DE SANTA CATARINA, 2010).

O Sistema Estadual do Meio Ambiente (Sisema) é constituído pelos órgãos e entidades da administração pública direta e indireta do estado e dos municípios responsáveis pela proteção e melhoria da qualidade ambiental. Dessa forma, constituem-se órgãos executores o Instituto do Meio Ambiente (IMA) e a Polícia Militar Ambiental (PMA). Já os órgãos locais são representados pelas entidades municipais responsáveis pela execução de programas, projetos e pelo controle e fiscalização de atividades capazes de provocar a degradação ambiental. Por esse mesmo instrumento, fica estabelecida a exigência do Regime de Proteção das Áreas Verdes Urbanas nos loteamentos, empreendimentos comerciais e na implantação de infraestruturas (GOVERNO DO ESTADO DE SANTA CATARINA, 2009).

Por atividade do dispositivo trazido pelo Governo do Estado de Santa Catarina (1995), compete à Companhia Catarinense de Águas e Saneamento (Casan) a execução da política estadual de saneamento básico, assim como o planejamento, execução, coordenação, operação e exploração dos serviços públicos de esgotos e abastecimento de água potável, incluindo a realização de obras de saneamento básico. Pelo mesmo regulamento, fica atribuído ao Instituto do Meio Ambiente do Estado de Santa Catarina (Ima), anteriormente chamado de Fundação do Meio Ambiente (Fatma):

> I - executar projetos de pesquisa científica e tecnológica, de defesa e preservação ecológica; II - fiscalizar, acompanhar e controlar os níveis de poluição urbano e rural; III - participar na análise das potencialidades dos recursos naturais com vistas ao seu aproveitamento racional; IV - promover a execução de programas visando a criação e administração de parques e reservas florestais; e V - executar as atividades de fiscalização da pesca, por delegação do Governo Federal (GOVERNO DO ESTADO DE SANTA CATARINA, 1995).

Esse dispositivo também estabelece que os órgãos da administração direta, as autarquias, as fundações e as empresas de economia mista do estado devem desenvolver programas permanentes de EA no ambiente interno e externo (GOVERNO DO ESTADO DE SANTA CATARINA, 2009).

Cabe ao sistema estadual integrado de informações ambientais disponibilizar às entidades públicas e privadas e ao público em geral informações quanto às ações ambientais e de saneamento, assim como subsidiar o Conselho Estadual do Meio Ambiente (Consema) na definição e no acompanhamento de indicadores de desempenho das ações públicas de controle ambiental. Assim, a Lei n. 14.675/2009 determina duas incumbências ao poder público, sendo elas: a) manter o sistema de previsão, prevenção, alerta, controle e combate aos eventos hidrológicos extremos e acidentes ecológicos, garantindo a informação sobre seus efeitos e desdobramento às comunidades atingidas; e b) coletar, processar, analisar, armazenar e divulgar dados e informações referentes ao meio ambiente relativos aos níveis de qualidade dos recursos ambientais e das principais causas de poluição ou degradação.

Nesse contexto, cabe ao poder público estadual adotar os seguintes instrumentos econômicos visando a incentivar o atendimento de objetivos, princípios e diretrizes definidos na Política Estadual do Meio Ambiente:

- A compensação financeira aos municípios que promovam ações de proteção, preservação e recuperação de mananciais de abastecimento público;
- A compensação financeira aos municípios que possuam espaços territoriais especialmente protegidos, significativos para fins de conservação da biodiversidade, e como tais reconhecidos pelo órgão estadual de meio ambiente;
- Os incentivos fiscais, tributários e creditícios que estimulem a adoção de padrões e desempenho ambientais acima dos exigidos pela legislação ambiental, bem como a minimização dos resíduos;
- Pagamento por serviços ambientais, que poderá ser efetuado de forma direta ou indireta, conforme critérios de elegibilidade estabelecidos na lei específica a que se refere o art. 288 desta lei;
- Compensação ambiental;
- Imposto sobre Circulação de Mercadorias e Serviços ecológico - ICMS ecológico;
- Isenção fiscal para as Reservas Particulares do Patrimônio Natural Estadual (RPPNEs);
- Servidão ambiental; e
- Créditos por reduções certificadas de emissões de gases de efeito estufa (GOVERNO DO ESTADO DE SANTA CATARINA, 2009).

A Lei Complementar n. 243/2003 define que também cabe ao Estado: a) proteger a fauna e a flora, vedadas as práticas que coloquem em risco sua função ecológica, provoquem extinção de espécie ou submetam animais a tratamento cruel; b) definir, em todas as regiões do estado, espaços territoriais e seus componentes a serem especialmente protegidos, sendo a alteração e a supressão permitidas somente por meio de lei, vedada qualquer utilização que comprometa a integridade dos atributos que justifiquem sua proteção; e c) exigir, para instalação de obra ou atividade potencialmente causadora de significativa degradação do meio ambiente, estudos prévios de impacto ambiental (GOVERNO DO ESTADO DE SANTA CATARINA, 2003a).

Por ato da Lei n. 17.491, de 18 de janeiro de 2018, fica instituída a política de gestão de pássaros nativos da fauna brasileira e exótica no âmbito do território catarinense. Entre outros objetivos, esse instrumento visa à proteção, preservação e conservação de pássaros. Além disso, regulamenta torneios e campeonatos que envolvam pássaros da fauna nativa brasileira e exótica, criados em ambiente doméstico, em observância aos princípios da sustentabilidade, do equilíbrio ambiental e do bem-estar animal (GOVERNO DO ESTADO DE SANTA CATARINA, 2018a).

Quanto à regionalização administrativa, a Lei Complementar n. 104, de 4 de janeiro de 1994, define três objetivos ao Estado, sendo eles:

> I - o planejamento regional voltado para o desenvolvimento sustentável, equilibrado e integrado do Estado, buscando a constante melhoria da qualidade de vida da população; II - a integração entre os níveis Federal, Estadual e Municipal de Governo, mediante a descentralização, articulação e integração de seus órgãos, para garantir maior eficiência no desempenho de ações públicas; e III - a utilização racional do território e dos recursos naturais e culturais, respeitando sua sustentabilidade e peculiaridades, com justiça social e complementaridade dos setores urbanos e rurais (GOVERNO DO ESTADO DE SANTA CATARINA, 1994).

O texto da Complementar n. 104/1994 ainda determina que são funções públicas de interesse regional, além do planejamento integrado do desenvolvimento regional, a prestação de serviços públicos de utilidade pública, como: a) saúde e educação; b) transporte coletivo; c) segurança pública; d) limpeza pública; e) abastecimento de água; f) esgoto sanitário; g) abastecimento alimentar; e outros que vierem a ser criados. Essa mesma Complementar ainda define o exercício do poder de polícia administrativa para: a) preservação ambiental; b) controle do uso e ocupação do solo; c) preservação do patrimônio histórico e cultural; d) definição e execução do sistema viário intra-regional (GOVERNO DO ESTADO DE SANTA CATARINA, 1994).

Embora a educação formal não seja objeto de estudo desta obra, vale observar que o Plano Estadual de Educação (PEE) para o decênio 2015-2024 estabelece princípios de sustentabilidade. Em seu Art. 2º está prevista a promoção dos princípios de respeito aos direitos humanos, à diversidade e à sustentabilidade socioambiental. Por esse instrumento, está garantido o acesso a espaços para práticas ambientais sustentáveis e ainda a consolidação da educação escolar no campo para populações tradicionais, populações itinerantes e comunidades indígenas e quilombolas, respeitando a articulação entre os ambientes escolares e comunitários, garantindo o desenvolvimento sustentável e a preservação da identidade cultural (GOVERNO DO ESTADO DE SANTA CATARINA, 2015).

No tocante ao patrimônio cultural, a Constituição Estadual apresenta que é compromisso do Estado respeitar e fazer respeitar seus territórios, os direitos, bens materiais, crenças, tradições e todas as garantias conferidas aos índios na Constituição Federal. Ainda, o Art. 192 declara que o Estado assegurará às comunidades indígenas nativas de seu território, proteção, assistência social, técnica e de saúde, sem interferir em seus hábitos, crenças e costumes (GOVERNO DO ESTADO DE SANTA CATARINA, 1989).

Pela criação da Lei n. 17.449, de 10 de janeiro de 2018, fica instituído o Sistema Estadual de Cultura (SIEC) com a finalidade de articular, promover e gerir de maneira integrada e participativa as políticas públicas de cultura acordadas entre os governos e a sociedade. Esse código prevê o desenvolvimento desses princípios de forma democrática e permanente, a fim de promover o exercício pleno dos direitos culturais e o desenvolvimento humano (GOVERNO DO ESTADO DE SANTA CATARINA, 2018b).

Nesse sentido, a Emenda Constitucional n. 35, de 21 de outubro de 2003, acresce à Constituição estadual que promoverá e incentivará o turismo como fator de desenvolvimento econômico e social, de divulgação, de valorização e preservação do patrimônio cultural e natural, respeitando as peculiaridades locais, coibindo a desagregação das comunidades envolvidas e assegurando o respeito ao meio ambiente e à cultura das localidades exploradas, estimulando sua autossustentabilidade (GOVERNO DO ESTADO DE SANTA CATARINA, 2003b).

A Política de Desenvolvimento Regional e Urbano, definida com base nos aspectos sociais, econômicos, culturais e ecológicos, assegura princípios que devem ser imperativos para a administração pública e indicativos para o setor privado, com base em sete fundamentos: a) equilíbrio entre o desenvolvimento social e econômico; b) harmonia entre o desenvolvimento rural e urbano; c) ordenação territorial; d) uso adequado dos recursos naturais, e) proteção ao patrimônio cultural; f) erradicação da pobreza e dos fatores de marginalização; e g) redução das desigualdades sociais e econômicas (GOVERNO DO ESTADO DE SANTA CATARINA, 1989).

A Política Municipal de Desenvolvimento Urbano (PMDU) deverá atender ao pleno desenvolvimento das funções sociais da cidade e ao bem-estar de seus habitantes, na forma da lei. Dessa forma, no estabelecimento de normas e diretrizes relativas ao desenvolvimento urbano, o Estado e o poder municipal assegurarão que a política de uso e ocupação do solo garanta: o controle da expansão urbana e dos vazios urbanos, a proteção e recuperação do ambiente cultural, assim como a manutenção de características do ambiente natural. Além disso, está prevista em Lei a criação de áreas de especial interesse social, ambiental, turístico ou de utilização pública. Nesse termo está garantida a participação de entidades comunitárias na elaboração e implementação de planos, programas e projetos e no encaminhamento de soluções para os problemas urbanos (GOVERNO DO ESTADO DE SANTA CATARINA, 1989).

Por atividade da Lei n. 9.831/1995, cabe à Secretaria de Estado do Desenvolvimento Urbano e Meio Ambiente desenvolver as atividades relacionadas a: coordenação, formulação e elaboração de programas e projetos indutores do desenvolvimento, com sustentabilidade ecológica; formulação e execução das políticas de recursos minerais, energéticos e hídricos do estado; defesa, preservação e melhoria do meio ambiente; coordenação, orientação e promoção de campanhas de defesa e preservação ecológica; saneamento básico; e fomento e coordenação da análise das potencialidades dos recursos naturais com vistas ao desenvolvimento sustentável (GOVERNO DO ESTADO DE SANTA CATARINA, 1995).

O Art. 144 da Constituição do Estado de Santa Catarina de 1989 determina que a política de desenvolvimento rural deve ser planejada, executada e avaliada com a participação das classes produtoras, trabalhadores rurais, técnicos e profissionais da área e dos setores de comercialização, armazenamento e transportes. Deverá ser levado em conta que as bacias hidrográficas constituem unidades básicas de planejamento de uso, conservação e recuperação dos recursos naturais. Ainda, a recuperação ambiental no meio rural deverá atender à manutenção de área de reserva florestal em todas as propriedades, sendo observada a legislação específica.

Por ato da Lei n. 9.831, de 17 de fevereiro de 1995, que dispõe sobre a organização da administração pública, compete à Secretaria de Estado de Desenvolvimento Rural e da Agricultura, entre outras funções, desenvolver atividades relacionadas à: fiscalização do uso de agrotóxicos e defensivos agrícolas; pesquisa e difusão de tecnologias; administração rural; recuperação, conservação e manejo dos recursos naturais e atividades complementares de saneamento rural e de meio ambiente; assistência técnica e extensão rural e pesqueira. Essa mesma diligência decreta que cabe à Empresa de Pesquisa

Agropecuária e Extensão Rural de Santa Catarina S/A (Epagri), entre outros objetivos, promover o desenvolvimento autossustentado da agropecuária no estado (GOVERNO DO ESTADO DE SANTA CATARINA, 1995).

No âmbito do de Desenvolvimento Rural, a Política Estadual de Incentivo à Formação de Bancos Comunitários de Sementes e Mudas é regida pela Lei n. 17.481, de 15 de janeiro de 2018. Esse regulamento traz entre seus objetivos o fomento à proteção e ao resgate dos recursos genéticos locais, visando à sustentação da biodiversidade dos agroecossistemas e a preservação dos patrimônios naturais. O texto também recomenda o incentivo à organização comunitária, com valorização dos conhecimentos, tradições e valores culturais (GOVERNO DO ESTADO DE SANTA CATARINA, 2018c).

O desenvolvimento de estudos, pesquisas e experimentações deve focalizar, prioritariamente, as questões locais que enriqueçam a identidade cidadã, sensibilizando para a consciência crítica e contribuem para o aperfeiçoamento da qualidade de vida. No entanto, para que isso se cumpra é preciso considerar duas finalidades básicas em estudos e pesquisas: recuperar a função social do conhecimento científico e valorizar o conhecimento local, das comunidades tradicionais, o saber ambiental e o etnoconhecimento (GOVERNO DO ESTADO DE SANTA CATARINA, 2010).

Esses estudos e pesquisas devem visar ao diagnóstico socioambiental e à realidade das comunidades, aos fundamentos teóricos e metodológicos que subsidiem a prática da EA formal e não formal e ao apoio à criação de programas participativos para a construção de alternativas sustentáveis para as atividades agrossilvopastoris em comunidades tradicionais e em áreas do entorno, incluindo as Unidades de Conservação (UCs) (GOVERNO DO ESTADO DE SANTA CATARINA, 2010).

A Lei n. 17.825, de 12 de dezembro de 2019, tem como princípio de sustentabilidade para a defesa sanitária vegetal a "adoção de boas práticas agrícolas para a obtenção de produtos seguros e de qualidade, em conformidade com os requisitos da sanidade vegetal, sustentabilidade ambiental, segurança alimentar e viabilidade econômica" (GOVERNO DO ESTADO DE SANTA CATARINA, 2019). Esse dispositivo ainda prevê que as ações de defesa sanitária vegetal devem ser coordenadas por meio da Secretaria de Estado da Agricultura e da Pesca (SAR) e exercidas pela Companhia Integrada de Desenvolvimento Agrícola de Santa Catarina (Cidasc).

O Código Estadual do Meio Ambiente, alterado pela Lei n. 18.171, de julho de 2021 (GOVERNO DO ESTADO DE SANTA CATARINA, 2021), detalha a regulamentação da realização de testes e dos padrões de ecotoxicidade de efluentes e determina que esses somente podem ser lançados direta ou indiretamente nos corpos de água interiores, lagunas, estuários e na beira-mar desde que obedecidas às condições previstas nas normas federais e em resolução do Consema. Dessa forma, os usuários de recursos hídricos, para fins de lançamento de efluentes tratados, devem monitorar periodicamente, de forma concomitante, o efluente e o corpo receptor a montante e a jusante do ponto de lançamento, conforme sistemática estabelecida pelo órgão licenciador.

No que tange aos padrões de qualidade do ar, cabe ao Consema a definição dos parâmetros que servirão de indicadores de níveis de alerta, emergência ou crítico, conforme a qualidade do ar em aglomerados urbanos e industriais e em locais onde exista geração de energia por queima de carvão ou de petróleo e parâmetros para densidade colorimétrica e substâncias odoríferas (GOVERNO DO ESTADO DE SANTA CATARINA, 2009).

Esse mesmo dispositivo de Lei proíbe depositar, dispor, descarregar, enterrar, infiltrar ou acumular no solo resíduos, em qualquer estado da matéria, que causem degradação da qualidade ambiental. O solo somente pode ser utilizado para destino final de resíduos de qualquer natureza, desde que sua disposição seja devidamente autorizada pelo órgão ambiental. Desse modo, fica vedada a simples descarga ou o depósito em propriedade pública ou particular. O texto delibera que o resíduo orgânico pode ser utilizado na agricultura para adubar o solo a partir de recomendação técnica (GOVERNO DO ESTADO DE SANTA CATARINA, 2019).

A norma estadual referida pela Lei n. 14.675, de 13 de abril de 2009 (GOVERNO DO ESTADO DE SANTA CATARINA, 2009), regimenta o tratamento a ser dado aos resíduos sólidos, sendo que o Art. 256 apresenta princípios e diretrizes da Política Estadual de Resíduos Sólidos que devem ser seguidos. Nesse parâmetro, as políticas estaduais de resíduos sólidos devem levar em consideração a PNRS. Em conta disso, os instrumentos dessa política catarinense são quatro, sendo eles: a) os planos e programas regionais integrados de gerenciamento dos resíduos sólidos[37]; b) o apoio técnico e financeiro aos municípios; c) o inventário estadual de resíduos

---

[37] Aprovação do Plano de Gerenciamento de Resíduos Sólidos (PGRS) é condição imprescindível para o recebimento de financiamentos e incentivos fiscais (GOVERNO DO ESTADO DE SANTA CATARINA, 2009).

sólidos industriais; e d) o índice de qualidade das unidades de tratamento e disposição final de resíduos sólidos.

Nesse sentido, a Lei n. 14.675/2009 ainda apresenta que cabe às entidades e aos órgãos da administração pública estadual optar, preferencialmente nas suas compras e contratações, pela aquisição de produtos de reduzido impacto ambiental. Esses produtos devem ser duráveis, advindos de recursos naturais renováveis, não perigosos, recicláveis, reciclados e passíveis de reaproveitamento, devendo especificar essas características na descrição do objeto das licitações, observadas as formalidades legais.

Após a referida revisão sobre as diretrizes e normativas internacionais, federais e estaduais catarinenses de EA, a seguir é apresentado os procedimentos instrumentais para a estruturação de modelo lógico de programas com interpretações sobre problemáticas e problemas relacionados à EA e ao suporte à sustentabilidade institucional na administração pública do estado de Santa Catarina.

Esta seção demonstra que a gestão estadual catarinense está muito bem estruturada com relação às entidades e instituições responsáveis pelo desenvolvimento do processo educativo-ambiental não formal e do suporte à sustentabilidade socioambiental. Fica evidente também que há um compromisso dessas partes no estabelecimento de relações e articulações interinstitucionais em nome do estado de Santa Catarina. A partir disso, faz-se pertinente o acompanhamento do desempenho socioambiental dos municípios do estado, sendo esse o tema das próximas seções.

2.2.3 A ocupação desordenada do ambiente rural e urbano

A dependência humana da qualidade do ambiente rural e urbano é ofuscada pela cultura de exploração economicista do ambiente. Onde a tradição rege que a utilidade pública, interesse social e a exploração econômica podem legitimar a desocupação do refúgio ou de qualquer habitat natural e sua biodiversidade, fica clara a imposição da onipotência da espécie humana.

Como agravante a isso, quando ocorre o avanço dos loteamentos residenciais sobre as áreas rurais, abrangendo as Áreas de Proteção Permanente (APPs), essas áreas perdem o amparo da faixa mínima de preservação. Afinal, a Lei n. 14.285, de dezembro de 2021, transfere para os municípios e distritos a autonomia para a definição das faixas marginais, dispensando parâmetros nacionais, como previa a Lei n. 12.651, de 25 de maio de 2012.

Vale destacar que a totalidade do território dos municípios catarinenses está inserida no bioma Mata Atlântica, possui 100% da área territorial da Unidade Federativa (UF) na Lei da Mata Atlântica (LMA) (BRASIL, 2006) (SOS MATA ATLÂNTICA, 2022). No entanto, Vibrans *et al.* (2021) apontam que o estado catarinense carece de uma estrutura que armazene, interprete e compare os diferentes dados de sensoriamento remoto a fim de ter uma análise temporal contínua que permita relatar com precisão os remanescentes florestais. Por isso, o estado acaba dependendo de iniciativas externas, como Fundação SOS Mata Atlântica e do programa Probio do Ministério do Meio Ambiente.

A partir de alguns indicadores relacionados à ocupação territorial rural e urbana, é possível identificar que as informações se apresentam fragmentadas, sendo necessário recorrer a diversas fontes, o que dificulta a análise das informações. A exemplo disso, a fonte do SOS Mata Atlântica com 75% do território mapeado aponta que dos 95.736 Km² restam 28,7% do bioma remanescente, sendo 22,8% de mata, incluindo as 99 Unidades de Conservação, que representam 3,9% do território catarinense (SOS MATA ATLÂNTICA, 2022).

Com isso, estima-se que menos de 5% desse total pode ser considerado floresta praticamente intacta e bem diversificada, uma vez que a maioria dos remanescentes são florestas secundárias em regeneração, são formadas por árvores jovens de espécies pioneiras e secundárias. Em termos de diversidade, o estudo registrou 2.341 espécies de plantas, sendo 860 espécies arbóreas e arbustivas, um índice relativamente baixo para a riqueza da Mata Atlântica.

Em contra ponto a isso, a partir da estrutura de ocupação do território do estado catarinense, um estudo gerou um mapa com acurácia geral de 95% e intervalo de confiança na taxa de 1% e apresentou que esses pontos não cobertos impactam significativamente nas informações sensíveis pelos indicadores. A exemplo disso, esse estudo apresentou a seguinte configuração de ocupação: floresta natural, 38,05 %; pastagem ou campo, 29,24 % (não foi possível diferenciar); agricultura, 14,96 %; reflorestamento, 10,46 %; área construída/urbana, 2,58 %; arroz irrigado, 1,77 %; corpos d'água, 1,47 %; restinga, 0,78 %; solo exposto, 0,37 %; mangue, 0,12 %; outra vegetação não florestal, 0,12%; e praia e duna, 0,08 % (Tabela 1):

Tabela 1 – Áreas por classe temática no estado em Km² e porcentagem (%)

Tipo de remanescente	Área (Km²)	Proporção (%)
Floresta natural	36.180,71	38,05
Pastagem ou campo natural	27.804,43	29,24
Agricultura	14.219,54	14,96
Reflorestamento	9.942,34	10,46
Área construída/urbana	2.453,35	2,58
Arroz irrigado	1.683,38	1,77
Corpos d'água	1.398,54	1,47
Restinga	742,90	0,78
Solo exposto	355,73	0,37
Mangue	117,07	0,12
Outra vegetação não florestal	112,48	0,12
Praia e duna	71,61	0,08
Total	**95.082,08**	**100 %**

Fonte: adaptado de Vibrans *et al.* (2021)

As áreas protegidas são fundamentais para a conservação da biodiversidade, a manutenção dos serviços ecossistêmicos e o bem-estar humano. Assim, as Unidades de Conservação (UCs) contribuem para diversos aspectos, entre eles: redução do desmatamento, perda de habitats e espécies, redução das emissões de gases do efeito estufa, valorização do patrimônio ambiental e cultural de povos e comunidades tradicionais, fornecimento de bens e serviços ambientais para a sociedade. Na área marinha, as UCs contribuem para recuperar estoques pesqueiros, aumentar o potencial de produção da pesca, regular o clima, reciclar nutrientes e proteger a costa da erosão acelerada (IBGE, 2017b).

Unidades de Conservação Estaduais são administradas pelo Instituto do Meio Ambiente de Santa Catarina (IMA), órgão ambiental do governo do Estado vinculado à Secretaria de Desenvolvimento Econômico e Sustentável (SDE). A criação das UCs é um dos instrumentos da Política Nacional de Meio Ambiente, instituída pela Lei Federal n. 6.938/1981, sendo áreas legalmente protegidas, com características naturais relevantes e objetivos de conservação, conforme estabelece a Lei Federal n. 9.985/2000, que institui o Sistema Nacional de Unidades de Conservação da Natureza.

Protegendo quase 1.180 Km² de áreas do bioma Mata Atlântica, dez Unidades de Conservação (UCs) estaduais são administradas pelo IMA e foram criadas por decretos estaduais entre os anos de 1975 e 2007. Essas unidades sendo uma das mais ameaçadas em todo o mundo, abrigam mais de 30 espécies de aves e mamíferos ameaçados de extinção, além de conservarem importantes mananciais de água de centros urbanos e oferecem atrativos ecológicos e turísticos como trilhas, cachoeiras, belas serras, lagoas e praias, além de proporcionar paisagens exuberantes (IMA, 2023a).

Essas unidades estão divididas nas categorias Parque e Reserva, sendo que ao passo que na categoria Parque, onde o acesso ao público em geral é normatizado, registram-se sete unidades nos municípios do estado. Já na categoria Reserva, o manejo ambiental é bastante restrito e o acesso só é permitido a pesquisadores há três registros. Além dos Parques e das Reservas, o Estado administra ainda três Áreas de Proteção Ambiental (APAs) por meio do IMA, sendo a Área de Proteção Ambiental da Vargem do Braço, a Área de Proteção Ambiental do Entorno Costeiro e a Área de Proteção Ambiental da Vargem do Cedro (Quadro 2-9):

Quadro 2-9 – Unidades de Conservação (UCs) (Parques, Reservas Ecológicas) e Áreas de Proteção Ambiental (APAs) administradas pelo IMA

Tipo	Nomenclatura	Ano de criação
Parque Estadual	Serra do Tabuleiro	1975
Parque Estadual	Serra Furada	1980
Parque Estadual	Araucárias	2003
Parque	Fritz Plaumann	2003
Parque	Rio Canoas	2004
Parque	Acaraí	2005
Parque	Rio Vermelho	2007
Reserva ecológica	Sassafrás	1977
Reserva ecológica	Canela Preta	1980
Reserva ecológica	Aguaí	1983
Área de Proteção Ambiental (APA)	Vargem do Braço	2009
Área de Proteção Ambiental (APA)	Entorno Costeiro	2009
Área de Proteção Ambiental (APA)	Vargem do Cedro	2009

Fonte: adaptado de IMA (2023a)

As áreas de Proteção Ambiental (APAs) foram criadas em 2009 pela Lei Estadual n. 14.661 com o objetivo de garantir o desenvolvimento sustentável das comunidades abrangidas pela unidade de conservação, proteção dos mananciais hídricos, ordenamento da ocupação e utilização do solo e das águas, proteção e exploração florestal e agrícola sustentável, disciplinamento do uso turístico e recreativo, entre outros. Contudo, as UCs são reconhecidas internacionalmente como sendo a melhor estratégia para proteger áreas naturais, garantindo a preservação da biodiversidade, dos recursos hídricos e de todos os atributos ambientais.

Já as Unidades de Proteção Integral (UPIs) perfazem 2.492 Km² em 28 unidades e correspondem a 2,6% do território do estado, sendo que essas áreas são dedicadas a preservar a natureza, onde admite-se apenas o uso indireto de seus recursos naturais, desde que não cause danos ou destruição. As UPIs são classificadas como: Estação Ecológica (Esec); Reserva Biológica (Rebio); Parque; Monumento Natural (Mona); e Refúgio de Vida Silvestre (Revis) (IBGE, 2017b).

O estado catarinense também possui 71 Unidades de Produção Sustentável (UPS), ocupam 1.215 Km², o que perfaz 1,3 % do território do estado. As UPSs permitem compatibilizar a conservação da natureza com o uso sustentável dos recursos naturais, incluindo as seguintes formações: Área de Proteção Ambiental (APA), Área de Relevante Interesse Ecológico (ARIE), Floresta, Reserva Extrativista (Resex), Reserva de Fauna (Refau), Reserva de Desenvolvimento Sustentável (RDS) e Reserva Particular do Patrimônio Natural (RPPN)[38] (IBGE, 2017b).

Com o objetivo de unir conservação da natureza ao desenvolvimento local e o regional, os dois Corredores Ecológicos (CEs) nas bacias hidrográficas dos Rios Chapecó e Timbó somam 10 mil km² em 34 municípios, correspondendo a 10,7 % da área do estado (Figura 2-9):

---

[38] Na atualidade existem 16 RPPNs criadas e outras dez em processo em andamento (IMA, 2020).

Figura 2-9 – Corredores Ecológicos (CEs) nas bacias hidrográficas dos Rios Chapecó e Timbó e Unidades de Conservação

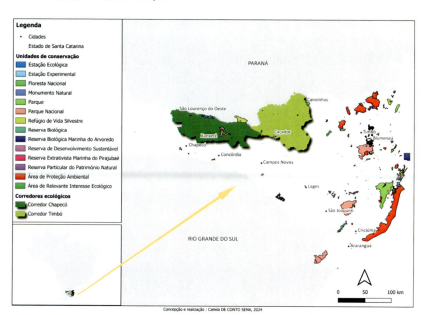

Fonte: Adaptado de IMA (2023b)

Os corredores ecológicos já estavam recomendados na Agenda 21 como corredores de biodiversidade sendo possível conciliar a preservação da natureza juntamente com a exploração agropecuária. Assim, por meio do Sistema de Créditos de Conservação (SICC) e do Sistema de Integração Econômico-Ecológica (SIN) é possível captar benefícios de mercado, para remunerar produtores rurais que mantêm florestas nativas em suas propriedades ou que estejam dispostos a recuperar áreas degradadas (IMA, 2020).

Esse sistema inclui a formação de um cadastro de áreas para créditos de conservação e incentiva e permite a compra de créditos de carbono por interessados em: neutralizar a emissão de gases do efeito estufa; ajustamento de processo de conduta judicial; obrigações devido a licenciamento ambiental de empreendimentos; averbação de reserva florestal e marketing verde ou responsabilidade socioambiental. Já o SIN, que está voltado para a redução de impactos ambientais e melhoria da qualidade da paisagem e da produção possui oito eixos, sendo eles: produção de grãos, sistema florestal e agroflorestal, pecuária leiteira e pecuária de corte, turismo, agroecologia e fruticultura (IMA, 2020).

Sendo uma atividade econômica, a extração de produtos vegetais e de produtos de florestas é uma opção para 16.518 estabelecimentos no território, com valor da produção[39] aferido em R$ 77.011.000,00. Entre esses produtos florestais, estão: quatro ton. de fibra de butiá, 28.596 ton. de erva-mate, duas ton. de frutos de juçara, 94 mil metros cúbicos de lenha, 238 mil metros cúbicos de madeira em toras ou outra finalidade, 468 toneladas de palmito, 2.483 toneladas de pinhão, além de outros produtos (IBGE, 2017c).

Nesse cenário, os municípios catarinenses ocupam o bioma Mata Atlântica, sendo este o mais ameaçado do país por restarem apenas 12,4% ao longo de 17 estados do Brasil. No período 2020-2021, da área total de 130.973.638 hectares (ha) da Área de Aplicação da Lei da Mata Atlântica, o total de desflorestamento observado no Brasil foi de 21.642 ha. O valor é 66% maior que o do período 2019-2020 (13.053 ha) e 90% maior que o do período 2017-2018, quando atingiu o menor valor de desflorestamento da série histórica (11.399 ha). A perda de matas equivale a 59 ha por dia ou 2,5 ha por hora e representa a emissão de 10,3 milhões de toneladas de CO_2 equivalente na atmosfera (SOS MATA ATLÂNTICA, 2021).

Cinco estados acumulam 89% do desflorestamento verificado, sendo eles: Minas Gerais (9.209 ha), Bahia (4.968 ha), Paraná (3.299 ha), Mato Grosso do Sul (1.008 ha) e Santa Catarina (750 ha). Ocupam esse bioma de forma desordenada cerca de 72% da população brasileira (mais de 145 milhões de pessoas), apesar de ser considerado *Hotspot* mundial por ser uma das áreas mais ricas em biodiversidade, intitulado reserva da biosfera pela Unesco e patrimônio nacional na Constituição Federal (SOS MATA ATLÂNTICA, 2021).

Recorda-se que a ECO 92 determina às nações responsabilidades sobre o monitoramento de ecossistemas e habitats, de espécies e comunidades que estejam ameaçadas, bem como de genomas e genes de importância socioeconômica. Nesse quesito, o Brasil está incluído entre os 12 países dotados de megadiversidade (70% da biodiversidade total do planeta), sendo que entre as espécies vegetais de maior importância econômica se destacam aquelas de uso medicinal. No entanto, essas espécies são objeto de intenso extrativismo. Relacionado a isso, outras ameaças estão associadas à biopirataria e ao comércio ilegal de espécies da flora e da fauna brasileiras (IBGE, 2017a).

---

[39] Valor da produção na extração vegetal: variável derivada calculada pela média ponderada das informações de quantidade e preço médio corrente pago ao produtor, de acordo com os períodos de colheita e comercialização de cada produto. As despesas de frete, taxas e impostos não são incluídas no preço. Fonte: IBGE - Produção da Extração Vegetal e da Silvicultura (https://sidra.ibge.gov.br/tabela/289).

O crescente avanço das atividades agropecuárias têm impactado negativamente na disponibilidade e qualidade dos recursos naturais e da biodiversidade, além de trazer repercussões socioambientais. A exemplo disso, as queimadas estão entre as causas da poluição do ar em cidades de médio e pequeno porte, próximas a frentes de expansão agropastoril, a regiões canavieiras ou a áreas de pecuária extensiva. Além dos danos à biodiversidade, as queimadas intensificam os processos erosivos e acometem os recursos hídricos associadas à emissão de gases de efeito estufa (IBGE, 2017a). Segundo essa fonte, a frequência de ocorrência de focos de calor em um território pode ser utilizada como indicador do avanço das atividades agropecuárias e das áreas antropizadas sobre as áreas com vegetação nativa, desde que associada a outros indicadores.

Nesse sentido, o painel de monitoramento nacional dos focos ativos de queimadas monitorado desde 1998 demonstra uma tendência de redução a partir do pico histórico ocorrido no ano de 2003 com 7.648 focos, uma vez que em 2022 foram computados 1360 registros (Figura 2-10):

Figura 2-10 – Focos ativos de calor registrados em Santa Catarina entre 1998 a 2022

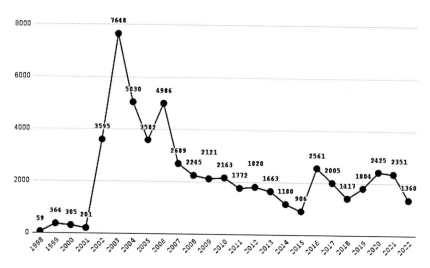

Fonte: adaptado de Inpe (2023)

Entretanto, nem todos os focos de calor representam o avanço de atividades agropastoris sobre as áreas de vegetação nativa. Alguns exemplos são a prática de queimadas em pastagens extensivas, o uso do fogo durante a colheita em canaviais e a queima dos resíduos da colheita em plantios de algodão por exemplo.

Essa ocupação, predominantemente econômica desaloja diversas espécies de angiospermas, gimnospermas e pteridófitas que já se encontram extintas ou ameaçadas de extinção, sendo 123 em situação de vulnerabilidade, 125 extintas, 13 com risco elevado de extinção, 7 em risco muito elevado de extinção, 1 extinta na natureza e 45 com dados insuficientes (Tabela 2).

Tabela 2 – Espécies da flora extintas e ameaçadas de extinção

Grupo	Vulnerável (VU)[40]	Risco elevado (CR)[41]	Risco muito elevado (EN)[42]	Extinto na natureza (EW)[43]	Extinto (EX)[44]	Dados insuficientes
Angiospermas	119	10	6	1	109	31
Gimnospermas	-	1	1	-	-	-
Pteridófitas	4	2	-	-	16	14
Total	123	13	7	1	125	45

Fonte: adaptado de Conama (2014)

Este indicador é considerado um dos mais adequados para o monitoramento e avaliação da proteção da biodiversidade na escala de espécies e biomas, sendo que, se associado a outros indicadores, informa sobre a eficácia das medidas conservacionistas. Assim, o monitoramento do patrimônio da biodiversidade permite estimar o grau de preservação das espécies e dos ecossistemas e biomas, podendo orientar: políticas públicas e privadas quanto à ocupação e uso do solo, estratégias de conservação de

---

[40] Vulnerável (VU): um táxon está Vulnerável quando a melhor evidência disponível indicou como enfrentando um risco de extinção na natureza elevado.

[41] Criticamente em Perigo (CR): um táxon está Criticamente em Perigo quando a melhor evidência possível indicou como enfrentando um risco de extinção na natureza extremamente elevado.

[42] Em Perigo (EN): um táxon está Em Perigo quando a melhor evidência possível indicou como enfrentando um risco de extinção na natureza muito elevado.

[43] Extinto na Natureza (EW): um táxon é considerado Extinto na Natureza quando é dado como apenas sobrevivendo em cultivo, cativeiro ou como uma população (ou populações) naturalizada fora de sua área de distribuição.

[44] Presumivelmente extinto (EX): um táxon é considerado Presumivelmente Extinto quando falharam todas as tentativas exaustivas para encontrar um indivíduo em habitats conhecidos e potenciais, em períodos apropriados (do dia, da estação e ano), realizadas em toda a sua área de distribuição histórica.

habitats e definição de ações que visem a reverter o quadro de ameaça às espécies e aos biomas (IBGE, 2017a).

Já com relação à fauna ameaçada de extinção, identifica-se que entre as classes de riscos já foram computados: 137 vulneráveis (VU), 71 com risco de extinção elevado (CR) e 68 com risco de extinção muito elevado (EM). Com relação a cada classe, é possível fazer a seguinte divisão: 33 mamíferos, 97 aves, 12 répteis, 15 anfíbios, 42 peixes ósseos de águas continentais, 4 peixes ósseos marinhos e estuarinos, 8 peixes cartilaginosos marinhos e estuarinos, 16 equinodermos, 4 crustáceos, 7 aranhas, 25 insetos, 1 Polychaeta, 4 moluscos marinhos, 8 cnidários (Tabela 3).

Tabela 3 – Espécies da fauna ameaçadas de extinção

Grupo	Vulnerável (VU)[45]	Risco de extinção elevado (CR)[46]	Risco de extinção muito elevado (EN)[47]	Total por grupo
Anfíbios	6	3	6	15
Aranhas	6	-	1	7
Aves	38	28	31	97
Cnidários	2	5	1	8
Crustáceos	3	-	1	4
Equinodermos	15	1	-	16
Insetos	11	7	7	25
Mamíferos	17	10	6	33
Moluscos marinhos	3	-	1	4
Peixes cartilaginosos marinhos e estuarinos	2	3	3	8
Peixes ósseos de águas continentais	28	11	3	42
Peixes ósseos marinhos e estuarinos	2	1	1	4
Polychaeta	-	-	1	1

---

[45] Vulnerável (VU): um táxon está Vulnerável quando a melhor evidência disponível indicou como enfrentando um risco de extinção na natureza elevado.

[46] Criticamente em Perigo (CR): um táxon está Criticamente em Perigo quando a melhor evidência possível indicou como enfrentando um risco de extinção na natureza extremamente elevado.

[47] Em Perigo (EN): um táxon está Em Perigo quando a melhor evidência possível indicou como enfrentando um risco de extinção na natureza muito elevado.

Grupo	Vulnerável (VU)[45]	Risco de extinção elevado (CR)[46]	Risco de extinção muito elevado (EN)[47]	Total por grupo
Répteis	4	2	6	12
Total	137	71	68	

Fonte: adaptado de Consema (2011)

Além da extração (caça, captura e coleta) de animais e da destruição e fragmentação de habitats por meio do desmatamento, queimadas, drenagem de áreas alagadas, expansão urbana, plantio de monoculturas, poluição de corpos hídricos, entre outros, um terceiro fator possui capital importância, que é a introdução e a dispersão de espécies invasoras. Afinal, as espécies invasoras competem com as espécies nativas, podendo causar a extinção de algumas delas. Além disso, são identificados impactos socioeconômicos e relativos à sanidade das criações animais, ao entupimento de tubulações de esgotos e de águas pluviais por mexilhões chineses e gastos adicionais com saúde devido a vetores de doenças como esquistossomose, filariose e arboviroses (dengue, zika vírus, febre amarela e chikungunya) (IBGE, 2017a).

O Código Estadual de Meio Ambiente, Lei n. 14.675/2009, delega aos proprietários de espécies exóticas e invasoras a responsabilidade de controlar a dispersão delas. A primeira lista oficial de espécies exóticas invasoras do estado foi publicada em 2010, com versão revisada em 2012 pela Resolução CONSEMA 08/2012, em que foram listados: uma espécie do Reino Protista, 48 do Reino *Plantae* e 45 do Reino *Animalia*. Com relação ao Reino *Animalia*, as espécies identificadas são caracterizados como: 16 vertebrados terrestres (13 mamíferos, dois répteis e um anfíbio), 13 peixes, 6 invertebrados terrestres, 7 invertebrados marinhos e 3 invertebrados de água doce (CONSEMA, 2012).

Observa-se que as espécies exóticas invasoras possuem duas categorias, sendo que aqueles da Categoria 1 não é permitida a posse, o domínio, o transporte, o comércio, a aquisição, a soltura, a translocação, a propagação, o cultivo, a criação e a doação sob qualquer forma. Já para as espécies da Categoria 2, é possível conseguir permissão para cultivo ou criação sob condições controladas. Além disso, 13 espécies já tem potencial invasor reconhecido quando em ambientes naturais, sendo elas (Quadro 2-10):

Quadro 2-10 – Espécies da fauna com potencial invasor reconhecido quando em ambientes naturais

Filo	Classe	Ordem	Família	Nome científico	Nome popular	Ambiente com registro de bioinvasão
Arthropoda	Insecta	Diptera	Culicidae	*Aedes aegyptii*	Mosquito-da-dengue	Urbano
Arthropoda	Insecta	Diptera	Culicidae	*Aedes albopictus*	Mosquito-da-dengue	Urbano
Chordata	Aves	Columbiformes	Columbidae	*Columba livia*	Pombo doméstico	Urbano
Chordata	Aves	Passeriformes	Estrildidae	*Estrilda astrild*	Bico-de-lacre	Urbano
Chordata	Aves	Passeriformes	Passeridae	*Passer domesticus*	Pardal	Urbano
Chordata	Mammalia	Carnivora	Canidae	*Canis familiaris*	Cachorro doméstico	Floresta Ombrófila Densa
Chordata	Mammalia	Carnivora	Felidae	*Felis catus*	Gato	Floresta Ombrófila Densa, Floresta Ombrófila Mista
Chordata	Mammalia	Rodentia	Muridae	*Mus musculus*	Camundongo	Estepe (Campos Gerais Planálticos); Floresta Ombrófila Mista
Chordata	Mammalia	Rodentia	Muridae	*Rattus norvegicus*	Rato-de-esgoto, ratazana	Floresta Ombrófila Mista; Floresta Ombrófila Densa

Filo	Classe	Ordem	Família	Nome científico	Nome popular	Ambiente com registro de bioinvasão
Chordata	Mammalia	Rodentia	Muridae	*Rattus rattus*	Rato-preto	Floresta Ombrófila Mista; Floresta Ombrófila Densa, Estepe
Chordata	Reptilia	Squamata	Gekkonidae	*Hemidactylus mabouia*	Lagartixa	Urbano
Mollusca	Gastropoda	Stylommatophora	Achatinidae	*Achatina fulica*	Caramujo gigante africano, caracol gigante africano	Floresta Estacional Decidual; Floresta Ombrófila Densa; Formações Pioneiras de Influência Marinha (Restingas); Urbano
Mollusca	Gastropoda	Stylommatophora	Helicidae	*Helix aspersa*	Escargot	Formações Pioneiras de Influência Marinha (Restingas); Periurbano; Urbano

Fonte: adaptado de Consema (2012)

Colaborando com essa perspectiva, a falta de valorização por serviços ambientais muitas vezes torna imperceptível o problema da ocupação desordenada do solo. Associado a isso, a incipiência da cobertura de atendimento pelos serviços regionais de saneamento juntamente da poluição agropecuária tem causado os principais impactos à poluição ecossistêmica.

Com relação aos serviços ambientais, esses constituem retribuições, monetárias ou não, às atividades humanas de restabelecimento, recuperação, manutenção e melhoria dos ecossistemas. No entanto, apenas 24 municípios (8%) pagam diretamente por um ou mais serviços ambientais, configurando ao menos seis modalidades (Quadro 2-11):

Quadro 2-11 – Quantitativo de municípios, com repetição, que remuneram por tipologia de serviços ambientais

Nº de municípios	Tipo de serviço ambiental remunerado
10	Recuperação e conservação dos solos e recomposição da cobertura vegetal de áreas degradadas, através do plantio de espécies nativas em sistema agroflorestal
7	Conservação e recuperação ou melhoramento da quantidade e da qualidade dos recursos hídricos
7	Conservação e preservação da vegetação nativa e da vida silvestre
5	Conservação de remanescentes da vegetação em áreas urbanas, de importância para a manutenção e melhoramento da qualidade do ar, dos recursos hídricos e da qualidade de vida da população
3	Conservação, recuperação ou preservação do ambiente natural nas áreas de unidades de conservação, em suas respectivas zonas de amortecimento e nas terras indígenas
2	Captura e retenção de carbono, com objetivo de mitigação das mudanças climáticas
12	Outros motivos

Fonte: adaptado de (IBGE, 2023b)

Embora as margens de recursos hídricos sejam as principais áreas para a manutenção da biodiversidade e da disponibilidade de água, essas áreas vêm sendo ocupadas desordenadamente. Evidencia-se que a ocupação e a descaracterização são regulamentadas por meio das proposições dos profissionais de diversas áreas, por meio de normativas e licenciamento pelo Conselho de Meio Ambiente. Amparados pelas constituintes que defendem o direito do homem à ocupação do solo para a exploração econômica, seja por meio da urbanização, industrialização ou pela ocupação agropecuária.

Considerando que questões fundamentais como essas precisam ser priorizadas em projetos de EA, a seguir são apresentados uma seleção de indicadores de problemas, atribuídos à ocupação desordenada do solo rural e urbano (Quadro 2-12):

Quadro 2-12 – Indicadores de problemas atribuídos a ocupação desordenada do solo rural e urbano

Problema	Fonte
Restam 38,05 % de remanescente florestal do bioma Mata Atlântica, além de campos naturais que não foram possíveis diferenciar de pastagem cultivada	Vibrans et al. (2021)
1.360 focos ativos de queimadas ou calor	Inpe (2023)
123 espécies da flora vulneráveis, 13 com risco elevado de extinção, 7 em risco muito elevado de extinção, 1 extinta na natureza, 125 presumidamente extintas e 45 com dados insuficientes	Conama (2014)
137 espécies da fauna vulneráveis, 71 com risco de extinção elevado e 68 com risco de extinção muito elevado	Consema (2012)
13 espécies invasoras com potencial invasor reconhecido em ambientes naturais	Consema (2012)
Apenas 24 municípios (8%) pagam diretamente por serviços ambientais com ao menos seis modalidades	IBGE (2023b)
Apenas 82 municípios com participação dos servidores em capacitações nos últimos 4 anos	Perfil dos Estados Brasileiros do IBGE (2023b)
Apenas 142 municípios (48%) realizaram reuniões nos últimos 12 meses	Perfil dos Estados Brasileiros do IBGE (2023b)
Apenas 131 municípios (44%) possuem recursos financeiros específicos para ações em meio ambiente	Perfil dos Estados Brasileiros do IBGE (2023b)

Fonte: os autores

Além disso, identifica-se que muitos impactos não são percebidos pela população e pelos informantes oficiais dos municípios. A exemplo disso, a pesquisa de percepção do *Perfil dos Municípios Brasileiros* do IBGE traz que com relação à ocorrência de impactos ambientais, nos últimos 24 meses foram registrados: 48 municípios com registro de desmatamentos, 26 com queimadas, 18 com degradação de áreas legalmente protegidas e 4 com diminuição da biodiversidade (da fauna, flora) (IBGE, 2023b).

Considerando que a origem dos desequilíbrios ambientais foi desencadeada pelo processo de ocupação antrópico do ambiente, faz-se necessário refletir sobre o impacto de nossas ações e nossas perspectivas de desenvolvimento. Afinal, as atividades humanas têm gerado impactos sem precedentes em contínua expansão, iludindo a sociedade de que a tecnologia vai suprir a escassez de recursos atuais e futuros.

Testa *et al.* (1996) reconheceram que os problemas ambientais estavam interligados aos aspectos socioeconômicos e apontaram para a redução da capacidade dos solos como sendo uma das principais problemáticas ambientais do oeste catarinense. Esse efeito era atribuído especialmente às culturas anuais e à baixa disponibilidade e qualidade da água. Foi diagnosticado que na grande maioria das cidades do oeste catarinense, onde não havia coleta e tratamento do esgoto cloacal, esses resíduos eram carregados juntamente com o esgoto pluvial e os resíduos urbanos aos córregos d'água que passam pelas cidades.

Com base nisso, os autores enfatizaram a necessidade da construção de redes e a instalação de sistemas de tratamento de esgoto e de separação e reciclagem do lixo urbano. Esse estudo mostrou que as causas dos problemas ambientais tinham origens no meio urbano, rural e industrial, sendo que, relacionados por ordem de importância, foram classificados assim: 1º Erosão do solo decorrente do manejo inadequado; 2º Dejetos suínos com deposição concentrada e sem tratamento; 3º Uso de agrotóxicos sem recomendação técnica; 4º Esgoto e lixo urbano sem tratamento adequado; e 5º Efluente industriais (TESTA *et al.*, 1996).

O último ciclo de planejamento estratégico elaborado pelo Epagri-Ciram 2012-2022 aponta alguns estudos e ações que precisam ser efetivados, sendo eles:

- Poluição pela exploração do carvão mineral na região sul;
- Poluição do solo e da água por dejetos suínos e de aves no oeste;

- Degradação dos solos em todas as regiões devida ao uso intensivo pelos cultivos agrícolas tradicionais;
- Retirada das matas ciliares e da cobertura vegetal de áreas com declividade elevada;
- Poluição das águas dos rios, lagos, lagoas e do mar, causada por resíduos agroindustriais e industriais e esgotos domiciliares;
- Poluição da água subterrânea e superficial pela aplicação de agrotóxicos e fertilizantes;
- Perdas de safras agrícolas pela utilização inadequada dos recursos naturais, das informações agrometeorológicas, meteorológicas e do zoneamento agrícola;
- Poluição do ar pela emissão de gases industriais, de veículos automotores, de eletrodomésticos, de agrotóxicos e fertilizantes, emissão de gases de amônia pelas lavouras de arroz irrigado e de amônia e outros gases por dejetos suínos;
- Poluição por resíduos sólidos domiciliares;
- Pouca conscientização dos cidadãos e da incorporação das políticas públicas no processo produtivo, em relação ao ambiente,
- Demanda pelo pagamento de serviços ambientais, recursos e oportunidades de parcerias relacionadas à pesquisa, desenvolvimento e inovação associados à mudanças ambientais;
- Sustentabilidade da produção agropecuária, aproveitamento da biodiversidade e agroenergia; e
- Ocupação irregular de áreas de preservação ambiental pelo homem, com a destruição paulatina de ecossistemas.

As ações do SC Rural incluíram atividades específicas com as escolas, comunidades e beneficiários moradores nos corredores ecológicos, reforçando a capacidade destes para compreender e cumprir a legislação ambiental, melhorar a conscientização, a valorização, o conhecimento e a gestão dos recursos naturais. Essas ações foram divididas em diversos segmentos, sendo destacados, entre eles: investimentos produtivos e de agregação de valor, gestão de recursos hídricos, gestão de ecossistemas, fiscalização ambiental e EA rural, infraestrutura rural, regularização fundiária, Assistência Técnica Rural (Ater) e defesa sanitária e empreendimentos não agrícolas (SAR, 2010).

Essas atividades do SC Rural envolveram diferentes públicos, sendo eles: organização de agricultores familiares; organização de povos indígenas; jovens rurais; agricultores em área de corredores ecológicos; dirigentes governamentais, usuários de água; comitês de bacias hidrográficas; prefeituras e escolas rurais. Nesse sentido, vale destacar que as atividades de EA rural são de responsabilidade da Secretaria de Desenvolvimento Econômico Sustentável (SDE), da Empresa de Pesquisa Agropecuária e Extensão Rural (Epagri), do Instituto do Meio Ambiente de Santa Catarina (IMA) e da Polícia Militar Ambiental (SAR, 2010).

A dimensão institucional nos municípios trata da orientação política, da capacidade e do esforço despendido pelos governos e pela sociedade na implementação das mudanças para implementação do desenvolvimento sustentável. A participação e o envolvimento de diversos segmentos da sociedade ocorrem por meio das organizações da sociedade civil e de arranjos institucionais que implantaram mecanismos participativos de escuta às demandas da população e de acompanhamento de ações governamentais, tais como os Conselhos de Meio Ambiente, os Comitês de Bacias Hidrográficas, os fóruns de desenvolvimento local, entre outros (IBGE, 2017a).

A gestão ambiental, em nível municipal, deve contribuir para a melhor gestão dos recursos e para a diminuição dos impactos negativos das atividades humanas sobre o meio ambiente. Nessa questão, os Conselhos Municipais de Meio Ambiente (CMMAs) são órgãos colegiados que viabilizam a participação de diversos atores sociais na gestão de políticas públicas. A existência de conselhos ativos revela o nível de organização municipal no que se refere à democratização da gestão de políticas públicas e reflete o interesse da municipalidade nas especificidades locais (IBGE, 2017a).

Dos 295 municípios catarinenses, 274 possuem órgão gestor política de política de meio ambiente, sendo que em 82 municípios apenas, os servidores participaram de capacitação nos últimos quatro anos, sendo que as áreas temáticas são foram: 25 municípios em estruturação da gestão municipal de meio ambiente; 42 em licenciamento; 27 em EA; 13 em EA voltada para a agricultura familiar; 33 em cadastro ambiental rural; 31 em resíduos sólidos; 8 em produção e consumo sustentáveis; 3 em mudança do clima; 22 em recursos hídricos; 39 em participação social em fóruns e colegiados de meio ambiente; e 13 municípios em outras áreas (IBGE, 2023b).

Com relação à presença de Conselho Municipal do Meio Ambiente (CMMA), 210 municípios (71%) possuem, sendo em 148 municípios de caráter partidário, 28 com maior representação governamental e 34 com maior representação da sociedade civil. No entanto, apenas 142 municípios (48%) realizaram reuniões nos últimos 12 meses. Ainda, a *Pesquisa do Perfil dos*

Estados Brasileiros do IBGE (2023b) nos demonstra que apenas 58 municípios realizam capacitações, mas em apenas 3 municípios essas capacitações são periódicas, sendo que nas demais elas são ocasionais.

Com relação à dotação orçamentária, apenas 131 municípios (44%) possuem recursos financeiros específicos para ações em meio ambiente. Nesse sentido, o Fundo Municipal de Meio Ambiente (FMMA) tem a finalidade de assegurar recursos financeiros necessários ao desenvolvimento das ações da política de meio ambiente do município, para tanto, 124 municípios (42%) possuem fundo Municipal de Meio Ambiente, mas só 56 municípios (19%) informaram ter utilizado no ano consultado (2019) recurso do fundo para ações ambientais.

A legislação ambiental, sendo um instrumento de regulação, faz-se importante em nível municipal, pois compete aos municípios legislar sobre o ambiente. Assim, os munícipes podem criar leis próprias, tanto para atender aos interesses locais quanto para suplementar as legislações federal e estadual.

Nesse quesito, os municípios do estado foram consultados sobre ter alguma forma de legislação ou instrumento de gestão ambiental, mesmo que esteja inserido na Lei Orgânica, Plano Diretor ou Código Ambiental, obtendo-se a seguinte caracterização: 209 municípios sobre coleta seletiva de resíduos sólidos domésticos; 263 sobre saneamento básico; 55 sobre gestão de bacias hidrográficas; 124 sobre área e/ou zona de proteção ou controle ambiental; 75 sobre destino das embalagens utilizadas em produtos agrotóxicos; 71 sobre poluição do ar; 74 sobre permissão de atividades extrativas minerais; 64 sobre fauna silvestre; 79 sobre florestas; 57 sobre proteção à biodiversidade; 13 sobre adaptação e mitigação da mudança do clima; e 20 nenhuma das citadas (IBGE, 2023b).

No que tange à implementação de programas de conscientização e sensibilização nos municípios, ficou assim: 1 município com programa coletivo educador; 8 com sala verde; 4 com circuito tela verde; 8 com etapa municipal da conferência infanto-juvenil pelo meio ambiente; EA no Plano de Gestão Integrada de Resíduos Sólidos (PGIRS); 3 com sustentabilidade ambiental das instituições públicas, como a agenda ambiental na administração pública A3P; 10 com Programa de Educação Ambiental e Agricultura Familiar (PEAAF); 5 com etapa municipal da conferência nacional de meio ambiente; e 238, embora informem algum programa, nenhum dos programas citados (IBGE, 2023b).

O Código Estadual do Meio Ambiente do estado catarinense, instituído pela Lei n. 14.675, de 13 de abril de 2009, apresenta em seu artigo 13º que cabe à Secretaria de Estado a responsabilidade pelo meio ambiente, em articulação com as demais Secretarias de Estado, incluindo, entre outros, o estímulo à criação de órgãos e conselhos municipais de meio ambiente capacitados a atuar na esfera consultiva, deliberativa e normativa local (GOVERNO DO ESTADO DE SANTA CATARINA, 2009, art. 13).

Nesse contexto, é possível concluir que os riscos criados pelo momento da inovação iludem as instituições de controle e proteção do ambiente, pondo em perigo a função da ciência e do conhecimento. Sendo uma questão de ordem, a necessidade de manutenção dos ecossistemas e corredores ecológicos requer uma política continental e intercontinental, o que transcende os interesses econômicos e a soberania dos Estados. A partir disso, faz-se importante revisar indicadores de problemas relacionados à produção agropecuária, tema de nossa próxima seção.

2.2.4 A ocupação da produção agropecuária

A produção agropecuária se configura como uma das atividades econômicas de maior extensão territorial, no território dos municípios catarinenses, por compreender, além da agricultura e pecuária, o reflorestamento e a produção extrativista. Com relação às terras dos estabelecimentos rurais, identifica-se a seguinte proporção de ocupação: 1.685.940 ha (27,6%) com matas naturais; 1.356.018 ha (22,2 %) com lavouras temporárias; 1.158.195 ha com pastagens naturais (18,9 %); 918.264 ha com florestas ou matas plantadas (9,7%); 673.035 com pastagens plantadas (11%); somados a 212.602 ha (3,5%) com sistemas agroflorestais agropecuários (CEPA, 2022).

Embora as propriedades rurais preservam uma parte considerável com remanescentes florestais, esses remanescentes geralmente não incluem campinas, habitat fundamental para muitos herbívoros. Além disso, muitas vezes esses remanescentes se encontram fragmentados e com sua função ecológica comprometida. Ainda, não é condição necessária para as reservas legais a existência de córregos para a dessedentação da biodiversidade, embora seja condição vital para as espécies. Nem tampouco há uma política de ocupação territorial que garanta a manutenção de corredores ecológicos intermunicipais para possibilitar os fluxos migratórios e refúgios da fauna e da flora.

O último Censo agropecuário do IBGE de 2010 estimou que a população rural do estado catarinense foi de 1.000.529 (16% da população total[48]), já com relação aos produtores rurais (gestores), o Censo agropecuário de 2017 estimou a população em 183.066, dos quais 164.195 são homens (90%) e apenas 18.871 são mulheres (10%), com predominância masculina na gestão das propriedades rurais. Para o Censo Agropecuário, produtor é a pessoa responsável pelas decisões na utilização dos recursos e que exerce o controle administrativo do estabelecimento agropecuário (CEPA, 2022).

Outra característica importante é o envelhecimento da população rural, sendo: que dos 183.066 produtores, apenas 8,6 % têm até 35 anos; 24% têm até 45 anos (2,3 mil menor de 25 anos; 13,4 mil de 25 a menos de 35 anos e 29 mil têm de 35 a menos de 45 anos), como demonstra a Figura 2-11 a seguir.

Figura 2-11 – Faixa etária dos produtores rurais do estado de catarinense

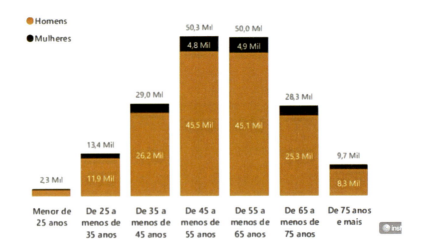

Fonte: IBGE (2017c) apud Cepa (2022)

Quanto ao aspecto ocupacional, a agricultura gera oportunidades para 501.811 pessoas, sendo 328.327 homens (65%) e 173.484 mulheres (45%). Com relação à ocupação do pessoal nos estabelecimentos rurais, 407,4 mil (81,2%) possuem laços de parentesco e 94,4 mil (18,8%) não pos-

---

[48] População total estimada de 7.610.361 pessoas (IBGE, 2023e).

suem parentesco. Além disso, com relação aos trabalhadores sem laços de parentesco, 48,9 mil (51,7%) possuem emprego temporário, 41,5 mil (44%) são empregados permanentes e 4,1 mil (4,3%) são parceiros.

A produção de alimentos de forma sustentável está diretamente relacionada ao modelo de produção difundido e promovido no Brasil. Esse modelo está historicamente consolidado em cima de uma matriz produtivista e de uso intensivo de agrotóxicos, repercutindo em exposição humana, acúmulo de resíduos nos alimentos e impactos ambientais. Afinal, além dos riscos à saúde humana, esses produtos podem ser persistentes, móveis e tóxicos no solo, na água e no ar, tendendo a se acumularem no solo e na biota. Seus resíduos podem chegar às águas superficiais, por escoamento, e às subterrâneas, por lixiviação.

O indicador de uso de agrotóxico é uma aproximação da intensidade de uso de agrotóxicos nas áreas plantadas de um território em determinado período. Com relação a isso, o painel de informações de agrotóxicos do Ibama afere que a média anual de vendas totais de Ingredientes Ativos (IA) de agrotóxicos entre 2009 a 2021 foi de 680.350 ton. de IA, sendo que 2% desse total foram comercializados em Santa Catarina, 10% no Paraná e 11,2% no Rio Grande do Sul. Paralelamente a isso, o indicador de somatório de vendas totais de produto formulado em toneladas entre 2009 e 2021 foi de 6.000.000 (ton.) no Brasil, com 2,4% para Santa Catarina, 12% no Paraná e 12,3% no Rio Grande do Sul (Tabela 4).

Tabela 4 – Comercialização de agrotóxicos e afins, área plantada das principais culturas e comercialização por área plantada no Brasil pelos estados da Região Sul

Variável	Brasil	Santa Catarina	Paraná	Rio Grande do Sul
Média anual de vendas totais de Ingredientes Ativos de agrotóxicos entre 2009 a 2021 (ton. de IA[49])	680.350	13.540 (2%)	70.510 (10%)	76.100 (11,2%)
Somatório de vendas totais de Produto Formulado (ton.) de 2009 a 2021	6.000.000	144.000 (2,4%)	741.000 (12%)	737.000 (12,3%)

Fonte: adaptado de Ibama (2023)

---

[49] IA – Ingrediente Ativo.

Esse painel de comercialização de agrotóxicos permite identificar também que para todos esses três estados da Região Sul, assim como para o Brasil, a contagem total de Ingredientes Ativos (IA) foi de 467 entre 2009 e 2021. Ainda, é possível visualizar que em termos de valor movimentado, o princípio ativo glifosato lidera as vendas no estado catarinense, seguido por mancozebe, 2,4 0 D, óleo mineral, atrazina e clorotalonil para o mesmo período (IBAMA, 2023).

Considerando que o consumo de agrotóxicos em áreas de olericultura geralmente é superior quando comparado às culturas de grãos, vale caracterizar que os dados do IBGE (2018) indicavam as seguintes proporções com relação à área total cultivada de 1.517.029 ha: o cultivo de grãos em 85,6 %, sendo 44,5 % soja, 21,8% milho, 9,4 % arroz em casca, 4,7 % feijão, 3,6 % trigo e 1,6 % aveia. Além disso, outros grupos que incluem hortaliças, frutíferas e outros gêneros alimentícios apresentavam a seguinte ocupação do território cultivado: 5,8 % fumo, 1,9 % banana, 1,2 % mandioca, 1,1 % cebola, 1,1% erva-mate e 1% maçã. Os demais produtos ocupam proporcionalmente menos de 1% do território cultivado e incluem culturas diversas, sendo que as mais expressivas são: palmito, batata-inglesa, cana-de-açúcar, uva, tomate, maracujá, melancia, alho, laranja, pêssego e batata-doce.

A classificação quanto ao potencial de periculosidade ambiental se baseia nos parâmetros de bioacumulação, persistência, transporte, toxicidade a diversos organismos, potencial mutagênico, teratogênico, carcinogênico, obedecendo à seguinte grade: classe I – produto altamente perigoso; classe II – produto muito perigoso; classe III – produto perigoso; e classe IV – produto pouco perigoso (IBAMA, 1996). Com base nessas classes, a taxa de uso nos municípios catarinenses apresenta a seguinte configuração: classe I – 0,86 %; classe II – 29,63 %; classe III – 67,59%; e classe IV 1,93 % (IBAMA, 2018).

Com foco nessa problemática, o Programa Alimento Sem Risco (PASR) tem como objetivo principal a segurança dos alimentos vegetais cultivados e comercializados em Santa Catarina. O programa busca a proteção da saúde dos consumidores contra resíduos fora da conformidade legal, provenientes do uso indiscriminado de ingredientes tóxicos. O PASR está consolidado sob oito linhas de ação, sendo elas: a) monitorar a presença de resíduos de agrotóxicos em vegetais; b) combater o uso indiscriminado de agrotóxicos na produção agrícola; c) estimular a identificação da origem do produto vegetal; d) desenvolver laboratório público para analisar resíduos de agrotóxicos; e) fiscalizar o comércio de agrotóxicos e o receituário agronômico; f) vedar o ingresso de agrotóxico banido no exterior; g) incentivar o desenvolvimento de estudos técnicos e pesquisas; e h) coibir irregularidades no mercado de produtos orgânicos (MPSC, 2021).

As coletas de amostras de frutas, legumes, verduras e ervas aromáticas pelo PASR, iniciadas em 2011, evidenciam que a taxa de alimentos com resíduos aumentou de 30 % para 48 %, no entanto, houve queda no índice de produtos não registrados ou fora de conformidade de 31 % para 17% em 2019. No entanto, para os alimentos sem resíduos de agrotóxicos, embora houvesse oscilação dentro de período, a taxa se manteve em 35 % de 2011 para 2019, conforme a (Figura 2-12) a seguir.

Figura 2-12 – Evolução da desconformidade de amostras de alimentos vegetais com agrotóxicos

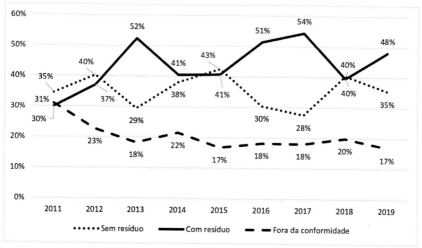

Fonte: adaptado de MPSC (2020)

Contudo, esse trabalho é pioneiro no país e já tem orientado diversas outras iniciativas em governos, instituições e estabelecimentos rurais de todo o Brasil. A elaboração de projeto para contratar serviço de análise laboratorial de resíduos de agrotóxicos em alimentos, submetido à apreciação do Fundo para a Reconstituição de Bens Lesados (FRBL), busca obter os recursos de custeio das despesas de análise por métodos de espectrometria de massas e cromatografia gasosa.

O PASR funciona sempre com amparo na colaboração da Cidasc, Epagri, IMA, Ibama, Vigilância Sanitária Estadual, Laboratório Central de Saúde Pública (Lacen), Crea/SC, Centro de Informação e Assistência Toxicológica de Santa Catarina (CIATox), Polícia Militar Ambiental, Ministério Público do Trabalho e Secretaria de Estado da Agricultura, entre outras organizações com as quais foram celebrados os Termos de Cooperação Técnica.

A atuação do MPSC também se desdobra na articulação de diferentes atores e de entidades por intermédio do Fórum Catarinense de Combate aos Impactos dos Agrotóxicos e Transgênicos (FCCIAT), o qual é coordenado, atualmente, pelo Centro de Apoio Operacional do Consumidor (CCO) e apoio do Centro de Apoio Operacional do Meio Ambiente (CME), com a participação do Ministério Público Federal e do Ministério Público do Trabalho. Cerca de 60 organizações catarinenses estão integradas formalmente ao FCCIAT. Até então, como resultados, o Programa Alimento Sem Risco firmou 391 Termos de Compromisso de Ajustamento de Conduta (TAC), 21 Ações Civis Públicas e uma denúncia criminal (MPSC, 2020).

Os fertilizantes são largamente utilizados para o aumento da produtividade agropastoril, estando associados à eutrofização dos rios e lagos, à acidificação dos solos, à contaminação de aquíferos e reservatórios de água e à geração de gases associados ao efeito estufa (IBGE, 2017a). O acompanhamento desse indicador permite avaliar a evolução da intensidade de uso de fertilizantes e, ao mesmo tempo, subsidiar estudos de riscos à qualidade da água de rios, lagos e aquíferos subterrâneos. Nesse contexto, as estatísticas demonstram que a agricultura catarinense lidera no uso de nitrogênio entre os estados da Região Sul com 84,1 Kg/ha. Por outro lado, a agropecuária catarinense consome menos fósforo e potássio do que os outros dois estados, sendo 60,5 Kg/ha e 57 Kg/ha respectivamente (Tabela 5).

Tabela 5 – Utilização de fertilizantes por área (Kg/ha) no Brasil, Região Sul e estados da Região Sul

Variável	Brasil	Sul	Paraná	Santa Catarina	Rio Grande do Sul
Total (Kg/ha)	183,9	186,8	162,7	201,6	212,7
Nitrogênio (N) (Kg/ha)	50,8	54,3	39,8	84,1	66,2
Fósforo (P_2O_5) (Kg/ha)	62,3	66,1	60,7	60,5	73,5
Potássio (K_2O) (Kg/ha)	70,8	66,4	62,2	57	73

Fonte: adaptado de IBGE [2014] (2017b)

Com relação à produção agropecuária, o Censo Agropecuário do IBGE 2017 permite identificar que as Unidades da Federação que possuem as melhores taxas de atendimento são DF, SC, RS, PR e SP (LUIZ, 2019). Esse fator pode ser atribuído à presença do Serviço Público, Direto ou Indireto, de Assistência Técnica Rural (Ater) nesses estados. Nesse critério, dos 183.066 estabelecimentos catarinenses, 94.863 recebem orientação técnica e 88.203 (48,2%) informaram não receber.

Além desses parâmetros, identificou-se que 26,5% dos empreendimentos rurais ainda adotam o cultivo convencional e 17,8% o cultivo mínimo, ao passo que 40,4% dos estabelecimentos já aderiram ao plantio direto na palha (IBGE, 2017c). Com relação às pastagens, foram identificados 78.069 ha de pastagens plantadas em más condições de conservação. Nesse sentido, é preciso reconhecer que a erosividade do solo é baixa em 6%, média em 51,5%, alta em 35,5% e muito alta em 7% do território (BACK; POLETO, 2018).

Em termos de adversidades climáticas nos últimos 24 meses, de acordo com as três ocorrências de maior relevância, o *Perfil dos Municípios Brasileiros 2020* aponta: 135 municípios com condições climáticas extremas (secas, enxurradas); 34 municípios com poluição de algum corpo d'água; 18 com assoreamento de algum corpo d'água; 68 com diminuição de vazão de algum corpo d'água; 16 com contaminação do solo por agrotóxicos, fertilizantes e 13 com perda de solos por erosão e/ou arenização (IBGE, 2023b).

Portanto, a ocupação indiscriminada dos remanescentes naturais e o manejo inadequado do solo, conjuntamente ao modelo comercial de agricultura, comprometem os meios de equilíbrio necessários à sustentabilidade ecológica, conforme indica os problemas selecionados no (Quadro 2-13).

Quadro 2-13 – Indicadores de problemas atribuídos à produção agropecuária

Problema	Fonte
Média anual de 13.540 ton. de Ingrediente Ativo (IA) de agrotóxico em vendas totais entre 2009 a 2021 (2% das vendas nacionais)	Painéis de informações de agrotóxicos (IBAMA, 2023)
144.000 ton. de vendas totais de agrotóxico formulado entre 2009 a 2021 (2,4% do total nacional)	Painéis de informações de agrotóxicos (IBAMA, 2023)
48% das frutas, legumes, verduras e ervas aromáticas com resíduos de agrotóxicos e 17% com produtos não registrados	Programa alimento seguro (MPSC, 2020)

Problema	Fonte
201,6 Kg/ha de fertilizantes são aplicados na produção agropecuária	Indicadores do Desenvolvimento Sustentável (IBGE, 2017a)
88.203 estabelecimentos agropecuários (48,2 %) não recebem assistência técnica	Censo Agropecuário [2017] (IBGE, 2017c)
26,5 % dos empreendimentos rurais adotam cultivo convencional, 17,8 % cultivo mínimo e 40,4 % plantio direto na palha	Censo Agropecuário [2017] (IBGE, 2017c)
78.069 ha de pastagens plantadas em más condições	Censo Agropecuário [2017] (IBGE, 2017c)
72 municípios (24%) registraram processo erosivo acelerado	Pesquisa de Informações Básicas Municipais (IBGE, 2020)
151 registros de municípios atingidos por enxurradas ou inundações bruscas [2017-2020]	Pesquisa de Informações Básicas Municipais (IBGE, 2020)

Fonte: os autores

Contudo, a sistematização dos indicadores de produção agropecuária nos dá um indicativo de quais problemas a assistência técnica, extensão rural e a pesquisa agropecuária podem priorizar em busca de uma matriz produtiva de base ecológica com a produção de alimentos limpos, reduzindo o uso de agrotóxicos e a necessidade de fertilizantes externos. Além disso, o manejo inadequado do solo precisa ser mitigado por meio da ampliação de práticas de manejo conservacionista do solo e da água, em vista dos índices de erosividade das chuvas que potencializam a poluição do solo e da água.

A partir disso, a próxima seção se propõe a identificar os problemas relacionados aos serviços regionais e urbanos, uma vez que estes estão diretamente relacionados à mitigação dos riscos hidrológicos e dos impactos ambientais pelo manejo adequado das águas pluviais, abastecimento de água, gestão de esgotos e gerenciamento de resíduos sólidos.

2.3 SERVIÇOS REGIONAIS E URBANOS

Em termos de serviços regionais e urbanos, o Sistema Nacional de Informações sobre saneamento apresenta três eixos principais de informações em nível de estados e municípios, sendo eles: águas pluviais urbanas; água e esgoto; e resíduos sólidos.

2.3.1 Águas pluviais urbanas

Esta seção trata do manejo de águas pluviais em território urbano, sendo que a maior parte dos corpos hídricos em áreas urbanas são geridos pelos municípios, especialmente os trechos que nascem dentro dos limites municipais. Embora o domínio dos corpos hídricos era estadual, distrital ou federal, a regência da Lei n. 14.285, de 29 de dezembro de 2021, alterou as diretrizes definindo que em áreas urbanas consolidadas transfere-se a autonomia para que municípios e distritos definam faixas marginais distintas daquelas dispostas na Lei n. 12.651, de 25 de maio de 2012, que aborda a proteção da vegetação nativa.

Além disso, essa alteração flexibiliza a conversão urbana de áreas rurais, reduzindo de quatro para dois o número de equipamentos de infraestrutura urbana implantados, que podem ser: drenagem de águas pluviais; esgotamento sanitário; abastecimento de água potável; distribuição de energia elétrica e iluminação pública; e/ ou limpeza urbana, coleta e manejo de resíduos sólidos (BRASIL, 2021b).

Considerando as externalidades a que está sujeito um sistema de drenagem, a ocorrência de alagamentos, enxurradas ou inundações pode estar relacionada a um sistema de drenagem mal projetado. Afinal, os sistemas são projetados para um índice regional de chuvas intensas que ocorre com determinado tempo de retorno, sendo inerente ao dimensionamento hídrico e à ocorrência de eventos históricos que o superam (MDR, 2018a).

O diagnóstico de drenagem e manejo das águas pluviais urbanas realizado desde 2015 demonstra que os sistemas de drenagem são altamente influenciados pelos serviços de esgoto e resíduos sólidos. Afinal, o esgoto e os resíduos não coletados acabam sendo carregados para o sistema de drenagem e, consequentemente, para os corpos hídricos. Do mesmo modo, quando os resíduos urbanos não são coletados das vias públicas, estes, além de poluir, também comprometem a capacidade do sistema de drenagem, intensificando os alagamentos, conforme demonstra o fluxo da Figura 2-13.

Figura 2-13 – Representação gráfica do fluxo de esgoto, águas pluviais e de resíduos sólidos não coletados para o sistema de drenagem

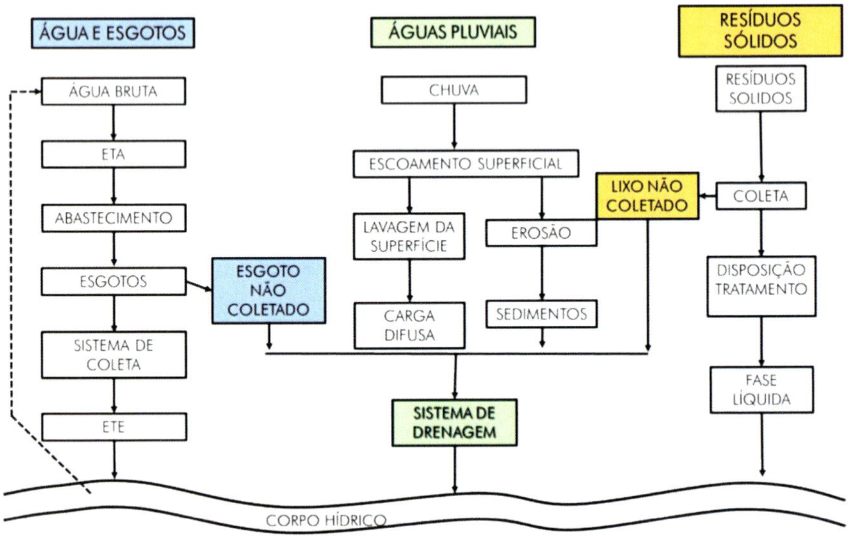

Fonte: MDR (2018a, p. 42)

Outro fator agravante a ser considerado são os casos em que a rede de drenagem é compartilhada com uma rede de esgotos que não tenha sido projetada para trabalhar como sistema unitário. Nessa situação, um maior volume de água chega à estação de tratamento causando sobrecarga, pois esta está planejada para receber um volume de esgotos gerados e não a água das chuvas. Nesse contexto, é importante observar que a política de usos do solo municipal pode influenciar diretamente na rede de drenagem. A exemplo disso, é possível incentivar a ampliação da taxa de infiltração e de armazenamento de água, por meio da: preservação ou expansão das áreas verdes e matas lineares; do controle da impermeabilização do solo e também do disciplinamento da ocupação de várzeas e margens de córregos.

Nesse contexto, os parques lineares se constituem em faixas de vegetação ao longo de rios, córregos ou canais, com a função de conservação e preservação dos recursos naturais, inclusive dos cursos d'água. Essas estruturas de manejo das águas evitam ocupação irregular de áreas de várzeas, ampliam zonas de inundação e reduzem a vazão e a velocidade durante enchentes. Também contribuem para proteção contra erosão, recomposição da vegetação ciliar, redução da poluição difusa, ampliação de áreas verdes e criação de áreas de lazer, cultura, esporte, entre outros (MDR, 2022a).

Pontua-se que para os dados do Diagnóstico Temático – Drenagem e Manejo das Águas Pluviais Urbanas do Sistema Nacional de Informações Sobre Saneamento (SNIS) – para 2021 aponta que no estado catarinense houve a participação de 275 municípios (93%).

A partir das informações dos municípios catarinenses informantes do SNIS, é possível identificar que quanto aos tipos de sistemas de drenagem de águas pluviais temos: 115 municípios (41,8%) com sistema exclusivo (quando 100% do sistema de drenagem é destinado exclusivamente às águas pluviais); 68 municípios (24,7%) com sistema unitário (quando 100% do sistema de drenagem recebe águas pluviais e esgotos); 74 municípios (26,9%) possuem sistema combinado (quando parte do sistema de drenagem é exclusivo e parte é unitário); 12 municípios (4,4%) com outros tipos de sistemas e 6 municípios (2,2 %) não possuem sistema de drenagem (MDR, 2023).

Com relação às medidas compensatórias, para reduzir a quantidade de água que escoa, apenas 1 município possui reservatório (Chapecó, SC 14.900 m³); 18 municípios com parques lineares; 46 municípios com soluções de drenagem natural (faixas ou valas de infiltração); e 4 municípios com tratamento de águas pluviais (Figura 2-14).

Figura 2-14 – Representação dos tipos de sistemas de drenagem de águas pluviais urbanas nos municípios do estado de catarinense

Fonte: adaptado de MDR (2023)

Com base em MDR (2018a), as pesquisas realizadas sobre a origem da poluição hídrica em áreas urbanizadas no Brasil demonstram que a maior parcela das cargas poluidoras atingem os rios urbanos pela rede de drenagem e têm como origem, mesmo em sistemas separadores, os esgotos sanitários. Essa contaminação decorre principalmente de ligações cruzadas e perdas na rede de esgotos e na poluição difusa.

O problema da poluição hídrica não está relacionado à grande incidência de sistemas não exclusivos para drenagem, mas sim, à forma como são planejados, executados e operados. Paoletti *et al.* (2007) relatam que, na Europa, sistemas unitários, se dotados de extravasores e reservatórios de primeira chuva, oferecem proteção ambiental aos corpos hídricos receptores, análoga àquela obtida com sistemas separadores. Desse modo, um sistema separador, no qual o escoamento pluvial é lançado no corpo receptor sem tratamento, proporciona uma proteção ambiental menor do que a obtida por um sistema unitário bem projetado.

Com relação aos parques lineares, o diagnóstico SNIS identifica que a implantação ainda é incipiente no país, sendo que no Brasil esses representam 29,2% do total de cursos d'água naturais perenes em áreas urbanas. Destaca-se que Goiás possui 98,5% dos seus cursos naturais urbanos com parques lineares e na Região Centro-Oeste esses parques representam 97,1%. Já na macrorregião Sul, os parques representam apenas 3,5%, e 1% no estado catarinense.

Entre os municípios da administração pública do Estado, apenas 18 municípios informaram possuir parques lineares, perfazendo uma área de 6.710,62 ha, o que representa cerca de 1% do total de cursos d'água naturais perenes em área urbana do estado (MDR, 2022a) (Tabela 6).

Tabela 6 – Parques lineares identificados no território catarinense

Município	Descrição do Parque	Área (m²)	Taxa linear municipal (%)[50]
Blumenau	Dos Animais Dr.ª Lúcia Sevegnani	13.088	-
Bocaina do Sul	Sanga do Lagoão	18.000	7
Camboriú	Parque Linear de Camboriú	2.000	1
Capinzal	Área de Lazer Dr. Arnaldo Favorito	700	0,8

[50] (%) Relaciona a extensão total de parques lineares ao longo de cursos d'água naturais perenes em áreas urbanas com a extensão total dos cursos d'água naturais perenes em áreas urbanas.

Município	Descrição do Parque	Área (m²)	Taxa linear municipal (%)[50]
Concórdia	Parque de exposições	2.050	1,1
Criciúma	Parque Turístico e Ecológico do Mirante	72.000	1,6
Cunhataí	Praça Lajeado Cunhataí	50.000	1,3
Dionísio Cerqueira	PTAI – Parque Turístico Ambiental de Integração	1.800	5
Florianópolis	Parque Linear do Córrego Grande	170.000	7,5
	Parque Linear dos Ingleses (João Manoel Gomes)	2.751	
Ipira	Parque da Cascata da Usina	5.000	25
Itapoá	Parque Carijós	2.100	3,2
Jaraguá do Sul	Linear da Via Verde	75.000	0,2
Joinville	Parque Linear da Av. Vice Prefeito Luís Carlos Garcia	22.000	0,3
Lindóia do Sul	Parque São Cristóvão	2.000	16
São Francisco do Sul	Parque Estadual Acaraí	66.670.000	0,1
São José	Parque Linear Areias	5.790	0,7
	Parque Linear Ceniro Martins	4.677	
Timbó	Pavilhão de Eventos Henry Paul	4.000	2
Tubarão	Parque Cultural Ambiental	48.000	33,5
	Total:	67.170.956	

Fonte: adaptado de MDR (2022a)

Outro problema identificado é a densidade demográfica em zona costeira. A última referência do ano de 2010 afere que 38,1% da população (2.378.862 habitantes) ocupavam a zona costeira catarinense, sendo que as três maiores densidades demográficas são encontradas em Balneário Camboriú, São José e Itapema, com 2.309,7, 1.388,2 e 771,5 habitantes por quilômetro quadrado, respectivamente (IBGE, 2017b). Essas áreas densamente povoadas apresentam algumas características como intensa urbanização, industrialização e exploração turística de larga escala. Essa característica de ocupação e uso intenso do solo, contrasta com espaços de baixa densidade populacional e ocorrência de ecossistemas naturais de grande significado ambiental, como áreas estuarinas, manguezais, lagunas e restingas.

Nessas zonas ocorrem diversos conflitos pelo uso da terra, poluição das águas, contaminação dos solos devido à carência de coleta e tratamento de esgotos domésticos e industriais. O grande contingente de população na zona costeira se concentra em alguns pontos da costa, causando impactos sobre o meio ambiente, afetando a qualidade da água no litoral, a pesca e a atividade turística (IBGE, 2017a).

Em termos de desastres naturais, a Classificação e Codificação Brasileira de Desastres (Cobrade) discrimina quatro tipos de ocorrências relacionadas com o incremento das precipitações hídricas e com as inundações, sendo elas: a) enchentes ou inundações graduais; b) enxurradas ou inundações bruscas; c) alagamentos; e d) inundações litorâneas provocadas pela brusca invasão do mar. Associado a isso, muitas vezes também ocorrem desastres naturais relacionados à geomorfologia, o intemperismo, a erosão e a acomodação do solo, sendo eles: a) escorregamentos ou deslizamentos; b) corridas de massa; c) rastejos; e d) quedas, tombamentos e/ou rolamentos (MI, 2003).

Esses desastres impactam negativamente em diversos aspectos críticos da vida humana, como: água potável e segura, acesso adequado ao saneamento, imunização, segurança alimentar, abrigos, serviços clínicos, entre outros. Esses fatores estando relacionados a indicadores de ocupação desordenada do solo, faz-se importante identificar que foram registrados 91 ocorrências de municípios atingidos por escorregamentos ou deslizamentos de encostas entre 2017 a 2020 (IBGE, 2020).

Como consequência da insuficiente canalização, drenagem e ocupação das áreas aluviais (sedimentares), 121 municípios (41%) registraram a ocorrência de enchentes ou inundações graduais, sendo que em 100 municípios edificações foram atingidas, 38 em áreas urbanas, 12 em áreas rurais e 50 em ambas as áreas. Em 67 municípios (23%) pessoas foram desalojadas ou ficaram desabrigadas, com registro de óbito em apenas um município. Com relação à situação das áreas de risco, em 89 municípios ocorreram em áreas naturalmente inundáveis, em 25 municípios em áreas não usualmente inundáveis, 49 municípios em áreas com ocupações regulares, 37 com ocupações irregulares, 4 em áreas com existência de processo erosivo acelerado, 13 em outras áreas e 2 não souberam informar (IBGE, 2023b).

No período de 2016 a 2019, foram registrados 151 municípios atingidos por enxurradas ou inundações bruscas, 159 municípios (54%)

informaram que foram atingidos por alagamento e 72 (24%) registraram processo erosivo acelerado (IBGE, 2020). Com relação aos domicílios com risco de inundação, a média dos 275 municípios catarinenses que responderam ao SNIS em 2020 ficou em 6,9%, ao passo que a média da Região Sul ficou em 4,1% e 3,9% no país. No entanto, dos 18 municípios brasileiros que possuem mais de 50% dos domicílios com risco de inundação, quatro deles estão em território catarinense.

Portanto, os indicadores dessa seção apontam para alguns problemas, entre eles, a ocupação desordenada do solo e a insuficiência de serviços urbanos. Com relação a isso, a ocupação das zonas costeiras e sedimentares, juntamente com a degradação das matas lineares, acarretam os problemas de: deslizamento de encostas, alagamento e enchentes, inundações e a contaminação de recursos hídricos, de acordo com o disposto no Quadro 2-14.

Quadro 2-14 – Indicadores de problemas atribuídos à ocupação desordenada do solo, drenagem e ao manejo de águas pluviais urbanas

Problema	Fonte
68 municípios (24,7%) com sistema unitário; 74 municípios (26,9%) possuem sistema combinado, 12 municípios (4,4%) com outros tipos de sistemas e 6 municípios (2,2%) não possuem sistema de drenagem	Sistema Nacional de Informações sobre Saneamento [2018] (MDR, 2023)
1 município com reservação de água, 18 com parques lineares, 46 com valas ou faixas de infiltração e 4 com tratamento de águas pluviais	Sistema Nacional de Informações sobre Saneamento [2018] (MDR, 2023)
1 % dos córregos urbanos permanentes com parques lineares (18 municípios)	Sistema Nacional de Informações sobre Saneamento [2020] (MDR, 2022a)
2.378.862 habitantes (38,1%) residem em área costeira	Indicadores do Desenvolvimento Sustentável [2010] (IBGE, 2017a)
91 registros de municípios atingidos por escorregamentos ou deslizamentos de encostas	Pesquisa de Informações Básicas Municipais [2017 a 2019] (IBGE, 2020)

Problema	Fonte
121 municípios (41%) registraram a ocorrência de enchentes ou inundações graduais, 89 municípios ocorreram em áreas naturalmente inundáveis, 25 municípios em áreas não usualmente inundáveis, 49 municípios em áreas com ocupações regulares, 37 com ocupações irregulares, 4 em áreas com existência de processo erosivo acelerado, 13 em outras áreas	Perfil dos Municípios Brasileiros (IBGE, 2023b)
151 registros de municípios atingidos por enxurradas ou inundações bruscas, 159 municípios (54%) informaram que foram atingidos por alagamento e 72 (24%) registraram processo erosivo acelerado	Perfil dos Municípios Brasileiros [2016 a 2019] (IBGE, 2020)

Fonte: os autores

Em vista da relação entre os indicadores, é possível sugerir que precisamos reavaliar os conceitos de ocupação do solo e preservação de áreas críticas para a poluição ambiental, além dos impactos ambientais causados pela insuficiência dos serviços urbanos.

No âmbito das cidades, a Agenda Nacional de Qualidade Ambiental Urbana é gerida pelo Ministério do Meio Ambiente. Essa agenda foi proposta para melhorar os indicadores da qualidade ambiental nas cidades, orientando para políticas públicas urgentes, mais efetivas e eficientes, que integrem condutas nos diferentes níveis de tomadas de decisão. Com base em um diagnóstico foram estabelecidas seis metas: lixo no mar, resíduos sólidos, manutenção e conservação de áreas de proteção permanente, parques e áreas verdes, qualidade do ar, saneamento e qualidade das águas, e áreas contaminadas (MMA, 2019).

Para o MMA, na busca pelo conceito de cidades sustentáveis, ainda são necessárias melhorias em algumas políticas, sendo prioritárias aquelas relacionadas à construções e mobilidade sustentável; prevenção de desastres; poluição sonora e atmosférica; eficiência energética; economia de água; controle de inundações, mananciais, orla e parques fluviais; além de informações sobre a Política de Resíduos Sólidos, coleta seletiva, logística reversa e catadores.

Para essa dimensão da pesquisa foram utilizadas, entre outras, as referências do Sistema Nacional de Informações sobre Saneamento (SNIS) (MDR, 2023), por ser uma das principais e mais importantes fontes de informações atualizadas anualmente sobre o saneamento básico brasileiro. Esse sistema é gerenciado pela Secretaria Nacional de Saneamento do Ministério do Desenvolvimento Regional (SNS/MDR) e reúne informações de caráter operacional, gerencial, financeiro e de qualidade dos serviços de Água e Esgotos (desde 1995), Manejo de Resíduos Sólidos (desde 2002) e Drenagem Pluvial (desde 2015).

Os indicadores produzidos a partir dessas informações são referência para a comparação de desempenho da prestação de serviços e para o acompanhamento da evolução do setor de saneamento básico no Brasil. Os dados do SNIS têm sido utilizados pelos agentes envolvidos com a prestação dos serviços de água e esgotos e suas organizações corporativas, órgãos de governo, agentes financeiros e instituições de ensino e pesquisa.

O diagnóstico do Sistema Nacional de Informações é elaborado com base nas informações fornecidas por companhias estaduais, empresas e autarquias municipais, empresas privadas e também pelas próprias prefeituras. A partir do conjunto dessas informações são calculados centenas de indicadores econômico-financeiros, administrativos e operacionais de água e esgotos, drenagem de águas pluviais urbanas e de resíduos sólidos. Entre os objetivos do sistema, destacam-se: a) planejamento e execução de políticas públicas; b) orientação da aplicação de recursos; c) conhecimento e avaliação do setor de saneamento; d) avaliação de desempenho dos serviços; e) aperfeiçoamento da gestão; f) orientação de atividades regulatórias e de fiscalização; e g) exercício do controle social (MDR, 2020a).

Entre os eixos principais de prioridades, sempre esteve o fortalecimento da política estadual de recursos hídricos por meio da implantação dos mecanismos de controle dos usos das águas e da gestão nas bacias hidrográficas do estado. Dessa forma, os Planos de Bacia Hidrográficas (PBHs), sendo instrumentos legislativos, devem compor, entre outros elementos fundamentais, o diagnóstico fragmentado da bacia e a análise de cenários futuros de demandas, prevendo tendências de ocupações do solo e de evolução das atividades produtivas (GOVERNO DO ESTADO DE SANTA CATARINA, 2020b).

O código do meio ambiente define que a bacia hidrográfica é a unidade de planejamento a ser desconsiderada em suas formas geométricas e seus limites das propriedades, de modo a assegurar o adequado escoamento das águas (GOVERNO DO ESTADO DE SANTA CATARINA, 2009). No entanto, é preciso saber que a experiência desenvolvida no Brasil, na década de 1930, com pesquisa regional, espacialização de impactos e planejamento de bacia hidrográfica, havia sido abandonada no país. Afinal, essa perspectiva era incompatível com as diretrizes políticas e econômicas da era desenvolvimentista. Logo, as estruturas esquecidas de planejamentos urbanos e regionais, além de conceitos ecossistêmicos, passaram a representar as raízes do conhecimento holístico (SANTOS, 2004).

2.3.2 Água e esgoto

Como demonstrado, a ocorrência de alagamentos, enxurradas ou inundações, muitas vezes entendidos como desastres naturais, está relacionada à ocupação indevida de encostas, zonas costeiras, áreas de matas lineares e ciliares permanentes. Além disso, embora muitas vezes haja um sistema de drenagem bem projetado, a presença indevida de resíduos sólidos e esgoto no sistema compromete seu funcionamento, repercutindo na poluição dos mananciais (MDR, 2018b).

Devido ao elevado custo de canalização, é preferível captar água próximo dos conglomerados urbanos, que na maioria das vezes se encontram consolidados nas proximidades dos mananciais. Nesse quesito, a contaminação dos recursos hídricos afeta diretamente o abastecimento público, principalmente quando se trata de águas superficiais, repercutindo em maiores custos para o tratamento e até a suspensão temporária do fornecimento de água (BERTOL; WILDNER; STRECK, 2019).

Na década de 1980, na bacia do Rio do Peixe, as indústrias de papel e celulose, os frigoríficos, curtumes e as indústrias de vinho despejavam, diariamente, pasta mecânica, óleos vegetais e industriais sem prévio tratamento, em volume equivalente a uma cidade de 1,2 milhões de habitantes. A suinocultura já era forte no estado, sendo que 60 municípios do oeste catarinense representavam 86% da produção do estado, com 3 milhões de cabeças. Nesse aspecto, vale observar que o poder poluente dos dejetos de suínos, em volume, é 10 a 12 vezes superior ao do esgoto humano e 100 vezes maior com relação ao Poder Poluente de Demanda Bioquímica de Oxigênio (DBO) (LOEHR, 1968; SILVA, 1973 *apud* CHRISTMANN, 1988).

Nesse contexto, a partir de 1.396 amostras de água em poços e fontes em cinco regiões do estado, Christmann (1988) identificou os índices de contaminação por dejetos de suínos com variação de 73% a 90% para as regiões de São Miguel do Oeste, Chapecó, Concórdia, Joaçaba e Videira. Nas demais microbacias, foram evidenciados efluentes de tinturaria da indústria têxtil, efluentes de fecularias de mandioca, dejetos humanos, fertilizantes químicos e agrotóxicos (VEIGA; BASSI; ROSSO, 1991).

Em vista disso, a incompatibilidade da segmentação entre planejamento rural e urbano também é identificada no texto dado por SC Rural (2010), que reconhece que a contaminação dos mananciais das microbacias é decorrente do tratamento e destino inadequado dos resíduos urbanos, efluentes domésticos e industriais, destino inadequado de dejetos animais e do uso intensivo e indevido de agrotóxicos e fertilizantes sintéticos.

Em vista disso, com relação à água e ao saneamento, o Sistema Nacional de Informações de Saneamento (SNIS) levanta anualmente diversas informações, por exemplo: população atendida, quantidade de ligações e de economias ativas (domicílios residenciais, comerciais e públicos), volumes produzidos e consumidos para abastecimento de água, volumes coletados e tratados para esgotamento sanitário, extensão de rede de água e de coleta de esgotos, quantidade de empregados próprios, receitas e despesas com os serviços, dentre outras (MDR, 2020a).

Considerando que hidrometração corresponde ao resultado da divisão entre a quantidade de ligações ativas de água micromedidas e a quantidade de ligações ativas de água, o índice médio do Brasil é 91,3% (2021), sendo que no estado de Santa Catarina esse índice evoluiu de 97% para 99% entre os anos de 2010 à 2021.

A partir disso, é possível mensurar que 34,1% da água potável não é contabilizada ou é perdida na distribuição por questões de baixa eficiência nos sistemas de distribuição, estando abaixo da média nacional, que é de 40,3%. Para a taxa de atendimento da população por abastecimento total de água, identifica-se uma evolução de 85,6% para 90,9 % entre 2010 e 2021. Nesse mesmo período, a taxa de abastecimento urbano de água passou de 97% em 2010 para 98,4% em 2021 (MDR, 2023) (Figura 2-15).

Figura 2-15 – Evolução dos índices de hidrometração e atendimento com rede de água entre 2010 e 2021

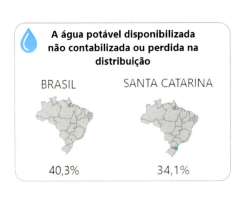

Fonte: MDR (2023)

É importante pautar que se considera municípios com padrão de excelência em perdas aqueles que possuem indicadores inferiores a 25%. Embora o estado esteja entre os melhores do Brasil em termos de eficiência, é necessário reconhecer que há necessidade de maiores investimentos no setor.

O consumo médio diário per capita de água diz respeito ao volume utilizado para satisfazer o consumo doméstico, comercial, público e industrial, sendo um fator importante a ser considerado. Afinal, a redução no consumo se reflete na sustentabilidade hídrica e energética e pode ser trabalhada por meio da sensibilização da população, incentivos para instalação de dispositivos sanitários de baixo consumo, hidrometração individualizada em condomínios e adequação de tarifas que penalizem consumos excessivos, entre outros.

De acordo com a Organização Mundial de Saúde (OMS), são necessários em média 75 litros (de 50 a 100 litros) de água por pessoa, por dia, para assegurar a satisfação das necessidades mais básicas e a minimização dos problemas de saúde. Nesse parâmetro estão incluídas as necessidades de beber, saneamento pessoal, lavagem de roupa, preparação de refeições e higiene pessoal e do lar. Vale ressaltar que 884 milhões de pessoas no mundo não têm acesso à água potável segura e que a maior parte das pessoas com problemas de acesso a água limpa usam cerca de 5 litros por dia, o que representa um décimo da quantidade média diária utilizada nos países ricos para descarregar os autoclismos (ONU, 2005).

Considerando que em Santa Cararina o índice de consumo médio de água em 2020 foi de 159,6 L por habitante/dia, caracteriza um consumo de 60% acima do limite máximo estabelecido pela OMS. Ao considerar o período de 2017 a 2020, observa-se um aumento de cerca de 5,39% no consumo. Em 2020, a média dos estados da Região Sul ficou em 148,5 L hab./dia e a média brasileira em 152,1 L hab./dia (MDR, 2020b) (Tabela 7).

Tabela 7 – Consumo médio per capita de água (L) entre 2017 a 2020, segundo estado, macrorregião e país

Estado / macrorregião	\multicolumn{4}{c}{Consumo médio de água em litros por habitante dia (L/hab./dia)}
	Ano 2017	Ano 2018	Ano 2019	Ano 2020
Santa Catarina	151	154	152,3	159,6
Região Sul	145,2	146,1	146,4	148,5
Brasil	153,6	154,9	153,9	152,1

Fonte: adaptado de MDR (2020b)

Ressalta-se que o atendimento com os serviços avaliados pelo SNIS se refere ao acesso por meio de rede geral de distribuição de água ou rede coletora de esgotos (rede pública). Desse modo, não são incluídas as formas de acesso ao abastecimento de água e ao esgotamento sanitário que se utilizam de soluções individuais ou alternativas.

Com relação ao índice de atendimento com rede de esgoto, houve uma evolução no intervalo entre 2010 à 2021, identificou-se que a população total atendida com rede de esgoto passou de 15,5% para 27,7%, ao passo que a população urbana atendida passou de 18,3% para 32,2% no mesmo período. Essa evolução influenciou também na taxa de tratamento do esgoto tratado, em relação ao total gerado, com um salto de 19,5% em 2010 para 32,7% em 2021 (Figura 2-16).

Figura 2-16 – Taxa de atendimento com rede de esgoto e taxa de esgoto tratado em relação ao esgoto gerado

Fonte: MDR (2023)

Em nível nacional, com relação ao atendimento urbano por rede de esgoto, os estados de Santa Catarina, Rio Grande do Sul, Ceará, Pernambuco, Tocantins, Rio Grande do Norte, Sergipe, Alagoas e Piauí estão na faixa de 20% e 40%. Já na macrorregião Norte, os estados do Maranhão, Amazonas, Acre, Pará, Rondônia e Amapá estão com o índice de atendimento inferior a 20%. Por outro lado, alguns estados superam a taxa de 90%, sendo eles São Paulo (93,5%) e Distrito Federal (90,9%). Na faixa de 80% a 90% estão os estados do Paraná (84,5%), de Minas Gerais (82,3%), e de Roraima (80,7%). Nos estados do Rio de Janeiro, do Espírito Santo, do Mato Grosso e do Goiás variam os percentuais de 60% a 70%. Já para Bahia, Paraíba e Mato Grosso do Sul o índice de atendimento urbano de esgoto está na faixa de 40% a 60% (MDR, 2020b).

Vale observar que o esgoto influencia diretamente a balneabilidade das praias na região litorânea, esses dados fornecem informações à população sobre as condições das praias frequentadas e, além disso, fornece subsídios às políticas nas áreas de saúde, turismo e pesca. O contato com águas contaminadas por esgoto pode disseminar doenças de pele, gastroenterite, verminoses, doenças de pele, hepatite, cólera e febre tifoide. Além disso, a poluição de águas costeiras atinge os ambientes estuarinos, como os manguezais, afetando também a atividade pesqueira (IBGE, 2017b).

Considerando que o estado possui cerca de 560 km banhado pelo Oceano Atlântico, é importante considerar que a balneabilidade é afetada pela quantidade de banhistas, a fisiografia da praia e os riscos de poluição fecal que possam existir. Assim, o estado possui uma rede de monitoramento das praias com alta demanda de banhistas e adensamento urbano próximo, sendo que no ano de 2021 foram realizadas 6.811 amostragens em 27 municípios litorâneos, detectando-se que 31% das amostras estavam impróprias para a balneabilidade (IMA, 2022).

Nesse sentido, o Programa Bandeira Azul é um prêmio ecológico, voluntário, concedido a praias, marinas e embarcações de turismo. Para se qualificar para a Bandeira Azul, uma série de critérios com foco em gestão ambiental, qualidade da água, EA, segurança e serviços, turismo sustentável e responsabilidade social devem ser atendidos, mantidos e comprovados anualmente. O Programa Bandeira Azul deve preferencialmente ser desenvolvido em praias urbanas, que sejam constantemente visitadas, sendo que os equipamentos implantados devem prevenir danos ao ambiente natural. Praias selvagens que não fazem parte de unidades de conservação e/ou que não possuem visitação frequente não serão aceitas no Programa Bandeira Azul.

O Programa Bandeira Azul para Praias, Marinas e Operadores de Embarcações de Turismo Sustentável é desenvolvido pela organização internacional não governamental e sem fins lucrativos Foundation for Environmental Education (FEE). O Programa Bandeira Azul iniciou na França, em 1985, e foi implementado em toda a Europa desde 1987 e fora da Europa a partir de 2001. Atualmente, esse programa se tornou global, sendo que no Brasil ele é representado pelo Instituto Ambientes em Rede (IAR), membro da FEE desde 2005 (IAR, 2019).

Na temporada de 2022/2023, praias brasileiras, sendo 16 catarinenses, conseguiram atender aos requisitos do Programa Bandeira Azul e foram premiadas, sendo elas (Quadro 2-15):

Quadro 2-15 – Praias catarinenses premiadas pela Programa Bandeira Azul na temporada 2022/2023

Praia	Cidade
Praia do Estaleiro	Balneário Camboriú/SC
Praia do Estaleirinho	Balneário Camboriú/SC

Praia	Cidade
Praia de Taquaras	Balneário Camboriú/SC
Praia de Piçarras	Balneário Piçarras/SC
Praia do Cerro	Barra Velha/SC
Praia do Sol	Barra Velha/SC
Praia de Quatro Ilhas	Bombinhas/SC
Praia da Conceição	Bombinhas/SC
Praia da Lagoa do Peri	Florianópolis/SC
Praia Grande	Governador Celso Ramos/SC
Praia Grande	Penha/SC
Praia da Bacia da Vovó	Penha/SC
Praia da Saudade (Prainha)	São Francisco do Sul/SC
Praia do Forte	São Francisco do Sul/SC
Praia do Ervino	São Francisco do Sul/SC
Praia Grande	São Francisco do Sul/SC

Fonte: adaptado de IAR (2023)

Além disso, 11 marinas brasileiras também alcançaram o certificação Bandeira Azul, sendo quatro delas no litoral catarinense: Iate Clube de Santa Catarina (sede centro) – Florianópolis/SC; Marina Tedesco – Balneário Camboriú/SC; Marina Itajaí, Itajaí/SC e Marina da Conceição, Florianópolis/SC (IAR, 2023).

Embora muitos esforços tenham sido empenhados com relação à água e ao saneamento, a compilação dos indicadores relacionados ao tema demonstra que ainda são necessários muitos investimentos e esforços (Quadro 2-16).

Quadro 2-16 – Indicadores de problemas atribuídos a água e ao saneamento

Problema	Fonte
34,1% de perdas na distribuição da água	Painel do Sistema Nacional de Informações sobre Saneamento (SNIS) (MDR, 2023)
9,1% da população total e 1,6% da população urbana não são atendidas por rede de água	Painel do Sistema Nacional de Informações sobre Saneamento (SNIS) (MDR, 2023)
Consumo de água 59,6% acima do limite máximo necessário	Diagnóstico de Serviços de água e Esgoto [2020] (MDR, 2020b)

72,3% da população total e 67,8% da população urbana não são atendidas com rede de esgoto	Sistema Nacional de Informações sobre Saneamento (MDR, 2023)
67,3% do esgoto gerado não é tratado	Sistema Nacional de Informações sobre Saneamento (MDR, 2023)
31% das amostras de balneabilidade impróprias	Balneabilidade do litoral Catarinense (IMA, 2022)
16 praias e 4 marinas com certificação do Programa Bandeira Azul	Instituto Ambientes em Rede (IAR, 2023)

Fonte: os autores

Assim sendo, essa divisão do livro permite sintetizar que ao passo que parte da população não é atendida pelo serviço de abastecimento de água, há perdas na distribuição e consumo elevado. Além disso, a carga de esgoto não coletado e não tratado influencia na disponibilidade de águas rasas e profundas, elevando os custos de canalização e comprometendo a balneabilidade das praias. Além disso, o acesso aos serviços regionais e urbanos estão diretamente relacionados às questões socioeconômicas e à infraestrutura sanitária.

2.3.3 Gerenciamento de resíduos sólidos regionais e urbanos

Considerando que nossa matriz de produção e consumo gera uma taxa muito elevada de resíduos que são dispostos, na grande maioria em aterros sanitários, é necessário entender que embora essa prática seja legalmente aceita, essa não é a melhor disposição para os resíduos sólidos. Considerando o baixo índice de recuperação de resíduos sólidos, faz-se necessário identificar os principais indicadores para esse segmento, a fim de embasar o planejamento e as ações corretivas.

Seguindo os ditames da Política Nacional de Resíduos Sólidos (BRASIL, 2010c), além das obrigações de toda a população, fica instituída a necessidade do desenvolvimento dos Planos de Gestão Integrada de Resíduos Sólidos (PGIRS) para os municípios e empresas geradoras de resíduos perigosos, podendo estar inseridos nos planos de saneamento básico, conforme previsto no art. 19 da Lei n. 11.445, de 2007.

Nesse tópico, o Diagnóstico de Manejo de Resíduos Sólidos Urbanos do SNIS contou com a participação nacional de 283 municípios (96 %). Para o estado catarinense, a taxa de cobertura do serviço de coleta de Resíduo

Domiciliar (RDO), em relação à população total (urbana + rural)[51], reduziu de 93,2% em 2010 para 91,6% em 2021, ao passo que em relação à população urbana, a evolução foi de 96,8% para 99,3% no mesmo período. Ainda, o índice de municípios com coleta seletiva de RDO evoluiu de 70 em 2010 para 134 municípios (47,4 %) em 2021 (Figura 2-17).

Figura 2-17 – Cobertura de coleta domiciliar de resíduos sólidos

Fonte: MDR (2023)

Em vista disso, a massa coletada per capita de resíduos leva em conta o somatório dos Resíduos Sólidos Domiciliares (RDO) e a massa coletada de Resíduos Sólidos Urbanos (RSU) relacionados à população total atendida (declarada pelo município). Nesse indicador está incluída a quantidade recolhida na coleta seletiva de resíduos sólidos executada por todos os agentes públicos e agentes privados, além das associações, cooperativas de catadores e outros agentes executores. Enfatiza-se que o cálculo do indicador é feito com base na "massa coletada per capita", sem ter o conhecimento do volume total gerado per capita.

Em termos de composição dos resíduos recicláveis no estado catarinense, identifica-se a seguinte situação: 31,68% de papel e papelão; 26,2% de plásticos, 16,79 % de metais, 14,53 % de vidros e 10,79 % outros materiais (MDR, 2022b).

---

[51] Considera-se para esse parâmetro tanto a coleta direta (porta a porta) quanto a indireta (sistemas estacionários, por caçambas, contêineres ou contentores).

Entende-se que a evolução nas estimativas estaduais de RSU estão associadas à maior frequência da prática de pesagem rotineira dos resíduos sólidos em balança rodoviária e ao aumento da quantidade de aterros sanitários privados, o que implica maior rigor na seleção de resíduos sólidos a eles destinados. Além disso, pode ocorrer composições gravimétricas e sub-registros de quantidades coletadas por uma coleta seletiva "não oficial" ou por outros executores clandestinos ou sem controle por parte dos órgãos gestores municipais (MDR, 2023).

Nesse aspecto, sabe-se que embora a existência de usinas de triagem possa resultar em um maior percentual de recuperação e um maior percentual de recicláveis secos, mesmo sem coleta seletiva prévia, isso não implica uma maior produtividade ou eficiência. Afinal, toda a massa de RDO coletada de forma indiferenciada apresenta materiais orgânicos e rejeitos em sua composição, o que gera maior descarte de resíduos em comparação ao coletado seletivamente. Além disso, esses resíduos, ao serem destinados às usinas, em muitos casos são catados manualmente, o que é inadequado e demanda maiores insumos e custos operacionais (MDR, 2018b).

Registra-se que 170 municípios (58%) informaram possuir Plano de Gestão Integrada de Resíduos Sólidos municipal ou intermunicipal, sendo que para recuperação de Resíduos Sólidos o estado possui 134 unidades de triagem. Com isso, o estado recupera apenas 90 mil toneladas de resíduos sólidos, o que representa cerca de 5% do total das 1,83 milhões de toneladas coletadas de resíduos sem seletividade (Figura 2-18).

Figura 2-18 – Estimativas de recuperação e da disposição final de RSU

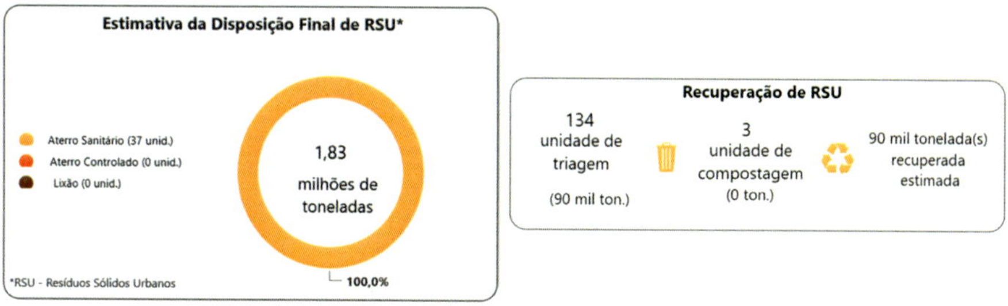

Fonte: MDR (2023)

O estado catarinense já extinguiu com os lixões e com os aterros controlados, que são os maiores poluidores do solo e da água, ao passo que existem ainda 1.572 lixões e 595 aterros controlados no Brasil. No entanto, vale ressaltar que os aterros sanitários não constituem uma disposição ideal, mas sim aceita como transitória.

Com relação à compostagem de resíduo orgânico, o valor compostado é insignificante, comparado com o volume coletado, uma vez que existem apenas três unidades de compostagem (pátio ou usina) no estado, sendo sediadas nos municípios de Angelina, Florianópolis e Irineópolis. No último diagnóstico não foi possível identificar o volume compostado, mas na consulta de 2019, somente a capital informou o volume processado, que era de 616 ton./ano. De qualquer forma, esses valores representam menos de 1% dos resíduos potencialmente compostáveis, uma vez que se estima que 50% da massa de resíduos domiciliares é composta por matéria orgânica (MDR, 2023).

Os indicadores de resíduos sólidos sofrem pressões que dependem dos níveis e padrões de consumo e produção, assim como da conscientização da população atendida pelo serviço de coleta seletiva, pois cabe a ela separar devidamente os resíduos para o descarte adequado. Também é conhecido que os resíduos sólidos não coletados influenciam na qualidade da água e dos solos, assim como na qualidade do ar quando são incinerados. Estima-se que a ineficiência da destinação adequada de resíduos orgânicos resulta na contaminação de cerca de 30% dos sólidos recicláveis.

Contudo, os dados de diagnóstico demonstram que embora tenhamos quase a totalidade da população urbana atendida com o serviço de coleta domiciliar de resíduos sólidos, há uma parcela da população, a maior parte em zona rural, que não é atendida. Ainda, apesar de termos apenas quase a metade dos municípios com coleta seletiva, a taxa de recuperação é de 5% para o resíduo total coletado e de menos de 1% para o resíduo orgânico (Quadro 2-17).

Quadro 2-17 – Indicadores de problemas atribuídos ao gerenciamento de resíduos sólidos catarinenses

Problema	Fonte
8,4% da população total e 0,7% da população urbana não são atendidas regularmente por coleta de Resíduos Domiciliares	Painel do Sistema Nacional de Informações sobre Saneamento (SNIS) (MDR, 2023)

Problema	Fonte
Apenas 134 municípios (47,4%) possuem unidade de triagem de resíduos sólidos	Painel do Sistema Nacional de Informações sobre Saneamento (SNIS) (MDR, 2023)
Apenas três unidades de compostagem processando menos de 1% do resíduo orgânico produzido	Painel do Sistema Nacional de Informações sobre Saneamento (SNIS) (MDR, 2023)
95% dos resíduos coletados não são recuperados, sendo destinados para aterros	Painel do Sistema Nacional de Informações sobre Saneamento (SNIS) (MDR, 2023)
Apenas 170 municípios (58%) possuem Plano de Gestão Integrada de Resíduos Sólidos (PGIRS)	Painel do Sistema Nacional de Informações sobre Saneamento (SNIS) (MDR, 2023)

Fonte: os autores

Como visto nessa divisão, os problemas relacionados aos resíduos precisam ser assumidos desfazendo os erros cometidos no passado, mudando-se radicalmente a cultura de produção e consumo, além de ampliar o atendimento dos serviços de coleta seletiva à toda a população. Por conseguinte, a próxima seção tratará dos problemas relacionados à produção agropecuária, sendo essa atividade econômica e de subsistência é a principal ocupação antrópica, em termos de abrangência territorial.

2.4 CARACTERIZAÇÃO SOCIOECONÔMICA DA POPULAÇÃO

Considerando a pertinência da dimensão socioeconômica, sempre presente nas teorias de desenvolvimento sustentável, a partir de censos e dados estatísticos, foi possível identificar um conjunto de indicadores relacionados à essa dimensão.

2.4.1 Povos nativos

O estado de Santa Catarina está compreendido na macrorregião Sul brasileira entre os estado do Paraná e Rio Grande do Sul, fazendo fronteira a oeste com a Argentina. Sua área territorial é de 95.730,69 km² (9.573.069 ha) [2021], o que representa 1,12% do território brasileiro, sendo o vigésimo maior estado em extensão territorial (IBGE, 2023c).

Evidências arqueológicas de ocupação do território catarinense caracterizam dois movimentos de ocupações iniciais. A primeira data mais de 8.000 anos, sendo composta por caçadores nas matas da encosta do planalto ao leste e nas matas do Alto Uruguai a oeste, mantendo-se até o fim do primeiro milênio de nossa era. O segundo movimento foi caracterizado de pescadores e coletores junto a estuários, canais, mangues e baías do litoral atlântico, durando também até o fim do primeiro milênio de nossa era (SCHMITZ, 2013).

Ainda, conforme Schmitz (2013), houve dois desdobramentos mais recentes de grupos que ocuparam o estado, sendo o primeiro do grupo Jê dos cerrados do Brasil Central, que teria começado seu deslocamento para o Sul por volta de 3.000 anos atrás, sendo considerados os antepassados dos índios Kaingang e Xokleng, que hoje vivem de São Paulo ao Rio Grande do Sul. O segundo grupo referido se trata de uma população de origem amazônica, identificada como Guarani, que colonizou as várzeas dos rios e a planície costeira do sul do Brasil a partir do primeiro milênio de nossa era. No segundo milênio eles avançaram para o território que hoje se encontra sob a jurisdição do estado catarinense, ocupando a planície costeira e as várzeas do Alto Uruguai (Figura 2-19).

Figura 2-19 – Mapa de localização histórico das populações indígenas no território do estado

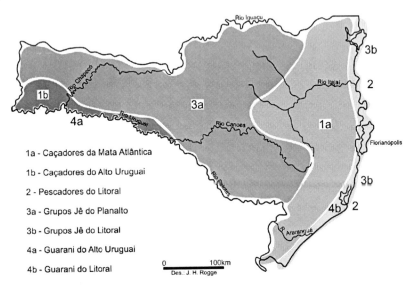

Fonte: Schmitz (2013, p. 9)

A trajetória dos grupos indígenas aos poucos está se tornando mais compreensível a partir de diversos projetos acadêmicos e empresariais contemporâneos, mas ainda carece de valorização e muito investimento para combater a descaracterização das terras tradicionalmente habitadas eles. É preciso consolidar o conhecimento e transformá-lo em patrimônio das populações sobreviventes e dos atuais detentores do espaço antes ocupado por eles.

Na atualidade as Terras Indígenas regularizadas no Brasil representam 13,75 % do território nacional com representação em todos os biomas e regiões administrativas, nas seguintes proporções: 54% no Norte, 19% no Centro-Oeste, 11% no Nordeste, 10% no Sul e 6% no Sudeste (FUNAI, 2022).

No território do estado catarinense existem 28 áreas indígenas que ocupam 760 km² (76.000 ha) de terras indígenas, representando 0,8 % dos 95,7 mil km² do território do estado. Identifica-se a presença de três etnias, sendo elas Guarani (litoral e algumas áreas no oeste), Kaingang (principalmente no oeste) e Xokleng (região do Vale do Itajaí) (Figura 2-20).

Figura 2-20 – Distribuição da população indígena no território catarinense

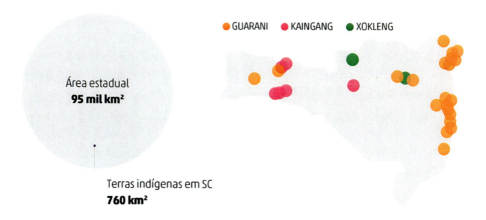

Fonte: Bastos (2015)

A presença de indígenas fora das aldeias decorre principalmente da falta de terra para sobrevivência, esgotamento dos recursos naturais, necessidade de ensino e salário, sendo que o artigo 231 da Constituição Federal do Brasil reconhece aos povos indígenas o direito originário às terras tradicionalmente habitadas por eles, mediante comprovação técnica da utilização permanente dessas áreas para suas atividades produtivas, ainda que imprescindíveis à preservação dos recursos ambientais necessários a seu bem-estar e às necessidades de sua reprodução física e cultural, segundo seu usos, costumes e tradições (BRASIL, 1988).

No entanto, alguns governos não tratam a demarcação de terras indígenas como uma prioridade e sim como um entrave ao desenvolvimento de "projetos desenvolvimentistas" (CIMI, 2022). Entretanto, a Constituição Federal, em seu Art. 67, regido pelo Decreto n. 1.775, de 8 de janeiro de 1996, estabelece que a União concluirá a demarcação das terras indígenas no prazo de cinco anos (BRASIL, 1996).

Evidenciando um aumento da população que vive nas terras indígenas nas últimas décadas, a demógrafa Marta Azevedo associa o crescimento a quatro fatores: aumento da taxa de fecundidade relacionada a melhorias no atendimento à saúde, crescente identificação de pessoas e de comunidades que anteriormente não se reconheciam como indígena, valorização étnica e reconhecimento da descendência indígena.

De acordo com o Censo 2010 do IBGE, são 16 mil os índios catarinenses, e estima-se que 10 mil estejam nas aldeias e 6 mil restantes estariam principalmente nos centros urbanos e outros na área rural trabalhando em atividades sazonais como colheita de erva-mate e confecção de artesanato em acampamentos perto das cidades.

Em termos de evolução da população, a Kaigang passou de 950 em 1951 para 6.543 em 2012, ao passo que os Xoklengs passaram de 290 para 2.169 no mesmo período. Já os Guaranis evoluíram de 500 em 1988 para 1.657 em 2012 (Figura 2-21):

Figura 2-21 – Evolução da população indígena no estado de Santa Catarina entre 1951 a 2012

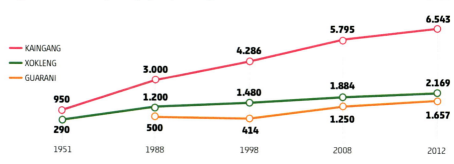

Fonte: Bastos (2015)

Considerando a enorme miscigenação cultural da ocupação do território do estado, é vital valorizar e promover o patrimônio cultural associado a esses povos. Nesse sentido, o patrimônio cultural inclui lugares santos, pontos históricos, obras de arte, monumentos, locais de interesse artístico e arqueológico, sendo que no território catarinense foram registradas apenas 34 inscrições de bens do patrimônio cultural material do tipo arqueológico (IBGE, 2017a).

Esse índice de patrimônio cultural pode ser elevado mediante uma política de Estado que incentive a valorização e preservação, podendo ainda ser explorada por meio do turismo, por exemplo. Porém, iniciativas do passado e do presente têm ocupado terras com vestígios de povos originários e arqueológicos, provocando a ocultação de sítios arqueológicos em áreas urbanas e rurais, temendo a perda da posse desses territórios.

2.4.2 População, educação e renda

A população catarinense estimada é de 7.610.361 [2022] e teve um incremento de 3,7 % quando comparado à estimativa do ano anterior que era de 7.338.473 habitantes [2021], sendo a décima maior do país, o que corresponde a 3,7% da população brasileira. Em termos de densidade demográfica, a última referência dada pelo Censo é de 79,5 habitantes por quilômetro quadrado [2022] contra 65,29 hab./km² [2010], subindo da nona para a oitava maior densidade do país (IBGE, 2023c), conforme demonstra a evolução do gráfico da Figura 2-22.

Figura 2-22 – Tendência evolutiva da densidade demográfica da população catarinense

Fonte: IBGE (2023d)

Em termos de Índice de Desenvolvimento Humano (IDH), sendo um indicador que agrega as variáveis educação, saúde e renda, na última aferição de 2010 o estado de Santa Catarina pontuou o índice de 0,792 [2021], sendo o terceiro maior do país nesse quesito, atrás apenas do Distrito Federal (0,814) e São Paulo (0,806) (IBGE, 2023c).

Ainda considerando que as relações dos indicadores de educação formal possuem grande influência na educação não formal e no suporte à sustentabilidade, esses indicadores devem ser considerados. Nesse sentido, o IDH catarinense é fortemente influenciado pelo bom Índice de Desenvolvimento da Educação Básica (IDEB)[52] dos anos iniciais do ensino fundamental da rede pública, que coloca o estado em primeiro lugar no ranking nacional de 2021. Assim, em uma escala de 1 a 10, o Ideb nas escolas públicas, estaduais e municipais, para os anos iniciais do ensino fundamental o estado catarinense pontua 6,2 para os anos iniciais (média de 1.522 escolas) e 5 para os anos finais do ensino fundamental (média de 585 escolas) (INEP, 2022). Já para o ensino médio regular, o IDEB teve nota 4, média de 241 escolas públicas.

Além disso, o estado catarinense registrou 900.240 matrículas no ensino fundamental e 266.537 matrículas no ensino médio em 2021, alcançando a 11ª colocação no país, em número de matrículas, quando comparado com os demais estados (IBGE, 2023c). Para tanto, o estado dispõe de 49.629

---

[52] As médias de desempenho utilizadas são as da Prova Brasil, para escolas e municípios, e do Sistema de Avaliação da Educação Básica (Saeb), para os estados e o país, realizados a cada dois anos. As metas estabelecidas pelo Ideb são diferenciadas para cada escola e rede de ensino, média correspondente ao sistema educacional dos países desenvolvidos (http://portal.mec.gov.br/conheca-o-ideb, set 2020).

docentes em 3.123 escolas de ensino fundamental, além de 21.278 docentes em 1.015 escolas de ensino médio [2018] (IBGE, 2023e)[53].

Ainda nessa dimensão, a taxa de analfabetismo das pessoas de 15 anos ou mais de idade no estado catarinense ficou em 2,1 %, sendo a segunda menor do país, atrás apenas do Rio de Janeiro, que foi de 1,9 %, contra 3 % da Região Sul e 6,1 % no Brasil (IBGE, 2021). Para essa estatística, a taxa de analfabetismo é a razão entre o número de pessoas de determinada faixa etária que não sabem ler e escrever um recado ou bilhete simples no idioma que conhecem e o total de pessoas dessa mesma faixa etária.

Nesse contexto, a dinâmica do crescimento demográfico permite o dimensionamento de demandas, tais como o acesso a serviços e equipamentos básicos de saúde e de saneamento, educação, infraestrutura social, emprego, entre outras. Assim, a variação da taxa de crescimento populacional é um fenômeno de médio e longo prazo, fundamental para subsidiar a formulação de políticas públicas de naturezas social, econômica e ambiental. Para o estado catarinense, a última determinação taxa geométrica de crescimento anual da população residente de 2010 apontou para o índice 1,55 % contra 0,87% na Região Sul e 1,17 % no Brasil (IBGE, 2017b).

É importante avaliar como se dá a repartição da riqueza gerada e se esse crescimento se traduz na melhoria da qualidade de vida e contribui para o bem-estar comum. O índice de Gini mensura as desigualdades sociais oriundas da apropriação diferenciada do rendimento pelos indivíduos e/ou grupos sociais, sendo um indicador relevante para as políticas de combate à pobreza e redução das desigualdades. O índice de Gini[54] catarinense é de 0,419 contra 0,45 na Região Sul e 0,491 no Brasil [2015] (IBGE, 2017b).

Isso repercute diretamente na proporção de pessoas com rendimento domiciliar per capita abaixo de US$ 1,90 por dia para viver (Paridade do Poder de Compra – PPC), sendo que o estado catarinense possui a menor proporção de pessoas nessa situação do país, 2,1% da população, seguida pelo Rio Grande do Sul (2,8%) e Mato Grosso (3,0%) (IBGE, 2022b).

O rendimento mensal domiciliar per capita de Santa Catarina para o ano de 2022 foi de R$ 2.018,00 o que representa o quarto maior do país,

---

[53] Dados baseados no último censo, realizado em 2018.
[54] Índice Gini – O valor zero representa a situação de igualdade, ou seja, todos têm a mesma renda. O valor um (ou cem) está no extremo oposto, isto é, uma só pessoa detém toda a riqueza. Na prática, o Índice de Gini costuma comparar os 20% mais pobres com os 20% mais ricos. No Relatório de Desenvolvimento Humano 2004, elaborado pelo PNUD, de 127 países, o Brasil estava entre os sete países com maior concentração de renda com Índice de 0,591 (https://www.ipea.gov.br/desafios/index.php?option=com_content&id=2048:catid=28, mar. 2020).

estando atrás apenas do Distrito Federal (R$ 2.913,00), de São Paulo (R$ 2.148,00) e Rio Grande do Sul (R$ 2.087,00). Observa-se uma tendência de evolução constante nesse indicador no período de 2012 a 2022, com um declínio sem precedentes, ocasionado pela pandemia de Covid-19, porém essa tendência de crescimento é recuperada a partir de 2021, conforme demonstra o gráfico da Figura 2-23.

Figura 2-23 – Evolução do rendimento mensal domiciliar per capita estado de Santa Catarina

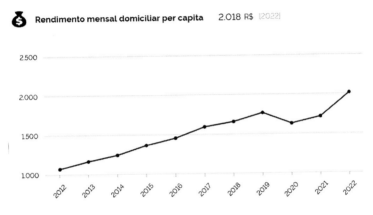

Fonte: IBGE (2023e)

Para o rendimento médio real habitual do trabalho principal das pessoas de 14 anos ou mais de idade, ocupadas na semana de referência em trabalhos formais, é possível observar uma evolução de R$ 2.679,00 para R$ 2.803,00 do ano de 2020 para 2022, pontuando como décimo maior no país para o ano de 2022. Já a proporção de pessoas de 14 anos ou mais de idade, ocupadas na semana de referência em trabalhos formais, é a maior do país com 78,2% [2022] (IBGE, 2023e).

2.4.3 Habitação

Da mesma forma como ocorre com a existência e o tipo do órgão de gestão, a presença de instrumentos institucionais para planejamento, elaboração e monitoramento de políticas públicas na área de habitação nos municípios têm demonstrado relações com o tamanho da população, indicando a maior capacidade de especialização institucional daqueles situados nas maiores classes de tamanho da população (IBGE, 2023b).

Em termos de habitação, 256 municípios catarinenses (87%) informaram ter Conselho Municipal de Habitação, no entanto, apenas 130 (44%) realizaram reuniões nos últimos 12 meses. Além disso, 235 municípios (80%) possuem Fundo Municipal de Habitação, sendo que em 209 municípios (71%) há existência de cadastro ou levantamento de famílias interessadas em programas habitacionais (IBGE, 2023b).

No estado, 204 municípios (69%) possuem Plano Municipal de Habitação, no entanto, dos 295 municípios, 51 informam ter favelas, mocambos, palafitas ou assemelhados; 19 cortiços, casas de cômodos ou "cabeças de porco"; 242 loteamentos irregulares e/ou clandestinos; 25 ocupações de terrenos ou prédios por movimentos de moradia e apenas 41 nenhum dos itens relacionados (IBGE, 2023b).

No entanto, em termos de programas e ações realizados pelas prefeituras, 195 municípios (66%) concedem o benefício do aluguel social e 223 municípios (76%) realizaram pelo menos um programa ou ação, sendo eles: 81 construção de unidades habitacionais; 14 aquisição de unidades habitacionais; 103 melhoria de unidades habitacionais; 90 oferta de material de construção; 34 oferta de lotes; 167 regularização fundiária; 19 urbanização de assentamentos e 68 nenhum dos programas ou ações relacionados (IBGE, 2023b).

Contudo, os aspectos socioeconômicos são de capital importância para a sustentabilidade ambiental, pois, como visto, tratam dos aspectos educativos, demográficos, de renda e de infraestrutura (Quadro 2-18).

Quadro 2-18 – Indicadores de problemas atribuídos à socioeconomia de suporte à sustentabilidade ambiental

Tema	Problema	Fonte
Cultura	34 inscrições de bens do patrimônio cultural material do tipo arqueológico	Indicadores do Desenvolvimento Sustentável (IBGE, 2017b)
Educação, saúde e renda	0,792 Índice de Desenvolvimento Humano (IDH)	Síntese de Indicadores Sociais (IBGE, 2022a)
Educação	Índice de Desenvolvimento da Educação Básica (IDEB) - 6,2 para anos iniciais, 5 para anos finais do ensino fundamental e 4 para o ensino médio.	INEP (2022)

Tema	Problema	Fonte
Educação	2,1 % das pessoas com 15 anos ou mais de idade não são alfabetizadas	Censo demográfico (IBGE, 2021)
Renda	0,419 - Índice de Gini da distribuição do rendimento mensal das pessoas	Indicadores do Desenvolvimento Sustentável [2015] (IBGE, 2017b)
Renda	2,1% da população com rendimento domiciliar per capita abaixo de US$ 1,90 por dia para viver (Paridade do Poder de Compra – PPC)	Síntese de Indicadores Sociais (IBGE, 2022b)
Renda	Rendimento mensal domiciliar em per capita R$ 2.018,00	Panorama Cidades e Estados (IBGE, 2023e)
Renda	Rendimento médio real habitual do trabalho principal das pessoas de 14 anos ou mais de idade R$ 2.803,00	Panorama (IBGE, 2023e)
Habitação	256 municípios (87%) com Conselho Municipal de Habitação	Perfil dos Municípios Brasileiros (IBGE, 2023b)
Habitação	235 municípios (80%) possuem Fundo Municipal de Habitação	Perfil dos Municípios Brasileiros (IBGE, 2023b)
Habitação	209 municípios (71%) há existência de cadastro ou levantamento de famílias interessadas em programas habitacional	Perfil dos Municípios Brasileiros (IBGE, 2023b)
Habitação	204 municípios (69%) possuem Plano Municipal de Habitação	Perfil dos Municípios Brasileiros (IBGE, 2023b)
Habitação	51 municípios com mocambos, palafitas ou assemelhados; 19 com cortiços, casas de cômodos ou "cabeças de porco", 242 com loteamentos irregulares e/ou clandestinos; 25 com ocupações de terrenos ou prédios por movimentos de moradia	Perfil dos Municípios Brasileiros (IBGE, 2023b)

Tema	Problema	Fonte
Habitação	195 municípios (66%) concedem o benefício do aluguel social	Perfil dos Municípios Brasileiros (IBGE, 2023b)
Habitação	223 municípios (76%) realizaram pelo menos um programa ou ação habitacional	Perfil dos Municípios Brasileiros (IBGE, 2023b).

Fonte: os autores

Portanto, a partir da compreensão da influência dos aspectos relacionados aos povos originários e sua cultura, além dos indicadores populacionais de educação, renda e habitação, faz-se importante tratar de identificar outros temas que possuem relação com os aspectos ambientais.

Desse modo, investigando as relações e as interdependências existentes na busca pela harmonia entre a ocupação antrópica e a manutenção do meio ambiente, identifica-se que os serviços regionais e urbanos possuem grande influência nesse sentido. O manejo adequado das águas pluviais urbanas e do esgoto, além da gestão eficiente dos resíduos sólidos, pode contribuir significativamente para a melhoria da qualidade e da disponibilidade de água, reduzindo os custos operacionais.

Por sua vez, os indicadores relacionados à gestão pública possuem sua parcela de impotância na gestão ambiental, e ainda podem dar exemplo à inciativa privada. A gestão pública se conduzida de modo sustentável e eficiente, reduz a carga gerada de passivos ambientais, por parte de suas entidades. Além disso, cabe ao poder público, através de suas representações, sensibilizar e mobilizar a sociedade para práticas sustentáveis através de ações coletivas direcionada a toda a população.

CONSIDERAÇÕES FINAIS

Este tópico conclusivo buscou responder à solução do problema de pesquisa proposto em atendimento ao objetivo geral do trabalho, congregando os objetivos específicos. Assim, fica exposta a relação existente entre as diferentes partes da argumentação, recorrendo aos objetivos e hipóteses. Além disso, retoma-se os resultados da pesquisa de forma clara, objetiva e resumida, apontando os desafios e os campos que demandam estudos complementares.

Este trabalho, ao partir do propósito de gerar uma referência instrumental, subsidia a busca das alternativas rumo à construção de uma nova racionalidade ambiental. Diante das referências e dos resultados apresentados neste ensaio, fica demonstrada a necessidade do desenvolvimento de um novo estilo de vida baseado em uma ética global. Enfim, precisamos resgatar e criar novos valores, além de repensar e modificar os hábitos de consumo. Para isso, é imprescindível viabilizar um programa educacional focado no desenvolvimento realmente sustentável, sabendo que a EA é o principal instrumento para o alcance dessas transformações necessárias.

Recorda-se que a hipótese partia do pressuposto de que "a efetivação da EA não formal, prevista nas legislações nacionais e subnacionais, pode se constituir em um pressuposto para a efetivação do Estado de direito do ambiente, desde que se estabeleça uma relação crítica com os problemas socioambientais sob a perspectiva das vertentes filosóficas do pensamento ecológico". Com relação à justificativa de que o caminho para a efetivação do Estado do ambiente não estava explícito nos documentos de intervenção governamental, esta proposta buscou contemplar essa lacuna.

Atendendo a uma diretriz da metodologia de pesquisa qualitativa, buscou-se explicar o porquê das coisas e o que convém ser realizado. O carácter dedutivo da pesquisa permitiu argumentar de maneira formal dados considerados verdadeiros e inquestionáveis, embora restritos à lógica dos argumentos estabelecidos. Portanto, direcionando para a compreensão da dinâmica das relações sociais, pontua-se que o conhecimento do pesquisador é limitado. Além disso, a pesquisa, por ser empírica e subjetiva, ocorre com o envolvimento emocional do pesquisador. No entanto, sendo uma pesquisa objetiva e aplicada, foi possível gerar um modelo lógico propositivo para os problemas socioambientais.

Ocorre que proposições qualificadas estabelecem bases para outras situações analíticas, e embora sejam teóricas, estão organizadas sob uma aplicação prática. Assim, as aferições possuem um embasamento teórico tido como suficiente para expressar os problemas e sustentar a abordagem. Porém, preconiza-se que os resultados não se tratam de propostas de ações, mas sim diretrizes de ações e soluções que buscam atacar a causa dos problemas apontados. Nesse sentido, após a validação de gestores são definidas as metas anuais e as ações em busca dos resultados intermediários apontados.

A partir dessa pesquisa, recomenda-se prospectar e analisar outros indicadores relacionados direta ou indiretamente à EA. Afinal, foi possível verificar que muitos fatores pertencentes a áreas correlatas de apoio e suporte à sustentabilidade influenciam decisivamente na EA. Os resultados apontaram para uma relação lógica da EA com no mínimo quatro dimensões, sendo elas: a) educação e gestão ambiental na gestão pública; b) ocupação desordenada do ambiente rural e urbano; c) serviços regionais e urbanos; e d) situação sócioeconômica da população.

Assim, conforme a metodologia apresentada na seção 1.6, a partir de dados secundários associados ao modelo lógico de programas, foi possível a estruturação de um programa de EA em nível estadual, contemplando as esferas municipais da administração pública, suas representações e colegiados. A construção deste trabalho, ao cumprir com seus objetivos intermediários, chegou consequentemente ao alcance de seu objetivo final.

Assim, quanto ao primeiro objetivo específico, foi possível identificar diversas referências sobre a trajetória da EA e suas relações com a crise civilizatória ocidental. Identificou-se também que essa trajetória foi provocada pelo agravamento dos problemas ambientais gerados pela irrefletida e insustentável racionalidade econômica atual. No segundo capítulo é possível identificar que necessitamos de uma mudança de paradigma frente à atual convulsão de crises socioeconômicas e ambientais. É insipiente a concepção necessária a uma adequada e equilibrada manutenção do meio ambiente e das condições que deram origem a todas as formas de manifestações da natureza.

Para que esse profundo diálogo fosse possível, recorreu-se às vertentes filosóficas do pensamento ecológico, pois nelas identificam-se referências para a discussão de processos de produção e consumo que permitam que as mesmas moléculas minerais, água e gases, por exemplo, sejam recicladas continuamente. Ora, assim se deu a evolução da natureza, pois nas comunidades ecossistêmicas o resíduo de uma espécie é o alimento para a outra. Dessa maneira é que também foi constituído nosso organismo e todas as demais formas da natureza, ou seja, um conglomerado de átomos organicamente estruturados a partir de poeira cósmica milenar.

Assim, esta obra, buscando gerar uma referência instrumental para a efetivação da EA não formal com base nos preceitos do Estado de direito do ambiente, encontrou sustentação e aparato na teoria de programas. Afinal, a complexidade dos problemas territoriais requer um programa de estado.

É importante que esse processo de construção de um programa seja realizado com a participação da sociedade civil e das instituições governamentais e não governamentais, incluindo representantes dos mais diversos setores econômicos, sociais e educacionais. Com a participação das diversas esferas de representação social e governamental, esse programa de EA deve ser revisado regularmente, checando seus pressupostos para a qualificação de planejamento, monitoramento e a avaliação. Considerando que constantes mudanças podem afetar a estrutura lógica e o desenho do programa, é importante que seja realizado um atento acompanhamento e desenvolvimento de indicadores socioambientais e de suporte à sustentabilidade.

Portanto, sugere-se que o planejamento de resultados adote indicadores comuns às instituições estaduais de administração direta e indireta ligadas aos diversos setores, seja educacional, político, fiscal, executivo, legislativo, pesquisa agropecuária e ambiental, assistência técnica e extensão rural, entre outros. Além disso, é fundamental a consideração a alguns aspectos, tais como: promoção de capacitações educativo-ambientais internas e externas com os *stakeholders;* desenvolvimento de instrumentos de promoção ambiental com redução do impacto antrópico no ambiente; e atualizações periódicas no diagnóstico de indicadores socioambientais.

Com base nesse estudo, é possível considerar que as preciosas e referenciais contribuições identificadas nos projetos de microbacias e nos planos de gestão estratégicos estaduais podem ser qualificadas como ferramentas da escola de planejamento por programas que lhe sucederam. Além disso, outras ferramentas da atual escola administrativa empreendedora podem trazer contribuições para a gestão das instituições.

Esse programa deve considerar os preceitos federais e estaduais de EA e suporte à sustentabilidade, o que inclui políticas e ações, definindo com clareza o papel de dado ator nesse processo. Para tanto, é fundamental a integração em plataforma digital do Sistema de Informações Ambientais.

A partir dessas considerações, vale rememorar que ao planejador ambiental cabe a apresentação de cenários e a proposição de alternativas. Por sua parte, cabe aos gestores e aos conselhos de gestão pública avaliar e selecionar os problemas a serem atacados pelo programa de EA. Assim, esse processo pode ser qualificado mediante a revisão das ações educativo-ambientais planejadas e executadas pelas instituições ligadas ao Estado com base nos princípios do Estado de direito do ambiente.

A partir de informações de acesso exclusivamente público, foi possível criar quatro dimensões de problemáticas relativas ao processo educativo-ambiental. Por meio do quadro de Pressão-Estado-Resposta foi possível estabelecer relações diretas e indiretas entre essas dimensões, que são definidas por: a) socioeconomia de suporte à EA; b) gestão pública institucional; c) qualidade ambiental urbana; e d) qualidade ambiental rural.

Diante disso, enfatiza-se a necessidade de divisão socioeconômica por permitir o suporte à EA, pois como visto pelas vertentes filosóficas do pensamento ecológico, essa dimensão historicamente é ignorada e ocultada no âmbito global. Como foi identificada, a dimensão socioeconômica tem comprometido a avaliação de muitos programas e iniciativas do passado que pautaram pela priorização dos aspectos econômicos do desenvolvimento.

O motivo pelo qual essa negligência propositalmente ocorre é que os agentes tomadores de decisão muitas vezes não querem investir em alguns aspectos, como: qualificação da educação escolar e ambiental; redução da pobreza; aumento da distribuição de renda; controle populacional e ampliação do acesso à habitação e à serviços urbanos. No entanto, essa dimensão socioeconômica põe em risco a sustentabilidade ambiental, pois ao passo que por falta de infraestrutura a população em situação de pobreza polui, ao mesmo tempo é a porção social mais acometida pelos problemas de saneamento ambiental. No entanto, destaca-se que a população abastada economicamente também polui pelo consumismo excessivo e desperdício.

A dimensão de "gestão pública institucional" deve ser intensificada tanto com relação à gestão organizacional quanto à gestão institucional nos municípios do estado. Na dimensão organizacional são propostas a sensibilização e a qualificação do quadro de colaboradores internos para o aprimoramento e desenvolvimento de políticas e agendas ambientais nas instituições da administração pública. Esse processo, como foi visto, prevê diversas ações, entre elas: uso racional dos recursos naturais e bens públicos; gerenciamento de resíduos; além de licitações e construções sustentáveis.

Assim, as instituições públicas em posição exemplar às demais instituições e à sociedade podem contribuir para a redução das problemáticas ambientais por meio de alguns resultados prioritários e estratégicos, sendo eles: ampliação da adoção da Agenda A3P; desenvolvimento e a adaptação de tecnologias para a captação, uso eficiente, reuso e tratamento da água; redução e compensação das emissões de Gases de Efeito Estufa (GEE); e elevação do índice de separação e eficiência na recuperação e tratamento de resíduos sólidos, entre outros. Destaca-se que esse processo de gestão institucional também pode ser ampliado com processos de certificação ambiental, a exemplo da norma ISO 14.000, o que inclui a Avaliação Ambiental de Locais e Organizações (AALO). Uma parceria importante nesse processo é o Sebrae, pelo motivo de estar atuando no processo de consultoria e auditoria de negócios sustentáveis.

Ainda na dimensão de sustentabilidade institucional, em nível de municípios do estado, sugere-se a elevação do índice de inscrições de bens do patrimônio da cultura material. Além disso, é recomendado o incentivo à ampliação na adoção de: fundo municipal do meio ambiente; participação em Comitê de Bacia Hidrográfica (CBH); órgão gestor e Conselhos Municipais do Meio Ambiente (CMMAs); Planos de Gestão Integrada de Resíduos Sólidos (PGIRS) e legislações ambientais.

Do mesmo modo, para a sustentabilidade nas cidades foram pontuadas duas grandes dimensões, sendo uma atribuída aos serviços urbanos e outra à ocupação desordenada do solo. Quanto aos serviços urbanos, estes estão relacionados ao serviço de abastecimento de água e tratamento de esgoto, manejo e tratamento de águas pluviais urbanas e ao gerenciamento de resíduos sólidos e emissão de poluentes atmosféricos.

Para tanto, propõe-se ampliar: a elaboração de planos regionais e locais de racionalização e combate ao desperdício de água; a infraestrutura e tecnologias de captação, abastecimento, o uso eficiente, reuso e tratamento da água; proteção de fontes e nascentes em áreas urbanas; a adoção de sistemas de drenagem e tratamento de águas pluviais; o atendimento e a eficiência do serviço de coleta e tratamento de resíduos sólidos; o índice de coleta e tratamento de esgoto; fiscalização e a compensação das emissões de Gases de Efeito Estufa (GEE).

A dimensão, relacionada à sustentabilidade nas cidades, trata da ocupação desordenada do solo urbano. Essas ocupações indevidas, além de carecerem de infraestrutura sanitária e de serviços urbanos, estão relacionadas a desastres ambientais como enchentes, inundações, alagamentos e deslizamentos. Havendo aí um problema consensual a respeito da ocupação do solo, identifica-se ao menos três resultados a serem perseguidos pelo programa, sendo eles: reordenar a ocupação do território; elaborar Planos de Drenagem e Manejo das Águas Pluviais Urbanas; e recuperar matas lineares em território urbano, restabelecendo corredores ecológicos de biodiversidade intermunicipais.

Por fim, os descritores de problemas atribuídos à sustentabilidade na produção agropecuária podem ser desenvolvidos em duas dimensões, sendo uma associada à ocupação do solo, degradação de recursos naturais e da biodiversidade e outra associada diretamente à produção agropecuária. Destarte, para o primeiro segmento propõe-se quatro diretrizes de desempenho para o estado, sendo elas: a) controle de espécies exóticas invasoras; b) intensificação da fiscalização e recuperação ambiental; c) ampliação da remuneração por serviços ambientais; e d) prospecção e preservação de espécies vegetais com potencial alimentício, funcional, paisagístico e industrial.

Finalmente, para os indicadores de desempenho relacionados à produção agropecuária são propostas quatro linhas de diretrizes de resultado, sendo elas: a) elevar o índice de estabelecimentos rurais e urbanos assistidos; b) ampliar e qualificar Centros de Educação Ambiental (Ceas), Unidades de Referência Educativas (UREs) ambientais e centros de preservação da biodiversidade; c) ampliar as pesquisas e a adoção de tecnologias de manejo conservacionista do solo e sistemas de produção ecológicos; e d) adequar a infraestrutura dos estabelecimentos para o gerenciamento adequado de agrotóxicos e afins.

Nesse aspecto, salienta-se a importância das interações institucionais, pois a exemplo disso o Sebrae já presta assessoria e consultoria a estabelecimentos rurais, podendo ser parceiro das instituições do Estado nessa e em outras dimensões de sustentabilidade. A mesma consideração se estende às instituições integrantes do sistema S, sendo elas: Serviço Nacional de Aprendizagem Industrial (Senai); Serviço Social do Comércio (Sesc); Serviço Social da Indústria (Sesi); Serviço Nacional de Aprendizagem do Comércio (Senac); Serviço Nacional de Aprendizagem Rural (Senar); Serviço Nacional de Aprendizagem do Cooperativismo (Sescoop); e Serviço Social de Transporte (Sest).

Conclusivamente, considerando-se a importância da difusão de conhecimentos gerais e especializados sobre o meio ambiente, fica evidenciada a necessidade de conscientização da população sobre a complexa relação que existe entre as questões ambientais e o desenvolvimento econômico. Afinal, é inadiável a racionalização do consumo dos recursos naturais em solidariedade às presentes e futuras gerações. Nesse sentido, o compromisso com o Estado de direito do ambiente, para ser promovido pelos demais estados brasileiros, precisa estar fundamentado, planejado e executado nos programas das instituições ligadas a ele. Esse compromisso também deve ser trabalhado com os clientes e fornecedores, devendo também representar as identidades locais e regionais próprias de cada cultura.

A premente necessidade de criar condições para o enfrentamento da supremacia do conhecimento fragmentado impede-nos de realizar a construção de um conhecimento capaz de estabelecer o vínculo entre o objeto de estudo, o seu contexto e as suas complexidades. Dessa forma, busca-se que a EA possa desenvolver a aptidão de relacionar o conhecimento ao seu conjunto de informações locais, regionais, nacionais e globais.

Contudo, recomenda-se aprofundar o conhecimento sobre as vertentes filosóficas do pensamento ecológico, que são bastante amplas, variadas e merecem estudo aprofundado, construir outros estudos para aprofundar a interpretação das ações práticas, integrando saberes tradicionais e conhecimentos técnicos, a fim de restabelecer as funções hidrológicas do ambiente. Por fim, chega-se aos principais resultados identificados para o enquadramento deste trabalho (Quadro 2-19):

Quadro 2-19 – Resultados finais da pesquisa

Resultados	Descrição
Resultado final	Disponibilização de um Modelo Lógico Gerencial aplicado à crítica da problemática socioambiental como subsídio aos processos de elaboração e de discussão de políticas e planejamento de programas em EA no âmbito da administração pública do Estado.
Finalidade	Aplicação como referência instrumental fundamentada para o planejamento de programas de EA na esfera da administração pública direta e indireta.
Resultados alcançados	• Contextualização da trajetória da EA e suas relações com a crise civilizatória ocidental; • Diagnóstico socioambiental analítico contemplando as pressões antrópicas, o estado do ambiente e as respostas da sociedade e do Estado aos impactos socioambientais; • Contexto e estrutura da gestão pública para o estado de Santa Catarina; • Pesquisa, seleção e análise de problemas a serem buscadas no planejamento de ações em gestão e EA;

Resultados	Descrição
	• Geração de uma ferramenta instrumental aplicada ao planejamento de programas e projetos fundamentada em vertentes filosóficas do pensamento ecológico, diretrizes, normativas e métodos de planejamento ambiental no âmbito da administração pública.
Conclusão	A EA pode se constituir em um preceito para a efetivação do ideário do Estado de direito, desde que o trave uma relação crítica entre os deveres do Estado e da civilização, reconhecendo a condição ecológica da espécie humana e priorizando o ambientalismo como política do conhecimento aplicado à restauração da natureza.
Obstáculos	Inexistência de uma política ambiental de Estado que efetive a recuperação e a manutenção da qualidade do ambiente para as gerações presentes e futuras. Não há instrumentos que garantam a articulação das entidades da administração pública direta e indireta a fim de priorizar a restauração ambiental em detrimento dos direitos onipotentes de utilidade pública e interesse social.
Oportunidade	Aprimoramento do planejamento, melhoria de processos, transparência, participação e equidade social, justiça e incentivo à melhoria da qualidade ambiental na iniciativa pública.
Limitações	Embora a análise seja restrita e limitada à lógica das premissas estabelecidas como referencial teórico, o modelo serve de referência na interpretação de teorias e aplicação de métodos de planejamento de programas de EA na gestão pública gerencialista, incluindo a administração direta (União, estados, Distrito Federal e municípios) e indireta (autarquias, empresas públicas, sociedades de economia mista e fundações).
Recomendações para futuros estudos	Em função da multidisciplinaridade das temáticas em questão, recomenda-se maior aprofundamento sobre o conteúdo das vertentes filosóficas do pensamento ecológico, o Estado de direito do ambiente, diretrizes e normativas de EA e sustentabilidade, metodologias e ferramentas de planejamento e gestão ambiental, gestão e administração pública, diagnósticos com maior grau de especificidade temática, ampliação de séries temporais de dados e diagnóstico internacional de indicadores.
Riscos metodológicos	Como nem todos os dados analisados são métricos e se valem de diferentes abordagens, não foram quantificados os valores e as trocas simbólicas, nem submetidos à prova de fatos, além disso, é passível de influência empírica, subjetividade e envolvimento emocional do pesquisador.

Fonte: os autores

Portanto, esta obra conclui que o processo educativo não formal a ser desenvolvido pelo Estado pode ser qualificado mediante a articulação de uma descrição fundamentada nas diretrizes e normativas internacionais e brasileiras de EA. Complementarmente, é essencial revisar as teorias da ecologia sistêmica, do saber ambiental e da complexidade ambiental, pois necessitamos de uma mudança de paradigmas que ainda não está no consenso de diretrizes e normativas.

Afinal, embora as diretrizes normativas internacionais, brasileiras e estaduais, sejam riquíssimas em qualidade de conteúdo, as construções e a efetivação do Estado de direito do ambiente requer que muitos aspectos sejam reinterpretados face aos múltiplos problemas ambientais. Nesse contexto, é possível consentir que a realidade da problemática socioambiental é ocultada e descontinuada propositalmente pela contemporânea racionalidade de produção e consumo. Desse modo, essa racionalidade dominante cria diversos impeditivos que nos desafiam a encontrar situações específicas que nos levem ao empoderamento, passando da convicção à atuação.

A partir dessa concepção proposta, fica evidenciado por meio do encadeamento lógico referido que podemos influenciar e até lograr importantes avanços na construção de conhecimentos, valores, competências, habilidades e atitudes voltadas à construção de sociedades sustentáveis. Nessa perspectiva, a EA não formal a ser promovida pelos estados-membros se constitui em um paradigma emergente da contemporaneidade, desde que sejam atendidos os princípios do Estado de direito do ambiente em consonância com as vertentes filosóficas do pensamento ecológico.

REFERÊNCIAS

ABNT, Associação Brasileira de Normas Técnicas. **ABNT NBR ISO 14.001 - Sistemas de gestão ambiental: Requisitos com orientações para uso.** Rio de Janeiro 2015.

ABNT, Associação Brasileira de Normas Técnicas. **Certificação.** 2021a. Disponível em: http://www.abnt.org.br/certificacao-loja. Acesso em: 21 fev. 2021.

ABNT, Associação Brasileira de Normas Técnicas. **Catálogo de normas ABNT.** 2021b. Disponível em: https://www.abntcatalogo.com.br/. Acesso em: 1 abr. 2021.

ABNT, Associação Brasileira de Normas Técnicas. **Normas internacionais.** 2021c. Disponível em: http://www.abnt.org.br/normas-tecnicas/normas-internacionais. Acesso em: 21 fev. 2021.

ACOT, Pascal. **História da ecologia.** Rio de Janeiro: Campus, 1990.

ALESC, Assembléia Legislativa do Estado de Santa Catarina. **Comissões.** 2021. Disponível em: http://www.alesc.sc.gov.br/comissoes-permanentes. Acesso em: 13 mar. 2021.

ALESC, Assembléia Legislativa do Estado de Santa Catarina. **Certificação de Responsabilidade Social.** 2023a. Disponível em: https://responsabilidadesocial.alesc.sc.gov.br/edicoes-anteriores. Acesso em: 12 jan. 2023.

ALESC, Assembléia Legislativa do Estado de Santa Catarina. **Edital da certificação de responsabilidade social 2021.** Florianópolis: Assembléia Legislativa do Estado de Santa Catarina, 2023b.

ARENDT, Hannah. **Entre o passado e o futuro.** Tradução Mauro W. Barbosa. 8. ed. São Paulo: Perspectiva, 2016. Disponível em: https://www.passeidireto.com/arquivo/59805009/arendt-hannah-entre-o-passado-e-o-futuro. Acesso em: 21 fev. 2021.

BACK, Álvaro José; FONTANA, Renato Bez; CITTADIN, Durci Feltrin. O projeto microbacias em Santa Catarina. **Revista Tecnologia Ambiente**, Criciúma, v. 6, p. 55-63, 2000. Disponível em: http://webcache.googleusercontent.com/search?q=cache:__V75tp1SPoJ:www.samaesbs.sc.gov.br/download.php%3Fid%-3D240+&cd=1&hl=pt-BR&ct=clnk&gl=br. Acesso em: 6 abr. 2021.

BACK, José; POLETO, Cristiano. Distribuição espacial e temporal da erosividade das chuvas no Estado de Santa Catarina, Brasil. **Revista Brasileira de Climatologia**, v. 22, 2018. Disponível em: https://revistas.ufpr.br/revistaabclima/article/view/56914/35379. Acesso em: 21 fev. 2021.

BASTOS, Ângela. Vozes pela terra. **Caderno Nós**, 2015. Disponível em: https://www.clicrbs.com.br/sites/swf/dc_terras_indigenas_25/index.html. Acesso em: 8 jan. 2023.

BECK, Ultrich. **Risk society toward a new modernity**. London: Sage, 1992.

BENEZ, Mara Cristina; GÓMEZ, Cintia Uller; PINHEIRO, Sergio Leite Guimarães; SIMON, Alvaro Afonso. **Pesquisa-Extensão e Aprendizagem Participativas (PEAP): a formação de equipes interinstitucionais e a implementação de dez experiências-piloto em Santa Catarina**: Documentos. Florianópolis: Epagri, 2013. Disponível em: https://www.epagri.sc.gov.br/index.php/solucoes/publicacoes/publicacoes-lista/. Acesso em: 12 fev. 2021.

BENJAMIN, Antonio Herman Vasconcellos. A proteção do meio ambiente nos países menos desenvolvidos: o caso da América Latina. **Revista Direito Ambiental**, São Paulo, n. 0, p. 83–105, 1995. Disponível em: https://core.ac.uk/download/pdf/16019248.pdf. Acesso em: 2 abr. 2021.

BERTOL, Oromar João; WILDNER, Leandro do Prado; STRECK, Edemar. A extensão rural, o manejo e a conservação do solo e da água no Brasil. *In*: **Manejo e a conservação do solo e da água**. Viçosa: Sociedade Brasileira de Ciência do Solo, 2019.

BICKMAN, Leonard. The functions of program theory. **New directions for program evaluation. Special issue: Using program theory in evaluation**, San Francisco, v. 33, p. 5-18, 1987. Disponível em: file:///C:/Users/asses/Downloads/The_functions_of_program_theory.pdf. Acesso em: 27 fev. 2021.

BOBBIO, Norberto. **A era dos direitos**. Rio de Janeiro: Campus, 1992.

BOOKCHIN, Murray. **The ecology of freedom**. Palo Alto: Cheshire Books, 1981.

BORGES, Roxana Cardoso Brasileiro. **Função ambiental da propriedade rural**. São Paulo: LTr, 1999.

BRASIL. **Lei nº 6.938, de 31 de agosto de 1981**. Brasília: 1981. Disponível em: http://www.planalto.gov.br/ccivil_03/Leis/L6938.htm. Acesso em: 2 fev. 2021.

BRASIL. **Lei nº 7.347, de 24 de julho de 1985.** 1985. Disponível em: http://www.planalto.gov.br/ccivil_03/leis/l7347orig.htm#:~:text=Lei 7.347&text=LEI No 7.347%2C DE 24 DE JULHO DE 1985.&text=Disciplina a ação civil pública,VETADO) e dá outras providências. Acesso em: 27 fev. 2021.

BRASIL. **Constituição da República Federativa do Brasil.** Brasília: 1988. Disponível em: http://www.planalto.gov.br/ccivil_03/constituicao/constituicaocompilado.htm. Acesso em: 21 fev. 2021.

BRASIL. **Lei nº 7.797, de 10 de julho de 1989.** Brasília: 1989. Disponível em: http://www.planalto.gov.br/ccivil_03/LEIS/L7797.htm. Acesso em: 21 fev. 2021.

BRASIL. **Lei nº 8.171, de 17 janeiro de 1991.** Brasília: 1991. Disponível em: http://www.planalto.gov.br/ccivil_03/LEIS/L8171.htm. Acesso em: 29 mar. 2021.

BRASIL. **Decreto nº 1.775, de 8 de janeiro de 1996.** Brasília: 1996. Disponível em: http://www.planalto.gov.br/ccivil_03/decreto/d1775.htm. Acesso em: 6 mar. 2022.

BRASIL. **Lei nº 9.433, de 8 de janeiro de 1997.** Brasília: 1997. Disponível em: http://www.planalto.gov.br/ccivil_03/LEIS/L9433.htm#:~:text=LEI Nº 9.433%2C DE 8 DE JANEIRO DE 1997.&text=Institui a Política Nacional de,o inciso XIX do art.&text=1º da Lei nº 8.001,28 de dezembro de 1989. Acesso em: 20 fev. 2021.

BRASIL. **Lei nº 9.605, de 12 de fevereiro de 1998.** Brasília: 1998. Disponível em: http://www.planalto.gov.br/ccivil_03/leis/L9605.htm. Acesso em: 18 mar. 2021.

BRASIL. **Lei nº 9.795, de 27 abril de 1999.** Brasília: 1999. Disponível em: http://www.planalto.gov.br/ccivil_03/leis/L9795.htm. Acesso em: 11 mar. 2021.

BRASIL. **Decreto nº 4.281, de 25 de junho de 2002.** Brasília: 2002. Disponível em: http://www.planalto.gov.br/ccivil_03/decreto/2002/d4281.htm. Acesso em: 7 mar. 2021.

BRASIL. **Lei nº 11.428, de 22 de dezembro de 2006.** Brasília: 2006. Disponível em: https://www.planalto.gov.br/ccivil_03/_ato2004-2006/2006/lei/l11428.htm#:~:text=LEI Nº 11.428%2C DE 22 DE DEZEMBRO DE 2006.&text=Dispõe sobre a utilização e,Atlântica%2C e dá outras providências. Acesso em: 14 mar. 2023.

BRASIL. **Decreto nº 6.040, de 7 de fevereiro de 2007.** 2007. Disponível em: http://www.planalto.gov.br/ccivil_03/_ato2007-2010/2007/decreto/d6040.htm. Acesso em: 7 mar. 2021.

BRASIL. **Portaria nº 217, de 30 de julho de 2008**. 2008. Disponível em: http://www.ibama.gov.br/sophia/cnia/legislacao/MMA/PT0217-300708.PDF. Acesso em: 7 mar. 2021.

BRASIL. **Lei nº 12.187, de 29 de dezembro de 2009**. Brasília: 2009. Disponível em: http://www.planalto.gov.br/ccivil_03/_ato2007-2010/2009/lei/l12187.htm. Acesso em: 18 fev. 2021.

BRASIL. **Lei nº 12.188, de 11 de janeiro de 2010**. Brasília: 2010a. Disponível em: http://www.planalto.gov.br/ccivil_03/_Ato2007-2010/2010/Lei/L12188.htm. Acesso em: 22 fev. 2021.

BRASIL. **Instrução Normativa nº 1, de 7 de abril de 2010**. Brasília: 2010b. Disponível em: http://www.tse.jus.br/legislacao-tse/int/2010/INT00012010.html. Acesso em: 22 fev. 2021.

BRASIL. **Lei nº 12.305, de 2 de agosto de 2010**. Brasília: 2010c. Disponível em: http://www.planalto.gov.br/ccivil_03/_ato2007-2010/2010/lei/l12305.htm. Acesso em: 22 fev. 2021.

BRASIL. **Lei nº 12.349, de 15 de dezembro de 2010**. Brasília: 2010d. Disponível em: http://www.planalto.gov.br/ccivil_03/_Ato2007-2010/2010/Lei/L12349.htm. Acesso em: 17 fev. 2021.

BRASIL. **Lei 12.462, de 4 de agosto de 2011**. 2011. Disponível em: http://www.planalto.gov.br/ccivil_03/_ato2011-2014/2011/lei/l12462.htm. Acesso em: 7 mar. 2021.

BRASIL. **Lei nº 12.651, de 25 de maio de 2012**. Brasília: 2012a. Disponível em: http://www.planalto.gov.br/ccivil_03/_Ato2011-2014/2012/Lei/L12651.htm#art59. Acesso em: 7 mar. 2021.

BRASIL. **Decreto nº 7.746, de 5 de junho de 2012**. Brasília: 2012b. Disponível em: https://www2.camara.leg.br/legin/fed/decret/2012/decreto-7746-5-junho-2012-613173-publicacaooriginal-136379-pe.html. Acesso em: 19 fev. 2021.

BRASIL. **Decreto nº 8.235, de 5 de maio de 2014**. Brasília: 2014. Disponível em: http://www.planalto.gov.br/ccivil_03/_Ato2011-2014/2014/Decreto/D8235.htm. Acesso em: 7 mar. 2021.

BRASIL. **Lei nº 13.303, de 30 de junho de 2016**. Brasília: 2016. Disponível em: http://www.planalto.gov.br/ccivil_03/_ato2015-2018/2016/lei/l13303.htm#:~:text=LEI Nº 13.303%2C DE 30 DE JUNHO DE 2016.&text=Dispõe sobre o estatuto jurídico,Distrito Federal e dos Municípios. Acesso em: 28 fev. 2021.

BRASIL. **Decreto nº 9.178, de 23 de outubro de 2017.** Brasília: 2017. Disponível em: http://www.planalto.gov.br/ccivil_03/_Ato2015-2018/2017/Decreto/D9178.htm#art2. Acesso em: 7 mar. 2021.

BRASIL. **Decreto nº 10.846, de 25 de outubro de 2021.** Brasília: 2021a. Disponível em: https://www.in.gov.br/en/web/dou/-/decreto-n-10.846-de-25-de-outubro-de-2021-354622848. Acesso em: 1 mar. 2022.

BRASIL. **Lei nº 14.285 de 29 de dezembro de 2021.** Brasília: 2021b. Disponível em: https://www.in.gov.br/en/web/dou/-/lei-n-14.285-de-29-de-dezembro-de-2021-370917982. Acesso em: 16 fev. 2023.

BRASIL. **Decreto nº 10.936, de 12 janeiro de 2022.** Brasília: 2022. Disponível em: http://www.planalto.gov.br/ccivil_03/_Ato2019-2022/2022/Decreto/D10936.htm#art91. Acesso em: 15 mar. 2022.

BRAUN, Ricardo. **Novos paradigmas ambientais: desenvolvimento ao ponto sustentável.** 2. ed. Petrópolis: Vozes, 2005.

BROWN, Lester Russell. **Building a sustainable society.** Nova York: Norton, 1981.

BUNGE, Mario. **La ciencia, su método y filosofia.** Buenos Aires: Siglo Veinte, 1974.

BUNGE, Mario. **Epistemologia: curso de atualização.** São Paulo: T. A. Queiroz: Edusp, 1987.

CALLENBACH, Ernest. **Gerenciamento ecológico.** São Paulo: Cultrix, 1995.

CANOTILHO, José Joaquim Gomes. Privatismo, associativismo e publicismo na justiça administrativa do ambiente. **Revista de Legislação e Jurisprudência,** Coimbra, v. 128, 1995a.

CANOTILHO, José Joaquim Gomes. **Direito público do ambiente.** Coimbra: Faculdade de Direito de Coimbra, 1995b.

CANOTILHO, José Joaquim Gomes. **Estado de Direito Ambiental: tendências, aspectos constitucionais e diagnósticos.** Rio de Janeiro: Editora Forense Universitária, 2004a.

CANOTILHO, José Joaquim Gomes. Estado Constitucional Ecológico e Democracia Sustentada. *In*: **Ferreira, Heline Sivini; Leite, José Rubens Morato. Estado de Direito Ambiental: tendências, aspectos constitucionais e diagnósticos.** Rio de Janeiro: Forense Universitária, 2004b.

CANOTILHO, José Joaquim Gomes; MOREIRA, Vital. **Constituição da República Portuguesa anotada**. 3. ed. Coimbra: Coimbra Editora, 1993.

CAPRA, Fritjof. **O ponto de mutação**. São Paulo: Cultrix, 1980.

CAPRA, Fritjof. **A teia da vida**. 14. ed. São Paulo: Editora Pensamento-Cultrix LTDA., 2008.

CAPRA, Fritjof; PAULI, Gunter. **Steering business toward sustainability**. Tóquio: United Nations University Press, 1995.

CAPRA, Fritjof; STEINDL-RAST, David; MATUS, Thomas. **Pertencendo ao universo**. São Paulo: Cultrix, 1993.

CARVALHO, Carlos Henrique Ribeiro. Emissões Relativas de Poluentes do Transporte Motorizado de Passageiros nos Grandes Centros Urbanos Brasileiros. Brasília, 2011. Disponível em: https://repositorio.ipea.gov.br/bitstream/11058/1578/1/td_1606.pdf. Acesso em: 12 dez. 2022.

CASAN, Companhia Catarinense de Águas e Saneamento. **Educação ambiental**. 2021. Disponível em: https://www.casan.com.br/noticia/index/url/educacao-ambiental#636.3636474609375. Acesso em: 28 fev. 2021.

CEPA, Centro de Socioeconomia e Planejamento Agrícola de Santa Catarina. **Observatório AgroCatarinense**. 2022. Disponível em: https://www.observatorioagro.sc.gov.br/areas-tematicas/desenvolvimento-rural/paineis/. Acesso em: 19 dez. 2022.

CHRISTMANN, Airto. **Sistema de manejo e utilização de esterco de suíno nas pequenas propriedades rurais**. Florianópolis: Acaresc, 1988.

CIEA-SC, Comissão Interinstitucional de Educação Ambiental do Estado de Santa Catarina. **EPAGRI**. 2014.

CIEA-SC, Comissão Interinstitucional de Educação Ambiental do Estado de Santa Catarina. **Polícia Militar Ambiental - Portal de educação ambiental, SC**. 2021. Disponível em: http://educacaoambiental.sds.sc.gov.br/index.php/component/tags/tag/17-pm-ambiental. Acesso em: 25 jan. 2021.

CIMI, Conselho Indigenista Missionário. **Terras Indígenas**. 2022. Disponível em: https://cimi.org.br/terras-indigenas/. Acesso em: 6 mar. 2022.

CMMAD, Comissão Mundial sobre Meio Ambiente e Desenvolvimento. **Report of the World Commission on Environment and Development: Our Common**

Future. Nairóbi: ONU, 1987. Disponível em: https://en.wikisource.org/wiki/Brundtland_Report. Acesso em: 22 fev. 2021.

CONAMA, Conselho Nacional do Meio Ambiente. **Resolução nº 422, de 23 de março de 2010**. 2010. Disponível em: http://www2.mma.gov.br/port/conama/legiabre.cfm?codlegi=622. Acesso em: 15 fev. 2021.

CONAMA, Conselho Nacional do Meio Ambiente. **Recomendação nº 12, de 08 junho de 2011**. 2011a. Disponível em: http://www.mpce.mp.br/wp-content/uploads/2015/12/Recomendação-CONAMA-12-2011-Práticas-sustentáveis-na-Adm.-Pública.pdf. Acesso em: 19 fev. 2021.

CONAMA, Conselho Nacional do Meio Ambiente. **Recomendação nº 11, de 04 de maio de 2011**. Brasília: 2011b. Disponível em: http://www2.mma.gov.br/port/conama/legiabre.cfm?codlegi=650. Acesso em: 22 fev. 2021.

CONAMA, Conselho Nacional do Meio Ambiente. **Recomendação Conama nº 14, de 26 de abril de 2012**. Brasília: 2012. Disponível em: http://www2.mma.gov.br/port/conama/recomen/recomen12/Recomed142012.pdf. Acesso em: 22 fev. 2021.

CONDESSO, Fernando dos Reis. **Direito do ambiente**. Coimbra: Almedina, 2001.

CONSEMA, Conselho Estadual do Meio Ambiente de Santa Catarina. **Resolução Consema nº 002, de 06 de dezembro de 2011**. Florianópolis: 2011. Disponível em: https://www.sde.sc.gov.br/index.php/biblioteca/consema/legislacao/resolucoes/510-resolucao-consema-no-22011/file#:~:text=SECRETARIA EXECUTIVA-,RESOLUÇÃO CONSEMA Nº 02%2C DE 06 DE DEZEMBRO DE 2011,Catarina e dá outras providências. Acesso em: 8 fev. 2021.

CONSEMA, Conselho Estadual do Meio Ambiente de Santa Catarina. **Resolução Consema nº 08, de 14 de setembro de 2012**. Florianópolis: 2012. Disponível em: https://www.ima.sc.gov.br/index.php/downloads/especies-exoticas-invasoras/2438-resolucao-consema-n-08-de-14-de-setembro-de-2012. Acesso em: 11 fev. 2021.

CONSEMA, Conselho Estadual do Meio Ambiente de Santa Catarina. **Resolução Consema nº 51, de 05 de dezembro de 2014**. Florianópolis: 2014. Disponível em: https://www.ima.sc.gov.br/index.php/downloads/biodiversidade/flora/2436-lista-da-flora-ameacada-de-extincao-em-sc-resolucao-consema-n-51-2014. Acesso em: 7 fev. 2021.

CPDS, Comissão de Políticas de Desenvolvimento Sustentável da Agenda 21 Nacional. **Agenda 21 brasileira: ações prioritárias**. Brasília: Ministério do Meio Ambiente

- MMA, 2004. Disponível em: http://www.portaldeacessibilidade.rs.gov.br/uploads/1241616330Agendax21xAcoesxPrioritarias.doc. Acesso em: 20 fev. 2021.

CRABBÉ, Philippe Jean. **Sustainable development: concepts, measures, market and policy failures at the open economy, industry and firm levels**. Ontario: Industry Canada, 1997. v. 16 Disponível em: https://www.ic.gc.ca/eic/site/eas-aes.nsf/vwapj/op16e.pdf/$file/op16e.pdf. Acesso em: 21 fev. 2021.

DALY, Herman. Ecological tax reform. *In*: **Steering business toward sustainability**. Tóquio: United Nations University Press, 1995. p. 108-124.

DALY, Herman; COBB, John Boswell. **For the Common Good: Redirecting the Economy Towards Community, the Environment and a Sustainable Future**. London: 1990.

DERANI, Cristiane. **Direito ambiental econômico**. São Paulo: Max Limonad, 1997.

DESLAURIERS, Jean-Pierre. **Recherche qualitative: guide pratique**. Montréal: McGraw Hill, 1991.

DEVALL, Bill; SESSIONS, George. **Deep ecology**. Salt Lake City: Peregrine Smith, 1985.

DIAS, Genebaldo Freire. **Educação ambiental: princípios e práticas**. 3. ed. São Paulo: Gaia, 1994.

DIAS, Genebaldo Freire. **Elementos para a capacitação em educação ambiental**. Ilhéus: Editus, 1999.

DIAS, Genebaldo Freire. **Iniciação à temática ambiental**. 2. ed. São Paulo: Global, 2002.

DIAS, Genebaldo Freire. **Educação ambiental: princípios e práticas**. 9. ed. São Paulo: Gaia, 2004a.

DIAS, Genebaldo Freire. **Ecopercepção: um resultado didático dos desafios socioambientais**. São Paulo: Gaia, 2004b.

DIAS, José Eduardo Joaquim Gomes. **Tutela ambiental e contencioso administrativo**. Coimbra: Coimbra Editora, 1997.

DIESEL, Vivien. O papel da Assistência Técnica e Extensão Rural - ATER no desenvolvimento rural sustentável: um olhar externo. *In*: **Capacitação em Desenvolvimento Rural: ATER e Desenvolvimento Rural, 08 de abril de 2021**.

Empresa de Pesquisa Agropecuária e Extensão Rural do Estado de Santa Catarina - Epagri, 2021. Disponível em: https://www.youtube.com/watch?v=slMB9aUDTts. Acesso em: 12 nov. 2023.

DORNELAS, José Carlos Assis. **Empreendedorismo - Transformando Ideias em Negócios**. 6. ed. São Paulo: Atlas, 2016. Disponível em: file:///C:/Users/asses/Downloads/Empreendedorismo - Transformand - Jose Dornelas.pdf. Acesso em: 4 jul. 2022.

DUMONT, Fernand. **Les idéologies**. Paris: Presses Universitaires de France, 1974.

EC, EUROPEAN COMMISSION. **The Role of Science, Technology and Innovation Policies to Foster the Implementation of the Sustainable Development Goals - SDGs**. Luxembourg: European Union, 2015. Disponível em: https://op.europa.eu/en/publication-detail/-/publication/23db9ac3-0dcd-11e6-ba9a-01aa75ed71a1. Acesso em: 2 fev. 2022.

EDITORA EXPRESSÃO. **Prêmio expressão de ecologia**. 2024. Disponível em: https://www.editoraexpressao.com/vencedores#a2019. Acesso em: 5 ago. 2024.

EEA, European Environment Agency. **Environmental indicators: Typology and overview**. Copenhagen: 1999. Disponível em: https://www.eea.europa.eu/publications/TEC25. Acesso em: 8 mar. 2023.

EISLER, Riane. **The chalice and the blade**. San Francisco: Harper & Row, 1987.

EMATER MG. **Projeto inovar**. Belo Horizonte: Emater, 2005.

EPAGRI, Empresa de Pesquisa Agropecuária e Extensão Rural do Estado de Santa Catarina. **Planejamento estratégico 2012-2022**: Documentos. Florianópolis 2013. Disponível em: file:///C:/Users/asses/Downloads/DOC_29870.pdf. Acesso em: 5 abr. 2021.

EPAGRI, Empresa de Pesquisa Agropecuária e Extensão Rural do Estado de Santa Catarina. **Aspectos metodológicos da extensão rural e pesquisa do Estado de Santa Catarina**. Florianópolis: Epagri, 2016a.

EPAGRI, Empresa de Pesquisa Agropecuária e Extensão Rural do Estado de Santa Catarina. **Guia da Unidade Ambiental da Epagri de Itajaí**. Florianópolis: Epagri, 2016b. Disponível em: https://publicacoes.epagri.sc.gov.br/index.php/BD/article/view/402/298. Acesso em: 22 fev. 2021.

EPAGRI, Empresa de Pesquisa Agropecuária e Extensão Rural do Estado de Santa Catarina. **Plano de gestão estratégica da pesquisa agropecuária e extensão rural da Epagri 2017 - 2027**: Documentos. Florianópolis: Epagri, 2018. Disponível em: http://docweb.epagri.sc.gov.br/website_epagri/Cedap/Doc/Planejamento-estrategico-Epagri.pdf. Acesso em: 6 abr. 2021.

EPAGRI, Empresa de Pesquisa Agropecuária e Extensão Rural do Estado de Santa Catarina. **Unidades Epagri**. 2021a. Disponível em: https://www.epagri.sc.gov.br/index.php/a-epagri/unidades/. Acesso em: 21 fev. 2021.

EPAGRI, Empresa de Pesquisa Agropecuária e Extensão Rural do Estado de Santa Catarina. **Quem somos**. 2021b. Disponível em: https://www.epagri.sc.gov.br/index.php/a-epagri/quem-somos/. Acesso em: 21 fev. 2021.

HAECKEL, Ernst. **Generelle morphologie der organismen**. Berlin: Universitaet Jena, 1866. Disponível em: http://darwin-online.org.uk/converted/pdf/1866_Haeckel_A959.1.pdf. Acesso em: 22 fev. 2021.

ESCRIVÃO, Edmundo Filho. "A natureza do trabalho do executivo: uma investigação sobre as atividades racionalizadoras do responsável pelo processo produtivo em empresas de médio porte". 1995. Disponível em: https://repositorio.ufsc.br/bitstream/handle/123456789/157908/103863.pdf?sequence=1&isAllowed=y. Acesso em: 30 jun. 2022.

FACHIN, Odília. **Fundamentos de metodologia**. 6. ed. São Paulo: Saraiva, 2017. Disponível em: https://integrada.minhabiblioteca.com.br/#/books/9788502636552/cfi/4!/4/2@100:0.00. Acesso em: 6 fev. 2020.

FAO, Organização das Nações Unidas para a Alimentação e a Agricultura. **Plataforma de Boas Práticas para o Desenvolvimento Sustentável**. 2020. Disponível em: http://boaspraticas.org.br/index.php/pt/. Acesso em: 11 set. 2020.

FIDALGO, Elaine Cristina Cardoso. **Critérios para a análise de métodos e indicadores ambientais usados na etapa de diagnóstico de planejamentos ambientais**. Universidade Estadual de Campinas, Campinas, 2003. Disponível em: http://repositorio.unicamp.br/bitstream/REPOSIP/257634/1/Fidalgo_ElaineCristinaCardoso_D.pdf. Acesso em: 5 fev. 2021.

FONSECA, João José. **Metodologia da pesquisa científica**. Fortaleza: Universidade Estadual do Ceará, 2002. Disponível em: http://www.ia.ufrrj.br/ppgea/conteudo/conteudo-2012-1/1SF/Sandra/apostilaMetodologia.pdf. Acesso em: 22 fev. 2021.

FUNAI, Fundação Nacional do Índio. **Demarcação de terras indígenas.** 2022. Disponível em: https://www.gov.br/funai/pt-br/atuacao/terras-indigenas/demarcacao-de-terras-indigenas. Acesso em: 13 mar. 2022.

GADAMER, Hans Georg. **Truth and method.** Tradução Joel Weinsheimer; Donald G. Marshall. 2. ed. New York: Continuum, 2004. Disponível em: https://mvlindsey.files.wordpress.com/2015/08/truth-and-method-gadamer-2004.pdf. Acesso em: 27 fev. 2021.

GALLOPIN, Gilberto Carlos. Situational indicators. *In*: **Sustainable indicators: a report on the project on indicators of sustainable development.** Chichester: John Willey and Sons, 1997.

GERHARDT, Tatiana Engel; SILVEIRA, Denise Tolfo. **Métodos de pesquisa.** Porto Alegre: Editora da UFRGS, 2009. Disponível em: http://www.ufrgs.br/cursopgdr/downloadsSerie/derad005.pdf. Acesso em: 12 out. 2019.

GGKP, Green Growth Knowledge Partnership. **Partners for Inclusive Green Economy - PIGE.** 2022. Disponível em: https://www.greengrowthknowledge.org/initiatives/partners-inclusive-green-economy. Acesso em: 21 fev. 2022.

GOUZEE, Nadine; MAZIJN, Bernard; BILLHARZ, Suzanne. **Indicators of sustainable development for decision-making.** Brussels: Federal Planning Office of Belgium, 1995.

GOVERNO DO ESTADO DE SANTA CATARINA. **Constituição do Estado de Santa Catarina.** Florianópolis: 1989. Disponível em: http://leis.alesc.sc.gov.br/html/constituicao_estadual_1989.html. Acesso em: 2 abr. 2021.

GOVERNO DO ESTADO DE SANTA CATARINA. **Decreto nº 1.003, de 12 de novembro de 1991.** Florianópolis: 1991. Disponível em: http://www.cadastro.aguas.sc.gov.br/sirhsc/conteudo_visualizar_dinamico.jsp?idEmpresa=6&idMenu=33. Acesso em: 28 fev. 2020.

GOVERNO DO ESTADO DE SANTA CATARINA. **Lei Complementar Nº 104, de 04 de janeiro de 1994.** Florianópolis: 1994. Disponível em: http://leis.alesc.sc.gov.br/html/1994/104_1994_lei_complementar.html

GOVERNO DO ESTADO DE SANTA CATARINA. **Lei nº 9.831, de 17 de fevereiro de 1995.** Florianópolis: 1995. Disponível em: http://leis.alesc.sc.gov.br/html/1995/9831_1995_lei.html. Acesso em: 3 abr. 2021.

GOVERNO DO ESTADO DE SANTA CATARINA. **Decreto nº 2.489, de 8 de junho.** Florianópolis: 2001. Disponível em: http://www.leisestaduais.com.br/sc/decreto-n-2489-2001-santa-catarina-institui-a-comissao-interinstitucional-de-educacao-ambiental-de-santa-catarina-e-da-outras-providencias. Acesso em: 21 mar. 2021.

GOVERNO DO ESTADO DE SANTA CATARINA. **Lei Complementar nº 243, de 30 de janeiro de 2003.** Florianópolis: 2003a. Disponível em: http://leis.alesc.sc.gov.br/html/2003/243_2003_lei_complementar.html. Acesso em: 21 mar. 2021.

GOVERNO DO ESTADO DE SANTA CATARINA. **Emenda Constitucional Nº 35, de 21 de outubro de 2003.** Florianópolis: 2003b. Disponível em: http://leis.alesc.sc.gov.br/html/ec/ec_035_2003.html. Acesso em: 15 mar. 2021.

GOVERNO DO ESTADO DE SANTA CATARINA. **Lei nº 12.918, de 23 de janeiro de 2004.** Florianópolis: 2004. Disponível em: http://responsabilidadesocial.alesc.sc.gov.br/2018/files/LEI_12918_ALESC.pdf. Acesso em: 6 fev. 2020.

GOVERNO DO ESTADO DE SANTA CATARINA. **Lei nº 13.558, de 17 de novembro de 2005.** Florianópolis: 2005. Disponível em: http://leis.alesc.sc.gov.br/html/2005/13558_2005_Lei.html. Acesso em: 13 jan. 2023.

GOVERNO DO ESTADO DE SANTA CATARINA. **Lei nº 14.675, de 13 de abril de 2009.** Florianópolis: 2009. Disponível em: http://leis.alesc.sc.gov.br/html/2009/14675_2009_lei.html. Acesso em: 23 mar. 2021.

GOVERNO DO ESTADO DE SANTA CATARINA. **Decreto nº 3.726, de 14 de dezembro de 2010.** Florianópolis: 2010. Disponível em: http://server03.pge.sc.gov.br/LegislacaoEstadual/2010/003726-005-0-2010-003.htm. Acesso em: 22 mar. 2021.

GOVERNO DO ESTADO DE SANTA CATARINA. **Lei Complementar nº 534, de 20 de abril de 2011.** 2011. Disponível em: http://legislacao.sef.sc.gov.br/legtrib_internet/html/leis/2011/lc_11_534.htm. Acesso em: 25 mar. 2020.

GOVERNO DO ESTADO DE SANTA CATARINA. **Lei nº 16.794, de 14 de dezembro de 2015.** Florianópolis: 2015. Disponível em: http://leis.alesc.sc.gov.br/html/2015/16794_2015_lei.html. Acesso em: 21 mar. 2021.

GOVERNO DO ESTADO DE SANTA CATARINA. **Lei nº 17.491, de 18 de janeiro de 2018.** Florianópolis: 2018a. Disponível em: http://leis.alesc.sc.gov.br/html/2018/17491_2018_lei.html. Acesso em: 21 mar. 2021.

GOVERNO DO ESTADO DE SANTA CATARINA. **Lei nº 17.449, de 10 de janeiro de 2018.** Florianópolis: 2018b. Disponível em: http://leis.alesc.sc.gov.br/html/2018/17449_2018_lei.html. Acesso em: 21 mar. 2021.

GOVERNO DO ESTADO DE SANTA CATARINA. **Lei nº 17.481, de 15 de janeiro de 2018.** Florianópolis: 2018c. Disponível em: http://leis.alesc.sc.gov.br/html/2018/17481_2018_lei.html. Acesso em: 21 mar. 2021.

GOVERNO DO ESTADO DE SANTA CATARINA. **lei nº 17.825, de 12 de dezembro de 2019.** Florianópolis: 2019. Disponível em: http://leis.alesc.sc.gov.br/html/2019/17825_2019_lei.html. Acesso em: 21 mar. 2021.

GOVERNO DO ESTADO DE SANTA CATARINA. **Comitês de Bacias Hidrográficas - CBHs.** 2020a. Disponível em: https://www.sc.gov.br/governo/acoes-degoverno/saneamento-e-recursos-hidricos/comites-de-bacias-hidrograficas. Acesso em: 28 fev. 2020.

GOVERNO DO ESTADO DE SANTA CATARINA. **Decreto nº 867, de 28 de setembro de 2020.** Florianópolis: 2020b. Disponível em: http://server03.pge.sc.gov.br/LegislacaoEstadual/2020/000867-005-0-2020-005.htm. Acesso em: 28 fev. 2021.

GOVERNO DO ESTADO DE SANTA CATARINA. **Lei nº 18.171, de julho de 2021.** Florianópolis: 2021. Disponível em: http://leis.alesc.sc.gov.br/html/2021/18171_2021_lei.html. Acesso em: 8 set. 2021.

GOVERNO DO ESTADO DO RIO DE JANEIRO. **Lei nº 1.898, de 26 de novembro de 1991.** Rio de Janeiro: 1991. Disponível em: https://www.legnet.com.br/sislegnet/integra/cliente-1/pais-1/rj19.htm. Acesso em: 7 mar. 2021.

GRÜN, Mauro. A Outridade da Natureza na Educação Ambiental. *In*: **Pensar o Ambiente: bases filosóficas para a Educação Ambiental.** Brasília: Ministério da Educação, Secretaria de Educação Continuada, Alfabetização e Diversidade, UNESCO, 2006. p. 181-189. Disponível em: http://portal.mec.gov.br/dmdocuments/publicacao4.pdf. Acesso em: 17 fev. 2021.

GTSC A2030, Grupo de Trabalho da Sociedade Civil para a Agenda 2030. **V Relatório Luz da Sociedade Civil Agenda 2030 de Desenvolvimento Sustentável Brasil.** : GRSC A2030, 2021. Disponível em: https://fnpeti.org.br/media/publicacoes-de-parceiros/arquivo/por_rl_2021_completo_vs_03_lowres.pdf. Acesso em: 1 mar. 2022.

HAWKEN, Paul. **The ecology of commerce: A Declaration of Sustainability**. Nova York: Harper Business, 2010.

HOOD, Christopher. The "new public management" in the 1980s: variations on a theme. **Accounting, Organizations and Society**, v. 20, p. 93–109, 1995. Disponível em: https://www.academia.edu/13627993/THE_NEW_PUBLIC_MANAGEMENT_IN_THE_1980s_VARIATIONS_ON_A_THEME. Acesso em: 16 nov. 2022.

HUXLEY, Thomas Henry. **Evidence as to man's place in nature**. Amy E. Zelmer e David Widger, 1863. Disponível em: http://www.gutenberg.org/files/2931/2931-h/2931-h.htm. Acesso em: 27 fev. 2021.

IAR, Instituto Ambientes em Rede. **Programa Bandeira Azul Praias**. 2019. Disponível em: https://bandeiraazul.org.br/wp-content/uploads/2019/08/CRITÉRIOS-BANDEIRA-AZUL-PRAIAS.pdf. Acesso em: 8 jan. 2023.

IAR, Instituto Ambientes em Rede. **Bandeira Azul Brasil - Locais premiados**. 2023. Disponível em: https://bandeiraazul.org.br/locaispremiados/. Acesso em: 8 jan. 2023.

IBAMA, Instituto Brasileiro do Meio Ambiente e dos Recursos Naturais Renováveis. **Portaria Normativa nº 84, de 15 de Outubro de 1996**. 1996. Disponível em: https://bvsms.saude.gov.br/bvs/saudelegis/mma_ibama/1996/prt0084_15_10_1996.html. Acesso em: 27 jan. 2020.

IBAMA, Instituto Brasileiro do Meio Ambiente e dos Recursos Naturais Renováveis. **Instrução Normativa nº 2, de 27 de março de 2012**. Brasília: 2012. Disponível em: https://www.lex.com.br/legis_23133441_INSTRUCAO_NORMATIVA_N_2_DE_27_DE_MARCO_DE_2012.aspx. Acesso em: 7 mar. 2021.

IBAMA, Instituto Brasileiro do Meio Ambiente e dos Recursos Naturais Renováveis. **Boletins anuais de produção, importação, exportação e vendas de agrotóxicos no Brasil**. Brasília: Ministério do Meio Ambiente - MMA, 2018. Disponível em: http://ibama.gov.br/agrotoxicos/relatorios-de-comercializacao-de-agrotoxicos#boletinsanuais. Acesso em: 27 jan. 2020.

IBAMA, Instituto Brasileiro do Meio Ambiente e dos Recursos Naturais Renováveis. **Painéis de informações de agrotóxicos**. 2023. Disponível em: https://www.gov.br/ibama/pt-br/assuntos/quimicos-e-biologicos/agrotoxicos/paineis-de-informacoes-de-agrotoxicos/paineis-de-informacoes-de-agrotoxicos. Acesso em: 20 mar. 2023.

IBGE, Instituto Brasileiro de Geografia e Estatística. **Indicadores de Desenvolvimento Sustentável - IDS**. Rio de Janeiro: Coordenação de Recursos Naturais e Estudos Ambientais e Coordenação de Geografia, 2017a. Disponível em: https://biblioteca.ibge.gov.br/visualizacao/livros/liv94254.pdf. Acesso em: 20 fev. 2021.

IBGE, Instituto Brasileiro de Geografia e Estatística. **Indicadores de Desenvolvimento Sustentável - IDS**. Rio de Janeiro, 2017b. Disponível em: https://sidra.ibge.gov.br/pesquisa/ids/tabelas. Acesso em: 20 fev. 2021.

IBGE, Instituto Brasileiro de Geografia e Estatística. **Censo Agropecuário 2017.**: Sistema IBGE de Recuperação Automática - SIDRA, 2017c. Disponível em: https://sidra.ibge.gov.br/pesquisa/censo-agropecuario/censo-agropecuario-2017. Acesso em: 12 set. 2021.

IBGE, Instituto Brasileiro de Geografia e Estatística. **Produção Agrícola Municipal - Pam - Lavouras temporárias e permanentes**. IBGE, 2018. Disponível em: https://www.ibge.gov.br/estatisticas/economicas/agricultura-e-pecuaria/9117-producao-agricola-municipal-culturas-temporarias-e-permanentes.html?=&t=resultados. Acesso em: 27 jan. 2020.

IBGE, Instituto Brasileiro de Geografia e Estatística. **Pesquisa de Informações Básicas Municipais (MUNIC)**. 2020. Disponível em: https://www.ibge.gov.br/estatisticas/multidominio/meio-ambiente/10586-pesquisa-de-informacoes-basicas-municipais.html?edicao=32141&t=resultados. Acesso em: 26 nov. 2023.

IBGE, Instituto Brasileiro de Geografia e Estatística. **Pesquisa Nacional por Amostra de Domicílios Contínua anual - PNAD Contínua - 2º trimestre**. 2021. Disponível em: https://sidra.ibge.gov.br/tabela/7113#resultado. Acesso em: 5 maio. 2023.

IBGE, Instituto Brasileiro de Geografia e Estatística. **Projeções e estimativas da população do Brasil e das Unidades da Federação**. 2022a. Disponível em: https://www.ibge.gov.br/apps/populacao/projecao/index.html?utm_source=portal&utm_medium=popclock&utm_campaign=novo_popclock. Acesso em: 17 jan. 2022.

IBGE, Instituto Brasileiro de Geografia e Estatística. **Síntese de Indicadores Sociais - Uma análise das condições de vida da população brasileira**. Rio de Janeiro: IBGE, 2022b. Disponível em: https://biblioteca.ibge.gov.br/visualizacao/livros/liv101979.pdf. Acesso em: 8 jan. 2020.

IBGE, Instituto Brasileiro de Geografia e Estatística. **Indicadores Brasileiros para os Objetivos de Desenvolvimento Sustentável**. 2023a. Disponível em: https://odsbrasil.gov.br/relatorio/sintese. Acesso em: 26 nov. 2023.

IBGE, Instituto Brasileiro de Geografia e Estatística. **Pesquisa de Informações Básicas Municipais (Munic)**. Rio de Janeiro 2023b. Disponível em: https://www.ibge.gov.br/estatisticas/sociais/educacao/10586-pesquisa-de-informacoes-basicas-municipais.html?edicao=18195&t=downloads. Acesso em: 27 nov. 2023.

IBGE, Instituto Brasileiro de Geografia e Estatística. **Panorama**. 2023c. Disponível em: https://cidades.ibge.gov.br/brasil/sc/panorama. Acesso em: 20 nov. 2023.

IBGE, Instituto Brasileiro de Geografia e Estatística. **Censo 2022: População e Domicílios - Primeiros resultados**. 2023d. Disponível em: https://censo2022.ibge.gov.br/panorama/?utm_source=ibge&utm_medium=home&utm_campaign=portal. Acesso em: 26 nov. 2023.

IBGE, Instituto Brasileiro de Geografia e Estatística. **Cidades e Estados**. 2023e. Disponível em: https://www.ibge.gov.br/cidades-e-estados/sc.html. Acesso em: 20 nov. 2023.

IMA, Instituto do Meio Ambiente de Santa Catarina. **Biodiversidade**. 2020. Disponível em: http://www.ima.sc.gov.br/index.php/ecosistemas/biodiversidade. Acesso em: 11 abr. 2020.

IMA, Instituto do Meio Ambiente de Santa Catarina. **O que é Instituto IMA**. 2021a. Disponível em: http://ima.sc.gov.br/index.php/o-instituto/organizacao/o-que-e. Acesso em: 23 fev. 2021.

IMA, Instituto do Meio Ambiente de Santa Catarina. **Educação ambiental**. 2021b. Disponível em: https://ima.sc.gov.br/index.php/biodiversidade/educacao-ambiental/educacao-ambiental. Acesso em: 23 fev. 2021.

IMA, Instituto do Meio Ambiente de Santa Catarina. **Balneabilidade do Litoral Catarinense**. Florianópolis: IMA, 2022. Disponível em: https://balneabilidade.ima.sc.gov.br/relatorio/historico. Acesso em: 19 jan. 2023.

IMA, Instituto do Meio Ambiente de Santa Catarina. **Unidades de Conservação de Estaduais**. 2023a. Disponível em: https://www.ima.sc.gov.br/index.php/noticias/2040-unidades-de-conservacao-de-santa-catarina-recebem-mais-de-54-mil-visitantes-em-quatro-anos. Acesso em: 14 jan. 2023.

IMA, Instituto do Meio Ambiente de Santa Catarina. **Corredores Ecológicos**. 2023b. Disponível em: https://www.ima.sc.gov.br/index.php/biodiversidade/biodiversidade/corredores-ecologicos. Acesso em: 12 mar. 2023.

INEP, Instituto Nacional de Estudos e Pesquisas Educacionais AnísioTeixeira. **Resultados**. Disponível em: https://www.gov.br/inep/pt-br/areas-de-atuacao/pesquisas-estatisticas-e-indicadores/ideb/resultados. Acesso em 24 ago. 2024.

INMETRO, Instituto Nacional de Metrologia, Qualidade e Tecnologia. **Certificados válidos no Brasil**. 2023. Disponível em: https://certifiq.inmetro.gov.br/Grafico/CertificadosValidosBrasil. Acesso em: 17 jan. 2013.

INPE, Instituto Nacional de Pesquisas Espaciais. **Programa queimadas**. 2023. Disponível em: http://queimadas.dgi.inpe.br//queimadas/portal. Acesso em: 8 fev. 2023.

IPEA, Instituto de Pesquisa Econômica Aplicada. **Como elaborar Modelo Lógico: roteiro para formular programas e organizar avaliação**. Brasília: Ipea, 2010. Disponível em: https://repositorio.ipea.gov.br/handle/11058/5810. Acesso em: 27 fev. 2021.

KARAM, Karen Follador; FREITAS, Luis Antônio dos Santos. **Pesquisa, extensão e aprendizagem participativa** – PEAP: subsídios teórico-metodológicos. Relatório Final. Florianópolis, 2008.

KETTL, Donald F. **The global public management revolution**. 2. ed. Washington: Brookings Institution Press, 2005. Disponível em: file:///C:/Users/asses/Downloads/The_Global_Public_Management_Revolution.pdf. Acesso em: 16 nov. 2022.

KISS, Alexandre. The rights and interests of future generations and the precautionary principle. *In*: **The precautionary principle and international law: the challenge of implementation**. Hague: Kluwer Law International, 1996.

KOOIMAN, Jan. **Modern governance : new government-society interacti**. London: Sage, 1993.

KUHN, Thomas Samuel. **The Structures of Scientific Revolutions**. 2. ed. Chicago: University of Chicago Press, 1970. Disponível em: https://www.lri.fr/~mbl/Stanford/CS477/papers/Kuhn-SSR-2ndEd.pdf. Acesso em: 27 fev. 2021.

LEFF, Enrique. **Ecologia, capital e cultura**. Blumenau: Edifurb, 2000.

LEFF, Enrique. **Epistemologia ambiental**. 5. ed. São Paulo: Cortez, 2002.

LEFF, Enrique. **A complexidade ambiental**. 2. ed. São Paulo: Cortez, 2010.

LEFF, Enrique. **Saber ambiental: sustentabilidade, racionalidade, complexidade, poder**. 8. ed. Petrópolis: Vozes, 2011.

LEITE, José Morato; AYALA, Patryck de Araújo. **Direito Ambiental na Sociedade de Risco**. Rio de Janeiro: Forense Universitária, 2002.

LEITE, José Rubens Morato; AYALA, Patryck de Araújo. **Dano ambiental**. 3 ed. São Paulo: Editora Revista do Tribunais, 2010.

LEOPOLD, Aldo. **A Sand County Almanac, and sketches here and there**. New York: Oxford University Press, 1987. Disponível em: https://warwick.ac.uk/fac/arts/english/currentstudents/undergraduate/modules/fulllist/first/en124/leopoldsandcountyalmanacexcerpts.pdf. Acesso em: 11 nov. 2023.

LUIZ, Alfredo José Barreto. **Censo agropecuário de 2017 indica baixas taxas de assistência técnica no campo**. 2019. Disponível em: https://ainfo.cnptia.embrapa.br/digital/bitstream/item/205823/1/LUIZ-Censo-Agropecuario-2019.pdf. Acesso em: 20 mar. 2023.

MACHADO, Paulo Affonso Leme. **Estudos de direito ambiental**. São Paulo: Malheiros, 1994.

MAGALHÃES, Juraci Perez. **A Evolução do Direito Ambiental no Brasil**. 2. ed. São Paulo: Juarez de Oliveira, 2002.

MANNHEIM, Karl. **Idéologie et utopie**. Tradução: Pauline Rollet. Paris: Librarie Marcel Rivière et Cie, 1956. Disponível em: http://www.afoiceeomartelo.com.br/posfsa/Autores/Mannheim, Karl/Karl Mannheim - Ideologie et utopie.pdf. Acesso em: 20 dez. 2021.

MANO, Eloisa Biasatto; PACHECO, Élen Beatriz Acordi Vasques; BONELLI, Cláudia Maria Chagas. **Meio ambiente, poluição e reciclagem**. 2. ed. São Paulo, Brasil: Blucher, 2010.

MARCHESAN, Ana Maria Moreira; STEIGLEDER, Annelise Monteiro, CAPPELLI, Sílvia. **Direito ambiental**. 7. ed. Porto Alegre: Verbo Jurídico, 2013.

MARCONI, Marina de Andrade; LAKATOS, Eva Maria. **Fundamentos de Metodologia Científica**. São Paulo: Atlas, 2003. Disponível em: file:///C:/Users/asses/Downloads/LAKATOS - MARCONI - FUNDAMENTOS DE METODOLOGIA CIENTIFICA.pdf. Acesso em: 10 set. 2022.

MARCONI, Marina de Andrade; LAKATOS, Eva Maria. **Metodologia do trabalho científico**. 8. ed. São Paulo: Atlas, 2017. Disponível em: https://integrada.minhabiblioteca.com.br/#/books/9788597012408/cfi/6/10!/4/22@0:22.2

MARKANDYA, Anil; GALINATO, Suzette Pedroso. **The natural capital gap and the SDGs: costs and benefits of meeting the targets in twenty countries**. Geneva: Green Growth Knowledge Partnership., 2021. Disponível em: https://www.greengrowthknowledge.org/research/natural-capital-gap-and-sdgs-costs-and-benefits-meeting-targets-twenty-countries. Acesso em: 15 fev. 2022.

MARSH, George P. **Man and nature or physical geography as modified by human action**. London: Sampson Low, Son and Marston, 14 Ludgate Hill, 1864. Disponível em: https://books.google.com.br/books?id=4tKNdhQYypgC&pg=PA1&hl=pt-BR&source=gbs_toc_r&cad=4#v=onepage&q&f=false. Acesso em: 28 fev. 2021.

MCCUBBINS, Mathew Daniel.; NOLL, Roger G.; WEINGAST, Barry R. Structure and Process, Politics and Policy: Administrative Arrangements and the Political Control of Agencies. **Virginia Law Review**, v. 431, p. 431-482, 1989. Disponível em: https://scholarship.law.duke.edu/cgi/viewcontent.cgi?article=5950&context=faculty_scholarship. Acesso em: 16 nov. 2022.

MDR, Ministério do Desenvolvimento Regional. **Diagnóstico de Drenagem e Manejo das Águas Pluviais Urbanas**. Brasília: Ministério do Desenvolvimento Regional (MDR), 2018a. Disponível em: http://www.snis.gov.br/downloads/diagnosticos/ap/2018/Diagnostico_AP2018.pdf. Acesso em: 12 nov. 2019.

MDR, Ministério do Desenvolvimento Regional. **Diagnóstico do Manejo de Resíduos Sólidos Urbanos 2018 - Tabela de Indicadores**. Brasília: Ministério do Desenvolvimento Regional (MDR), 2018b. Disponível em: http://www.snis.gov.br/diagnostico-anual-residuos-solidos/diagnostico-do-manejo-de-residuos-solidos-urbanos-2018. Acesso em: 15 nov. 2019.

MDR, Ministério do Desenvolvimento Regional. **Diagnóstico dos Serviços de Água e Esgotos**. Brasília: Ministério do Desenvolvimento Regional (MDR), 2020a.

MDR, Ministério do Desenvolvimento Regional. **Diagnóstico Temático - Serviços de Água e Esgoto - Gestão Técnica de Água 2020**. Brasília: Ministério do Desenvolvimento Regional (MDR), 2020b. Disponível em: http://antigo.snis.gov.br/downloads/diagnosticos/ae/2020/DIAGNOSTICO_TEMATICO_GESTAO_TECNICA_DE_AGUA_AE_SNIS_2022.pdf. Acesso em: 5 jan. 2023.

MDR, Ministério do Desenvolvimento Regional. **Diagnóstico Temático - Drenagem e Manejo das Águas Pluviais Urbanas - Gestão Técnica dos Serviços 2020**. Brasília: Ministério do Desenvolvimento Regional (MDR), 2022a. Disponível em: https://www.gov.br/mdr/pt-br/assuntos/saneamento/snis/produtos-do-snis/diagnosticos/aguas-pluviais. Acesso em: 18 jan. 2023.

MDR, Ministério do Desenvolvimento Regional. **Diagnóstico Temático - Manejo de Resíduos Sólidos Urbanos [2020]**. Brasília: Ministério do Desenvolvimento Regional (MDR), 2022b. Disponível em: https://www.gov.br/mdr/pt-br/assuntos/saneamento/snis/produtos-do-snis/diagnosticos/residuos-solidos. Acesso em: 18 jan. 2023.

MDR, Ministério do Desenvolvimento Regional. **Sistema Nacional de Informações sobre Saneamento (SNIS) 2021**. 2023.

ME, Ministério da Economia. **Membros e Estrutura Organizacional da OCDE**. Disponível em: https://www.gov.br/economia/pt-br/assuntos/ocde/membros-e--estrutura-organizacional-da-ocde. Acesso em: 25 ago. 2024.

MEADOWS, Donella H. *Meadows, Dennis L.; Randers, Jorgen; Behrens III, William W.* **The Limits to Growth**. New York: Universe Books, 1972. Disponível em: http://donellameadows.org/wp-content/userfiles/Limits-to-Growth-digital-scan-version.pdf. Acesso em: 3 abr. 2021.

MEC, Ministério da Educação. **Resolução nº 2, de 15 de junho de 2012**. 2012. Disponível em: http://portal.mec.gov.br/dmdocuments/rcp002_12.pdf. Acesso em: 6 mar. 2021.

MEZZAROBA, Orides; MONTEIRO, Cláudia Servilha. **Manual de metodologia da pesquisa no direito**. 7. ed. São Paulo: Saraiva, 2017. Disponível em: https://integrada.minhabiblioteca.com.br/#/books/9788547218737/cfi/4!/4/4@0.00:11.1. Acesso em: 13 set. 2019.

MI, Ministério da Integração Nacional. **Manual de desastres**. 2003. v. I. Disponível em: https://antigo.mdr.gov.br/images/stories/ArquivosDefesaCivil/ArquivosPDF/publicacoes/Desastres_Naturais_VolI.pdf. Acesso em: 12 mar. 2023.

MILARÉ, Édis. A política ambiental brasileira. *In*: **Análise ambiental: estratégia e ações**. São Paulo: Queiroz, 1995.

MINAYO, Maria Cecília de Souza. **Pesquisa social: teoria, método e criatividade**. 34. ed. Petrópolis: Vozes, 2015.

MINTZBERG, Henry.; AHLSTRAND, Bruce; LAMPEL, Joseph. **Safári de estratégia**. Tradução: Lene Belon Ribeiro. 2. ed. Porto Alegre: Bookman, 2010. Disponível em: https://www.academia.edu/12002125/Safári_da_Estratégia_Henry_Mintzberg_Bruce_Ahlstrand_e_Joseph_Lampel. Acesso em: 12 maio 2023.

MIRRA, Álvaro Luiz Valery. Princípios Fundamentais do direito ambiental. *In*: **Oliveira Júnior, José Alcebíades; Leite, José Rubens Morato (org.). Cidadania coletiva**. Florianópolis: Paralelo 27, 1996.

MISGELD, Dieter; NICHOLSON, Graeme. **Hans-Georg Gadamer on education, poetry, and history: applied hermeneutics**. Albany: State University of New York Press, 1992.

MMA, Ministério do Meio Ambiente. **Tratado de Educação Ambiental para Sociedades Sustentáveis e Responsabilidade Global**. Rio de Janeiro: 1992. Disponível em: http://portal.mec.gov.br/secad/arquivos/pdf/educacaoambiental/tratado.pdf. Acesso em: 8 ago. 2020.

MMA, Ministério do Meio Ambiente. **Resolução nº 98, de 26 de março de 2009**. 2009a. Disponível em: https://cnrh.mdr.gov.br/ctem-documentos-reunioes/1052-resolucao-n-98-de-2009/file. Acesso em: 5 mar. 2021.

MMA, Ministério do Meio Ambiente. **Agenda Ambiental na Administração Pública - A3P**. Brasília: MMA, 2009b. Disponível em: https://www.passeidireto.com/arquivo/78053594/agenda-ambiental-ministerio-do-meio-ambiente. Acesso em: 25 fev. 2021.

MMA, Ministério do Meio Ambiente. **Portaria nº 169, de 23 de maio de 2012**. 2012. Disponível em: http://www.lex.com.br/legis_23375580_PORTARIA_N_169_DE_23_DE_MAIO_DE_2012.aspx. Acesso em: 7 mar. 2021.

MMA, Ministério do Meio Ambiente. **Agenda Ambiental na Administração Pública: Indicadores de desempenho da A3P**. 2013. Disponível em: https://www.fm.usp.br/sustentabilidade/conteudo/Indicadores da A3P-versao final.pdf. Acesso em: 28 ago. 2022.

MMA, Ministério do Meio Ambiente. **Como implantar a Agenda Ambiental na Administração Pública - A3P**. Brasília: MMA, 2016. Disponível em: http://a3p.mma.gov.br/wp-content/uploads/Biblioteca/Documentos/Cartilha-Intermediaria-Como-Implantar-a-A3P-4ª-Edição.pdf. Acesso em: 17 jan. 2023.

MMA, Ministério do Meio Ambiente. **Portaria nº 333, de 16 de agosto de 2018**. 2018. Disponível em: http://www.in.gov.br/materia/-/asset_publisher/Kujrw0T-ZC2Mb/content/id/37594064/do1-2018-08-21-portaria-n-333-de-16-de-agosto-de-2018-37593953. Acesso em: 6 mar. 2021.

MMA, Ministério do Meio Ambiente. **Cidades Sustentáveis**. 2019. Disponível em: https://www.mma.gov.br/cidades-sustentaveis.html. Acesso em: 28 out. 2019.

MMA, Ministério do Meio Ambiente. **Portaria nº 326, de 23 de julho de 2020**. 2020. Disponível em: https://in.gov.br/web/dou/-/portaria-n-326-de-23-de-julho-de-2020-268439696. Acesso em: 7 mar. 2021.

MMA, Ministério do Meio Ambiente. **Boas Práticas**. 2021. Disponível em: http://a3p.mma.gov.br/boas-praticas/. Acesso em: 28 fev. 2021.

MMA, Ministério do Meio Ambiente. **Agenda Ambiental na Administração Pública (Agenda A3P) - Instituições parceiras**. 2023. Disponível em: http://a3p.mma.gov.br/instituicoes-parceiras/. Acesso em: 12 jan. 2023.

MMA, Ministério do Meio Ambiente dos Recursos Hídricos e da Amazônia Legal; MEC, Ministério da Educação e do Desporto. **Declaração de Brasília para a Educação Ambiental**. Brasília, 1997. Disponível em: https://antigo.mma.gov.br/educacao-ambiental/política-nacional-de-educação-ambiental/documentos-referenciais/item/8069-declaração-de-brasília-para-a-educação-ambiental.html. Acesso em: 7 mar. 2021.

MMA, Ministério do Meio Ambiente; MEC, Ministério da Educação. **Educação ambiental - Por um Brasil sustentável - Pronea, marcos legais & normativos**. 5. ed. Brasília: Ministério do Meio Ambiente (MMA), 2018. Disponível em: https://smastr16.blob.core.windows.net/portaleducacaoambiental/2020/01/programanacionaldeea_pronea5aed_2019.pdf. Acesso em: 15 mar. 2021.

MOG, Ministério do Orçamento e Gestão. **Portaria MOG nº 42, de 14 de abril 1999**. Brasília: 1999. Disponível em: https://www.al.sp.gov.br/arquivos/leis/orcamento/saiba-como-e-elaborado-o-orcamento-do-estado/P42_MPOG_14-04-1999.pdf. Acesso em: 3 abr. 2023.

MORIN, Edgar. **O Método I – A natureza da natureza**. 2. ed. Porto Alegre: Sulina, 2008. Disponível em: https://fr.scribd.com/doc/7125193/Edgar-Morin-O-Metodo-I-A-Natureza-Da-Natureza. Acesso em: 6 abr. 2021.

MPOG, Ministério do Planejamento, Orçamento e Gestão. **Indicadores de programas: Guia Metodológico**. Brasília 2010. Disponível em: https://bibliotecadigital.economia.gov.br/bitstream/777/84/1/Indicadores_programas-guia_metodologico.pdf. Acesso em: 6 jan. 2023.

MPOG, Ministério do Planejamento, Orçamento e Gestão. **Instrução Normativa nº 10, de 12 de novembro de 2012**. Brasília: 2012a. Disponível em: https://www.gov.br/compras/pt-br/acesso-a-informacao/legislacao/instrucoes-normativas/instrucao-normativa-no-10-de-12-de-novembro-de-2012. Acesso em: 27 nov. 2022.

MPOG, Ministério do Planejamento, Orçamento e Gestão. **Portaria Interministerial nº 244, de 6 de junho de 2012**. Brasília: 2012b. Disponível em: https://www.ipea.gov.br/portal/images/stories/PDFs/dides/projeto_esplanada_portaria_n244.pdf. Acesso em: 16 mar. 2021.

MPOG, Ministério do Planejamento, Orçamento e Gestão. **Indicadores – Orientações Básicas Aplicadas à Gestão Pública**. 3. ed. Brasília: Coordenação de documentação e Informação, 2018. Disponível em: https://www.gov.br/economia/pt-br/assuntos/planejamento-e-orcamento/plano-plurianual-ppa/arquivos/ppas-anteriores/ppa-2016-2019/guia_indicadores_ppa.pdf. Acesso em: 6 jan. 2023.

MPOG, Ministério do Planejamento Orçamento e Gestão. **Instrucão Normativa nº 01, de 19 de janeiro de 2010**. 2010. Disponível em: https://www.gov.br/compras/pt-br/acesso-a-informacao/legislacao/instrucoes-normativas/instrucao-normativa-no-01-de-19-de-janeiro-de-2010. Acesso em: 6 ago. 2024.

MPSC, Ministério Público de Santa Catarina. **Relatório de Gestão Institucional (RGI) 2019/2020**. 2020. Disponível em: https://documentos.mpsc.mp.br/portal/manager/resourcesDB.aspx?path=5616. Acesso em: 24 jan. 2020.

MPSC, Ministério Público de Santa Catarina. **Programa Alimento Sem Risco (PASR)**. 2021. Disponível em: https://www.mpsc.mp.br/programas/programa-alimento-sem-risco. Acesso em: 13 mar. 2021.

NAESS, Arne. **The Shallow and the Deep, Long-Range Ecology**. Oslo: University of Oslo, 1973.

OCDE, Organização de Cooperação e Desenvolvimento Econômico; ONU, Organização das Nações Unidas; WBG, The World Bank Group. **Incorporating green growth and sustainable development policies into structural reform**

agendas. Los Cabos: 2012. Disponível em: https://www.oecd.org/g20/topics/energy-environment-green-growth/G20_report_on_GG_and_SD_final.pdf. Acesso em: 14 jan. 2023.

OCDE, Organização de Cooperação e Desenvolvimento Econômico. **Rumo a um desenvolvimento sustentável**: Cadernos de referência ambiental. Salvador: Centro de Recursos Ambientais, 2002. Disponível em: https://www.oecd.org/env/indicators-modelling-outlooks/2345364.pdf. Acesso em: 22 fev. 2021.

OCDE, Organização de Cooperação e Desenvolvimento Econômico. **A Caminho do Crescimento Verde: Um Sumário para os Decisores Políticos**. Paris: OCDE, 2011. Disponível em: https://www.oecd.org/greengrowth/48536946.pdf. Acesso em: 2 mar. 2022.

OCDE, Organização de Cooperação e Desenvolvimento Econômico. **Better Policies for 2030 - An OECD Action Plan on the Sustainable Development Goals**. 2016. Disponível em: https://www.oecd.org/dac/Better Policies for 2030.pdf. Acesso em: 19 fev. 2022.

OCDE, Organização de Cooperação e Desenvolvimento Econômico. **Green Growth Indicators 2017**. Paris: OECD Publishing, 2017. Disponível em: https://www.oecd-ilibrary.org/environment/green-growth-indicators-2017_9789264268586-en. Acesso em: 4 mar. 2022.

OLIVEIRA NETO, Alvin Antônio; MELO, Carina. **Metodologia da pesquisa científica: guia para eficiência nos estudos**. 2. ed. Florianópolis: Visual Books, 2006.

ONU, Organização das Nações Unidas. **Conferência das Nações Unidas sobre Meio Ambiente e Desenvolvimento (UNCED)**. Rio de Janeiro, 1992. Disponível em: https://sustainabledevelopment.un.org/milestones/unced. Acesso em: 6 mar. 2021.

ONU, Organização das Nações Unidas. **O Direito Humano à Água e Saneamento**. Zaragoza: Escritório das Nações Unidas de apoio à Década Internacional de Ação (UN-IDFA), 2005. Disponível em: https://www.un.org/waterforlifedecade/pdf/human_right_to_water_and_sanitation_media_brief_por.pdf. Acesso em: 14 out. 2019.

OSBORNE, David; GAEBLER, Ted. **Reinventing government: how the entrepreneurial spirit is transforming the public sector**. New York: Plume, 1992.

OST, François. **A natureza à margem da lei: a ecologia à prova do direito**. Lisboa: Instituto Piaget, 1997.

OSTERWALDER, Alexander. **Value proposition design**. São Paulo: HSM do Brasil, 2014.

OSTERWALDER, Alexander; PIGNEUR, Yves. **Business Model Generation - Inovação em Modelos de Negócios: um manual para visionários, inovadores e revolucionários**. Rio de Janeiro: Alta Books, 2011. Disponível em: http://www.gestaoporprocessos.com.br/wp-content/uploads/2014/06/Business-Model-Generation.pdf. Acesso em: 5 abr. 2021.

OXFORD, University Press. **Dicionário Oxford Escolar**. New York: Oxford, 2013.

PAES DE PAULA, Ana Paula. Administração pública brasileira entre o gerencialismo e a gestão social. **Revista de Administração de Empresas (Rae)**, v. 45, 2005. Disponível em: https://www.scielo.br/j/rae/a/HqKgvKNRxhMmCyxK-7jbJz8g/?format=pdf&lang=pt. Acesso em: 3 ago. 2022.

PAGE, Partnership for Action on Green Economy. **Estado de Mato Grosso, Brasil**. 2022a. Disponível em: https://2020.page-annual-report.org/mato-grosso-state-brazil/. Acesso em: 20 fev. 2022.

PAGE, Partnership for Action on Green Economy. **A New Decade of Action: Accelerating a Fair and Green Economic Transformation**. Geneva: Resources & Markets Branch, 2022b. Disponível em: https://www.un-page.org/files/public/page-synthesis_strategy_web_140720.pdf. Acesso em: 21 fev. 2022.

PAOLETTI, Alessandro; BECCIU, Gianfranco; SANFILIPPO, Umberto. Filling and emptying cycles for stormwater storage tanks in separated systems. *In*: 2007, Lyon. **Sixth International Conference on Sustainable Techniques and Strategies in Urban Water Management**. Lyon: Novatec, 2007. p. 1123-1130. Disponível em: http://documents.irevues.inist.fr/bitstream/handle/2042/25514/1123_221paoletti.pdf. Acesso em: 13 nov. 2019.

PECHE FILHO, AFONSO. **Análise de Paisagem e Cenários no Redesenho Conservacionista**. *In:* **Capacitação do Programa Desenvolvimento Sustentável Ambiental (DSA) Solo-Água**. Chapecó, 15 mai. 2021. Palestra.

PEDRON, Fabrício de Araújo; SCHENATO, Ricardo Bergamo; BARONI, Magnos. Conservação do solo e da água em ambientes urbanos. *In*: **Manejo e a conservação do solo e da água**. Viçosa: SBCS, 2019.

PEREIRA, Luiz Carlos Bresser. Da administração pública burocrática à gerencial. **Revista do Serviço Público**, v. 129, n. 1, 1996. Disponível em: file:///C:/Users/

asses/Downloads/702-Texto do Artigo-2336-1-10-20150122.pdf. Acesso em: 2 nov. 2022.

PIERRE, Jon; PETERS, B. Guy. **Governance, politics and the state**. New York: St. Martin's Press, 2000.

PIERSON, Donald. **Teoria e Pesquisa em Sociologia**. 16. ed. São Paulo: Melhoramentos, 1975.

Priberam Dicionário. 2021. Disponível em: https://dicionario.priberam.org/entropia. Acesso em: 6 abr. 2021.

PUREZA, José Manuel; FRADE, Catarina. **Direito do ambiente**. Coimbra, Faculdade de Economia da Universidade de Coimbra, 1998.

REDE CEA'S, Rede Brasileira de Centros de Educação Ambiental. **Rede Brasileira de Centros de Educação Ambiental**. 2004. Disponível em: http://www.redeceas.esalq.usp.br/. Acesso em: 14 jan. 2023.

REHBINDER, Eckard. O direito do ambiente na Alemanha. *In*: **Amaral, Diogo Freitas do (org.)**. Oeiras: INA, 1994.

RODRIGUES, Domingos Benedetti. **Educação Ambiental, Republicanismo e o Paradigma do Estado de Direito do Ambiente**. 2016. - Universidade Regional do Noroeste do Estado do Rio Grande do Sul (Unijuí), 2016. Disponível em: https://bibliodigital.unijui.edu.br:8443/xmlui/bitstream/handle/123456789/5016/DOMINGOS BENEDETTI RODRIGUES.pdf?sequence=1&isAllowed=y. Acesso em: 14 maio 2023.

RODRIGUES, Domingos Benedetti. **Educação Ambiental, Republicanismo e o Paradigma do Estado de Direito do Ambiente**. Santa Maria, RS: Gráfica Editora Caxias, 2017.

ROVERE, Emilio Lèbre La (coordenador) *et al*. **Manual de auditoria ambiental**. 3. ed. Rio de Janeiro, Brasil: Qualitymark Editora, 2014.

SANTOS, Boaventura de Souza. **Pela mão de Alice**. Porto: Afrontamento, 1994.

SANTOS, Anderson Ferreira dos. Administração Pública Brasileira: O Modelo Gerencial e as Ferramentas de Melhoria na Gestão Pública. **Revista Científica Multidisciplinar Núcleo do Conhecimento**, v. 4, 2018. Disponível em: https://www.nucleodoconhecimento.com.br/administracao/o-modelo-gerencial. Acesso em: 2 nov. 2023.

SANTOS, Rozely Ferreira dos. **Planejamento ambiental: teoria e prática**. São Paulo: Oficina de Textos, 2004.

SAR, Secretaria de Estado da Agricultura e Desenvolvimento Rural. **Manual Operativo. Programa de Competitividade da Agricultura Familiar de Santa Catarina**: 1. Florianópolis: SAR, 2010.

SCHMITZ, Pedro Ignácio. A ocupação pré-histórica do Estado de Santa Catarina. **Revista Tempos Acadêmicos, Dossiê Arqueologia Pré-Histórica**, Criciúma, v. 11, 2013. Disponível em: file:///C:/Users/asses/Downloads/1122-3395-1-PB. pdf. Acesso em: 6 mar. 2022.

SDE, Secretaria de Estado do Desenvolvimento Econômico Sustentável. **Institucional**. 2020. Disponível em: http://www.sde.sc.gov.br/index.php/institucional. Acesso em: 23 fev. 2020.

SEBRAE, Serviço de Apoio às Micro e Pequenas Empresas. **Dimensões da sustentabilidade - alternativas viáveis para os pequenos negócios**. Cuiabá: Centro Sebrae de Sustentabilidade (CSS), 2015. Disponível em: http://sustentabilidade. sebrae.com.br/Sustentabilidade/Para sua empresa/Publicações/11_RI_NOV_DIMENSOES_SUSTENTABILIDADE.pdf. Acesso em: 5 abr. 2019.

SECCHI, Leonardo. Modelos organizacionais e reformas da administração pública. **Revista de Administração Pública (RAP)**, v. 43, n. 2, p. 347-369, 2009. Disponível em: https://www.scielo.br/j/rap/a/ptr6WM63xtBVpfvK9SxJ4DM/?format=pdf&lang=pt. Acesso em: 16 ago. 2022.

SECOM, Secretaria de Comunicação Social. **Manual de Comunicação da Secom**. 2023. Disponível em: https://www12.senado.leg.br/manualdecomunicacao. Acesso em: 26 nov. 2023.

SEF, Secretaria de Educação Fundamental. **Parâmetros curriculares nacionais: introdução aos parâmetros curriculares nacionais**. Brasília: Ministério da Educação (MEC), 1997. Disponível em: http://portal.mec.gov.br/seb/arquivos/pdf/livro01.pdf. Acesso em: 6 mar. 2021.

SENDIM, José de Souza Cunhal. **Responsabilidade civil por danos ecológicos: da reparação do dano através de restauração natural**. Coimbra: Coimbra Editora, 1998.

SEPLAG, Secretaria de Orçamento e Modernização da Gestão. **Manual de elaboração do Plano Plurianual - PPA 2022-2025**. Niterói 2022. Disponível em: http://seplag.niteroi.rj.gov.br/Manual do PPA 2022-2025.pdf. Acesso em: 8 jan. 2022.

SIMÃO, Nathália Machado; PEREIRA, Cláudio Cinaqui. Responsabilidade socioambiental empresarial. *In:* **Empresa e Ambiente para o Desenvolvimento Sustentável**. Brasília: Embrapa, 2012. p. 443.

SIRVINSKAS, Luís Paulo. **Manual de direito ambiental**. 16. ed. São Paulo: Saraiva, 2018. Disponível em: https://www.academia.edu/38893534/Manual_de_Direito_Ambiental_Luís_Paulo_Sirvinskas. Acesso em: 9 mar. 2021.

SOS MATA ATLÂNTICA, Fundação. **Relatório Anual 2021**. 2021. Disponível em: https://cms.sosma.org.br/wp-content/uploads/2022/07/Relatorio_21_julho.pdf. Acesso em: 8 fev. 2023.

SOS MATA ATLÂNTICA, Fundação. **Atlas dos Remanescentes Florestais da Mata Atlântica - Período 2020-2021**. São Paulo 2022. Disponível em: https://www.sema.ce.gov.br/wp-content/uploads/sites/36/2022/05/SOS_MA_Atlas-2022-1.pdf. Acesso em: 8 fev. 2023.

TESTA, Vilson Marcos *et al*. **O desenvolvimento sustentável do Oeste Catarinense (proposta para discussão)**. Florianópolis: Empresa de Pesquisa Agropecuária e Extensão Rural de Santa Catarina (EPAGRI), 1996.

TRISTÃO, Martha; RUSCHEINSKY, Aloísio. A educação ambiental na transição paradigmática e os contextos formativos. *In:* **Educação ambiental: abordagens múltiplas**. 2 rev. e a ed. São Paulo: Penso, 2012.

TURNER, Robert Kerry; PEARCE, David; BATEMAN, Ian. **Environmental economics - An elementary introduction**. Baltimore: The Johns Hopkins, 1993. Disponível em: http://web.boun.edu.tr/ali.saysel/ESc59M/PearceTurner.pdf. Acesso em: 15 out. 2021.

UNESCO, Organização das Nações Unidas para a Educação, a Ciência e a Cultura. **Declaração Universal dos Direitos Humanos**. 1948. Disponível em: https://www.ohchr.org/EN/UDHR/Pages/Language.aspx?LangID=por. Acesso em: 6 mar. 2021.

UNESCO, Organização das Nações Unidas para a Educação, a Ciência e a Cultura. **Report of the United Nations Conference on the Human Environment**. Stockholm: ONU, 1972. Disponível em: http://www.un-documents.net/aconf48-14r1.pdf. Acesso em: 6 abr. 2021.

UNESCO, Organização das Nações Unidas para a Educação, a Ciência e a Cultura. **Informe de La Conferencia de Las Naciones Unidas Sobre El Medio Humano.** Nueva York, 1973. Disponível em: https://www.dipublico.org/conferencias/mediohumano/A-CONF.48-14-REV.1.pdf. Acesso em: 5 mar. 2021.

UNESCO, Organização das Nações Unidas para a Educação, a Ciência e a Cultura. **La carta de Belgrado - Um marco general para la educacion ambiental.** Belgrado, 1975. Disponível em: https://unesdoc.unesco.org/ark:/48223/pf0000017772_spa. Acesso em: 22 fev. 2021.

UNESCO, Organização das Nações Unidas para a Educação, a Ciência e a Cultura. **Conferencia Intergubernamental sobre Educación Ambiental.** Paris, 1978. Disponível em: https://unesdoc.unesco.org/ark:/48223/pf0000032763_spa. Acesso em: 28 fev. 2021.

UNESCO, Organização das Nações Unidas para a Educação, a Ciência e a Cultura. **La educación ambiental: Las grandes orientaciones de la Conferência de Tbilisi.** Vendôme, 1980. Disponível em: https://eaterciario.files.wordpress.com/2015/09/orientaciones-de-la-conferencia-de-tbilisi-unesco.pdf. Acesso em: 20 fev. 2021.

UNESCO, Organização das Nações Unidas para a Educação, a Ciência e a Cultura. **International strategy for action in the field of environmental education and training for the 1990's.** Moscou, 1988. Disponível em: https://unesdoc.unesco.org/ark:/48223/pf0000080583. Acesso em: 5 mar. 2021.

UNESCO, Organização das Nações Unidas para a Educação, a Ciência e a Cultura. **Declaração Mundial sobre Educação para Todos: satisfação das necessidades básicas de aprendizagem, 1990.** Jomtien, 1998. Disponível em: https://unesdoc.unesco.org/ark:/48223/pf0000086291_por. Acesso em: 6 mar. 2021.

UNESCO, Organização das Nações Unidas para a Educação, a Ciência e a Cultura. **Proyecto de plan de aplicación de las decisiones de la Cumbre Mundial sobre el Desarrollo Sostenible.** Johannesburgo, 2002. Disponível em: https://www.un.org/ga/search/view_doc.asp?symbol=A/CONF.199/L.1&Lang=S. Acesso em: 6 mar. 2021.

UNESCO, Organização das Nações Unidas para a Educação, a Ciência e a Cultura. **Transformar nuestro mundo: la Agenda 2030 para el Desarrollo Sosteni-**

ble. 2015. Disponível em: https://www.un.org/ga/search/view_doc.asp?symbol=A/70/L.1&Lang=S. Acesso em: 6 mar. 2021.

UNSTATS, Statistics Division of the United Nations. **Interlinkages of the 2030 Agenda for Sustainable Development**. New York 2019. Disponível em: https://unstats.un.org/unsd/statcom/50th-session/documents/BG-Item3a-Interlinkages-2030-Agenda-for-Sustainable-Development-E.pdf. Acesso em: 7 nov. 2021.

VEIGA, Milton da; BASSI, Lauro; ROSSO, Alcides de. **Degradação do solo e da água**. Florianópolis: Epagri, 1991.

VIBRANS, Alexander Christian *et al.* MonitoraSC: um novo mapa de cobertura florestal e uso da terra do Estado de Santa Catarina. **Agropecuária Catarinense**, Florianópolis, v. 34, p. 40 a 48, 2021. Disponível em: https://publicacoes.epagri.sc.gov.br/rac/issue/view/157/317. Acesso em: 17 mar. 2023.

WOLKMER, Antônio Carlos. **Pluralismo Jurídico**. São Paulo: Alfa Ômega, 1994.

YIN, Robert K. **Pesquisa Estudo de Caso - Desenho e Métodos**. 2. ed. Porto Alegre: Bookman, 1994. Disponível em: http://maratavarespsictics.pbworks.com/w/file/fetch/74440967/3-YIN-desenho e metodo_Pesquisa Estudo de Caso.pdf. Acesso em: 27 fev. 2023.

YIN, Robert K. **Estudo de Caso: Planejamento e Métodos**. 5. ed. Porto Alegre: Bookman, 2015. Disponível em: https://integrada.minhabiblioteca.com.br/#/books/9788582602324/cfi/1!/4/4@0.00:26.3. Acesso em: 9 jul. 2019.